KB061263

위기의 대한민국
이렇게 바꾸자

나남
nanam

나남신서 1896

위기의 대한민국 이렇게 바꾸자

2016년 12월 9일 발행
2016년 12월 9일 1쇄

지은이   안민정책포럼 안민정책연구원
발행자   趙相浩
발행처   (주) 나남
주소   10881 경기도 파주시 회동길 193
전화   (031) 955-4601(代)
FAX   (031) 955-4555
등록   제 1-71호(1979.5.12)
홈페이지   http://www.nanam.net
전자우편   post@nanam.net

ISBN 978-89-300-8896-1
ISBN 978-89-300-8001-9(세트)

나남신서 1896

위기의 대한민국
이렇게 바꾸자

안민정책포럼 안민정책연구원

나남
nanam

발간사

대한민국이 위기에 처해 있다. 안민정책포럼은 "20세기 후반의 신자유주의는 성장과 효율은 증진시켰지만, 빈부 격차, 환경 파괴, 공동체 붕괴 등의 문제점을 초래한다"는 인식하에 설립되어 이제 창립 20주년을 맞이했다. 그 대안으로 공동체 자유주의를 표방하는바, "시장, 공정경쟁, 사회적 형평과 공동체 윤리" 등을 중요한 가치로 인식하고, 거기에 해결책이 있다고 믿어 왔다. 그러나 20년 전부터 걱정했던 빈부 격차와 공동체 붕괴의 현상이 오히려 더 악화되는 모습인데, 우리 사회는 문제 해결의 방향 설정조차 힘들어 하는 형국이다.

여건도 어렵다. 세계 경제는 우리에게 불리하게 급변하는데, 우리 경제는 활력을 잃어 간다. 과거에는 국내 경제가 어려워도 세계 경제가 유리하게 작용하여 극적인 반전을 통해 기사회생할 수 있었다. 그러나 지금은 유럽, 미국, 일본 등의 세계 경제가 장기 침체에서 벗어나지 못하고, 우리의 주요 수출국이었던 중국 경제마저 침체의 조짐이 보이면서, 오히려 주요산업의 경쟁자로 부상하는 실정이다. 이제는 세계 경제의 도움이 아니라 우리 힘으로 버텨야 하는 여건인데, 우리의 정치권은 민생보다는 정파 이익 다툼에 몰두한다는 지적이 많다.

경제가 침체하는 만큼 해결해야 하는 문제는 쌓여만 간다. 장기적이고 근본적인 해결책은 각종 이익집단의 반대로 책상에 올리지도 못한다. 그나마 반쪽짜리 대책도 정파 다툼의 희생물로 폐기되든지, 실행하나 마나 한 알맹이 없는 대책이 된다. 단기적 인기영합 대책에 아까운 국민 세금이 낭비되고, 정부부채가 빠른 속도로 늘어나는 만큼 문제 해결은 점점 더 어려워진다. 재탕 삼탕의 인기영합성 선거공약은 후손에게 더 큰 문제를 남길 뿐이다. 패러다임의 큰 변화가 필요하다.

자본주의 패러다임도 근본적인 수정이 필요하다는 의견이 나올 정도로 국내외 여건이 급변하고 있다. 전 세계가 중산층 붕괴와 청년실업으로 고통스러워하고, 각종 양극화 현상으로 사회통합이 도전받는다. 북핵 위기가 심각해지고, 중국이 경제뿐 아니라 외교, 안보의 핵심 변수로 부상했다. 지난 2년간 안민정책포럼에서는 "패러다임의 변화를 어떻게 해야 하나?"는 고민을 해왔다. 부족하고 미완성이지만, 그 결과를 묶어서 독자들이 함께 고민하는 계기로 삼는 게 좋겠다는 생각을 하게 되었다.

우선 공공선이 사익 추구의 희생물이 되고, 사회통합이 위협받는 상황을 바꾸는 것이 시급하다. 이는 고통스럽지만 우리의 문제 해결 방식, 즉 문화를 바꾸어야 가능하다는 인식에서 비롯됐다(제1장). 정치가 문제 해결이 아니라 해결의 걸림돌이라는 지적이 있다. 독점의 정치를 버리고 협의제 민주주의로 가고, 능력 있고 책임지는 정당이 되어야 국회가 문제 해결의 리더가 될 것이다(제2장).

성장잠재력 하락을 막지 못하면 후손들에게 우리가 무엇을 했다고 할 수 있을까? 박정희 대통령의 성공 경험을 훼손하고 후진국으로 전락할 위험이 농후하다. 정부 주도가 아닌 민간 주도의 경제시스템의 전환이 필요하다. 또한 정규직, 비정규직의 이중적 노동시장 개혁이 선결과제이다. 정부 관료들의 단기실적주의를 고치고 획기적인 규제 완화가 요구된다(제3장 및 제4장).

성장이 둔해지고 양극화가 심해지고 민생이 어려워지는데, 오히려 개인은 과도한 심리적·사회적 경쟁에 내몰리고 있다. 남과 비교하는 사회적 거품을 걷어내야 비효율과 낭비를 걷어낼 수 있다(제5장). 북핵 위기를 극복하고 통일이 가능해지려면, 산업화와 민주화에 성공한 경험을 바탕으로 외교강국이 되어야 한다(제6장). 결론적으로 국가를 근본적으로 바꾸는 큰 개혁이 필요한바, 대통령이 개혁 추진체계를 재정비하는 리더십을 발휘해야 한다. 광역자치단체를 통합하고 지방분권을 확대하여 지방 간 경쟁을 유도하는 것이 요구된다(제7장).

이 책의 출간은 박진 안민정책포럼 회장의 탁월한 추진력으로 가능했다. 책을 기획하고 초안을 독려해 수차례 토론을 거치는 과정은 박진 회장의 열정이 없었다면 힘들었을 것이다. 저자들은 안민정책포럼의 리더들인바, 국책연구소, 학계, 정부, 기업 등에서 일하며 각자 20년 이상 정책대안을 고민하면서 어느 정파의 이익에도 휘둘리지 않는 입장을 견지해 왔다. 회장, 분과위원장들, 최돈길 전 사무총장, 한배선 사무총장의 헌신적인 노력으로 매주 금요일 조찬 세미나가 알차고 유익한 자리가 되었다. 이러한 조찬 모임을 통해 저자들의 '패러다임 변화'에 대한 의견이 수렴되었다고 할 수 있겠다. 안민세미나에서 발표해 주신 분과 이른 아침 참석하여 좋은 토론을 해주신 안민 회원님께 감사드린다.

창립 20주년에 즈음하여 안민정책연구원을 설립하였는바, 연구원이 우리나라를 선진국으로 도약시키는 정책연구의 최고 연구기관으로 성장하도록 안민 회원을 대표하여 다짐해 본다. 이 기회를 빌려 그간 안민정책포럼을 후원해 주신 분들께 진심으로 감사드린다. 이분들의 도움으로 안민세미나 활성화가 가능했으며, 연구원 설립에 용기를 낼 수 있었다.

안민정책포럼에 참여하도록 저를 이끌어 주신 박세일, 이승훈 전임 이사장님들께 감사드린다. 마지막으로 안민정책포럼을 창립하고 어려운 세월 동안 헌신적으로 이끌어 오신 역대 이사장, 회장, 사무총장, 회원님들께 큰 감사를 드린다.

안민정책포럼 및 안민정책연구원 이사장 박우규

위기의 대한민국
이렇게 바꾸자

차 례

제1장

공공선과 사회통합 위한 변화는 가능하다

박우규

안민정책포럼 이사장

리인터내셔널 특허법률사무소 고문

요약

최근 우리 젊은이들이 일자리도 없고, 당분간 경제가 더 나아지리라는 희망도 없어 고통 받고 있다. 이렇게 된 것은 전쟁의 폐허에서 불과 30년 만에 기적같이 이뤄 낸 경제 성장을 성공문화로 정착시키지 못했기 때문이다. 문화는 후천적으로 습득되고 시간에 따라 변화하므로, 선진국에 걸맞은 성공문화를 만드는 것은 가능하다. 니체에 의하면 피와 고문과 희생이 배상으로 지불되면서 인간의 기억이 형성되고, 그 기억이 오랫동안 고통스럽게 각인되어 전통·관습·도덕·문화로 정착된다. 고통이 없다면 문화도 없다. 고통스럽더라도, 공동선(共同善)을 위해서는 협력과 사회통합을 우선시하는 문화를 만들어 낼 필요가 있다.

1980년대의 US 스틸의 구조조정과 피츠버그 시의 창조적 변신은 선진국의 문제 해결 방식이 놀라운 결과를 얼마나 단기간에 중앙정부의 도움 없이도 만들어 낼 수 있는가를 보여 준다. 기업, 노동자 및 지방정부의 상호 이해와 양보 및 협력이 있다면 어떠한 변화도 가능하다.

후진국에서 부패 없는 선진국으로 불과 40년 만에 도약한 나라는 싱가포르가 유일하다. 싱가포르도 처음에는 마약상과 경찰이 결탁할 정도로 부패하였다. 40년간 무관용(zero tolerance)의 고통을 감수하고 선진문화를 만들어 낸 싱가포르의 사례를 배울 필요가 있다.

우리의 정치제도가 착취적이어서 성공국가에서 언제든 실패국가로 전락할 위험이 있다는 지적이 있다. 실패국가로 가지 않으려면 공동체 이익을 우선시하고, 집단이기주의나 사익 추구가 범죄 내지는 반윤리적으로 처벌되는 강한 문화를 만들어야 한다. 그래야 절망에 빠진 청소년들을 구할 수 있다. 미비한 법을 정비하여 싱가포르처럼 정치적인 의지로 집행하면 된다. 고통스럽더라도 무관용주의가 필요하다. 그래야만 기업가의 자신감을 회복시켜 국내외 기업을 유치하고 노동자 보수도 올릴 수 있다. 가장 중요한 복지정책인 일자리 창출이 가능해지고, 절망에 빠진 청소년들을 구할 수 있다.

1. 대한민국의 가슴 아프고, 가슴 뛰는 기억의 역사

최근 우리 젊은이들이 일자리도 없고, 당분간 경제가 더 나아지리라는 희망도 없어 고통 받고 있다. 돌이켜 보면 우리나라는 가슴 뛰는 희망의 역사보다는 가슴 아픈 역사가 더 많았다. 임진왜란은 그야말로 가슴 아픈 기억이다. 우리 국토와 민족이 처절하게 유린되었다는 것보다 더 가슴 아픈 것은 일본의 침략이 임박했다는 무수한 경고도 당쟁에 묻혀 버리고, 지배계층이 도망가면서도 당쟁에 몰두했다는 점이다. 특히 전쟁의 와중에서 이순신 장군마저 당쟁의 희생물로 처형될 뻔했던 것은 지금도 가슴이 서늘해지는 기억이다. 한일합병 역시 가슴 아픈 망국의 기억이다. 임진왜란 때와 같이 세계가 급변하는데도 무능하고 무책임하나 기득권 지키기에는 사생결단하는 지배계층의 책임이 컸다. 해방 후 좌우대립, 국민의 20%가 죽거나 실종된 한국전쟁을 젊은이들이 제대로 기억 못 하고 교훈도 얻지 못한다는 것도 가슴 아픈 일이다.

가슴 뛰게 하는 기억도 있다. 노벨경제학상을 받은 루카스(1993)가 기적이라고 한 경제 성장을 전쟁의 폐허에서 불과 30년 만에 이뤄 냈다. 루카스는 수출기업이 직장 내 교육훈련(*on the job training*)을 통해 인적자본을 키우고, 그 결과가 기업생태계를 통해 국민 경제로 파급되는 것이 빠른 성장의 비결이라고 보았다. 당시에 경제도 성장시키고, 민주화도 이룩한 것은 가슴 뛰는 자랑스러운 기억이다. 최근 현실에 비춰 보면 기업이 없으면 인적자본도 형성 안 되고

성장도 없는 것 같다. [1)]

깜짝 놀란 기억도 있다. IMF 위기로 30대 그룹 중 10개가 부도나고, 구조조정과 공장의 해외 이전 등으로 양질의 일자리가 줄어들었다. 그 후에 전자, 자동차 등에서 세계적 기업을 길러 냈지만, 한때 세계적 기업이던 조선, 철강 등에서 구조조정이 불가피해지면서 불안하고 실망스러운 기억이 많아지고 있다.

문제는 국내외 여건이 급변하면서, 변화의 필요성과 방법이 제시된다 하더라도, 갈등 해소가 안 돼 문제 해결이 안 된다는 사실이다. 과거 가슴 아팠던 기억에서처럼, 지도층, 기득권층이 집단 이기주의와 인기영합(*populism*)적 행태를 보인다는 점도 문제다. 대기업 노조의 강경투쟁, 여야 정치권의 대립, 규제 완화에 소극적인 관료주의 …. 무능력과 무기력을 걱정하기보단 기득권 지키기에 몰두하는 지배계층이 변하지 않는다면 과연 통일을 감당하고 다시 한번 국민의 가슴을 뛰게 하는 기억을 만들 수 있을까? 자칫 지금의 지배계층(정치인, 관료, 기업가, 대기업 노조, 학자 등)이 우리 후손의 가슴을 아프게 만든 장본인으로 기억되지 않을까 걱정된다.

---

1) 지금은 기업을 키워 내지 못하고 있는 기업도 해외로 나가든가 팔리는 상황이니, 실업이 장기화되고 성장률이 점점 낮아질 수밖에 없다.

2. 선진국에 걸맞은 의식의 기억을 만들어 나가자

지금 우리의 상황은 심각하다. 경제 침체를 벗어나기 위해 해결해야
하는 수많은 과제가 계속 발생하는데, 아무것도 제대로 해결되지 않
는다. 아무도 책임지지 않고 무기력하게 시간만 가고 있다. 문화를
'사회구성원의 행동 양식'이라고 정의한다면, '문제 내지는 위기가
발생했을 때 이를 해결해 나가는' 우리의 문화가 고장 났다고 할 수
있겠다. 강한 문화를 가지면 강한 기업, 선진국이 된다. 무기력하
며 부패하고, 무사안일하며 집단이기주의가 득세하는 문화를 가진
회사는 부도나고, 그런 국가는 후진국으로 떨어진다. 모든 일이 다
자업자득일 수밖에 없다.

지금 우리의 문화, 즉 우리의 행동 양식과 문제 해결 방식은 수많
은 사건을 처리한 기억 때문에 형성된 것이다. 예를 들어 지금 우리
를 고통스럽게 하는 여야의 대립과 발목 잡기, 폭력적 노동 파업 등
은 한국전쟁을 겪으면서 반대세력에 대해 타협 대신 무자비한 전체
주의적 태도를 가지기 때문이라는 것이다. 또한 법을 경시하는 풍조
도 일제식민시대의 생존 방식이 반독재 민주화 투쟁을 겪으면서 고
착화되었다는 해석이다(김태완, 2014). 그러나 비록 법 경시 행태,
타협보다는 대립 행태 등이 과거의 기억에 의해 형성되었다 하더라
도, 이를 고치지 못한다면 이는 대한민국 공동체 의식의 분열과 사
회통합을 저해하게 될 것이다.

3. 문화, 관습, 도덕은 반강제적으로
   고통을 수반하면서 형성된다(니체)

뿌리 깊게 형성된 문화(저항하고, 대립하고, 집단이기주의를 내세우는 등)를 공동체의 이익을 우선시하도록 고치는 것은 굳건한 의지와 많은 고통을 필요로 한다. 니체가 저술한 《도덕의 계보학》(백승영, 2005; 홍성광, 2013)에 의하면 인간은 약속할 수 있는 동물로 사육됐다. 즉, 전통으로 내려오는 행동 양식이 관습으로 굳어지고, 그 관습에 대한 복종이 바로 도덕이 된다는 것이다. 어떠한 도덕, 관습, 행동 양식, 문화 등을 만들지는 그 사회의 선택이다.[2]

왜냐하면 인간은 태생적으로 모든 사물의 가치를 비교 평가하는 동물이기 때문이다. 인간은 누구나 공동체에 살면서 공동체의 편익을 누리고 공동체에 대한 의무를 갖는다. 만약 공동체에 손해를 끼치면 등가(等價)에 해당하는 배상을 지불하는데 이 과정에서 관습이 형성된다. 피와 고문과 희생이 배상으로 지불되면서 인간의 기억이 형성되고, 그 기억이 오랫동안 고통스럽게 각인되어 전통, 관습, 도덕, 문화로 정착된다. 즉, 고통스러운 형벌을 통해 약속할 수 있는 동물로 길들여진다는 것이다. 예를 들어 불법시위가 바람직하지 않다고 생각하고 이를 근절하고자 한다면 사회가 등가로 생각하는

---

2) 변용식 전 〈조선일보〉 주필과 이장한 종근당 회장은 관습에 대한 복종이 도덕이라는 주제로 함께 토론하면서 니체의 자료를 소개해 주었다. 니체의 주장대로 관습을 바꾼 사례가 싱가포르라는 점도 지적해 주었다. 감사드린다.

고통스러운 형벌을 가해야 한다. 이를 지키는 과정이 혼란스럽고 인기가 없더라도 인내해야만 불법시위가 사라질 것이다.[3] 고통이 없다면 문화도 없다.

니체의 관점을 따른다면, 우리는 일제의 지배, 한국전쟁, 군사독재 등을 거치면서 저항과 대립의 문화를 고통스럽게 형성하여 민주화에 성공하는 기억을 만들었다. 그러나 이제는 저항과 대립의 문화에서 탈피하여, 타협, 협력과 사회통합이 가능한 기억을 만들어 나가야 하겠다. 공동선(共同善)을 위해서는 구성원들이 어느 정도의 고통을 감내하는 노력이 필요하다. 그 결과 바람직한 문화가 만들어질 것이다.

4. 기억을 바꾸는 환골탈태적 변화는 가능하다

피츠버그와 US 스틸의 사례

현재 한국에서는 부실산업의 자발적·선제적 구조조정이 잘 일어나지 않는다. 민간기업이나 은행이 하지 못하면 정부 주도로 하는 것이 불가피하나 IMF 당시와는 달리 구조조정 여건이 매우 나쁘다. 정부

---

3) 불법시위에 대한 처벌이 등가에 못 미친다면 불법시위를 그만둘 유인이 약하다. 한국에서 불법시위를 주도한 사람들이 미국에 가서는 그런 시위를 못 하는 것은 미국이 불법행위를 강하게 처벌한다는 사실을 알기 때문이다.

재정도 취약해져서 공적자금을 쉽게 투입하기도 어렵다. 세계 경제 침체가 장기화돼 환율 절하로 수출 확대를 도모하기도 힘들다. 예를 들어 조선업이나 철강 구조조정의 경우 연관 기업의 쇠퇴 등으로 지역 경제침체의 악순환이 장기화될 우려도 있다. 그 과정은 매우 고통스러울 것이다. 기업, 노동자, 지방정부의 고통 분담과 협력, 그리고 변화에 대한 실행력이 있어야 구조조정이 성공할 수 있다.

1980년대 US 스틸의 구조조정과 피츠버그의 창조적 변신은 우리에게 두 가지 교훈을 준다. 4) 첫째로, 지방정부의 변화에 대한 실행력은 미국이 선진국임을 말해 준다. 당시 철강산업은 피츠버그의 척추와 같은 산업이었다. 카네기가 세운 US 스틸의 본사가 피츠버그에 있다. 강변 17마일에 걸쳐 있는 철강공장에서 한때 미국 철강의 반을 생산했다. 5) 철강산업이 구조조정에 들어갈 경우 지역 경제 쇠퇴는 불가피했다. 그러나 오일 쇼크 후인 1980년에는 미국 철강산업이 근본적으로 경쟁력을 상실하고 있었다. 일본을 비롯하여 한국 등 개도국 철강회사들의 생산량이 급증했다. 낡은 설비로는 버티기 어려웠다.

어느 날 TV뉴스에 폭파공법으로 강변의 철강고로가 무너지는 장면이 나왔다. 그 후 강변의 고로들은 대부분 사라지고, 도시 곳곳이 대청소에 들어갔는데 새까만 줄 알았던 대학 건물이 원래는 흰 대리

---

4) 필자는 1980년 여름부터 1986년 여름까지 피츠버그에서 살았다.
5) 〈디어헌터〉라는 영화를 찍은 곳이 피츠버그 도심에서 30분가량 떨어진 US 스틸의 공장이다.

석이어서 놀랐다. 정말 감명 받은 것은 깨끗이 닦은 도로의 경계석 (차도와 인도를 구별하는 *curbstone*) 이 아스팔트처럼 새까만 돌이 아니라 흰 대리석 종류라는 사실이었다. 한국 같으면 보도블록과 경계석을 깨부수고 새로 했을 것이다. 피츠버그에서는 100년이 되었더라도 아무것도 허투루 깨부수지 않았다.

또 많은 공장 노동자가 떠났지만 실업률이 크게 높아지거나 부동산 가격이 크게 하락하거나, 지역 경제 침체가 없었다고 한다. 시에서 다른 기업을 많이 유치했기 때문이다. 짧은 기간 동안 계획해서 실행에 옮기는 실행력! 감탄할 따름이다. 피츠버그는 2년 연속 미국에서 가장 살기 좋은 도시로 시애틀과 함께 선정되었다. 이 모든 게 내가 있던 6년 만에 일어난 일이다. 물론 아직도 피츠버그의 재창조 (*reinvention*) 는 계속된다. 미국에서 2009년 G20회의가 열릴 때 오바마 대통령이 피츠버그를 개최도시로 선정한 이유는 시 정부의 지속적인 도시 재창조 노력과 성과를 높이 평가했기 때문이다. 이제 철강 도시였던 피츠버그의 가장 큰 산업은 의료 산업이다. 6)

둘째, 노사 간 협력 관점에서 US 스틸이 살아남은 과정을 보면 놀라울 따름이다. 그 많은 고로를 폐쇄했지만 노사 간 물리적 대립은 한 번도 없었다. 시끄럽지도 않았다. 마스크 쓰고 피켓 들고 회사 정문에서 멀리 떨어진 곳에 서 있었을 뿐. 모두 합의에 의해서, 그것도 매우 신속하게 진행되었다. 회사 생산량이 한때 세계 1위에

---

6) Fee Enterprise Staff(2014)

서 15위로 축소되었지만 어려움에서 살아남는 강한 문화를 가진 조직으로의 변화가 시작되었다. 오늘날의 피츠버그와 US 스틸은 기업, 노동자 및 지방정부의 상호 이해와 양보 및 협력이 없었다면 존재하지 않았을 것이다.

싱가포르도 엄격한 반부패 정책을 시행, 선진국 문화를 형성하였다 [7]

공동체 이익을 도외시하고 사적인 이익을 추구하는 한국의 풍조가 걱정스러운 수준이다. 흥사단이 조사한 바에 따르면, 10억 원을 주면 죄를 짓고 감옥에 갈 용의가 있다는 고교생이 56%였다(2015년 조사). 이러한 청소년들이 과연 한국을 선진국으로 이끌 수 있을까? 1965년 독립 후 반부패 정책을 채택하고 싱가포르를 이끌었던 리콴유 수상의 사례는 우리에게 큰 시사점을 준다. 싱가포르도 처음에는 마약상과 경찰이 결탁할 정도로 부패하였다. 리콴유 수상은 지도층, 정부가 부패하지 않아야 연줄 없이 열심히 일하는 사람이 보상받고, 교육이 정상화되고, 국내외 기업의 투자가 지속 가능하다는

---

7) 싱가포르 사례와 관련해서는 바른사회운동연합의 2014 창립심포지엄(Bala Reddy. Tackling corruption and the rule of law; A Singaporean perspective; 오택림. 한국 뇌물법의 문제점과 개선방안)과 2015 반부패 청렴사회구현을 위한 국제심포지엄(Kannan. Combating corruption; The Singapore experience; 곽형석. 예방적 부패통제시스템 구축을 통한 국가청렴도 제고 방안)의 자료를 참조하였다. 이 자료들을 소개해 준 장오현 교수님께 감사드린다.

신념을 가지고 있었다. 예를 들어 부패가 규제를 만들거나 피할 수 있게 한다면 투자 유치는 어렵다는 것이다. 엄격해야 한다. 그렇지 않으면 법의 지배(Rule of law)가 아니라 돈의 지배(Rule of money)를 받게 된다.

싱가포르의 반부패 정책은 독립된 반부패 기구가 정부 지도층의 강력한 뒷받침으로 효과적인 집행을 한다. 법도 포괄적이다. 공직자뿐 아니라 민간인의 부패에도 엄격하다. 물론 지도층에도 공평하게 적용한다. 이중 잣대는 없으며 관용도 없다(No double standard, zero tolerance). 뇌물뿐 아니라 범죄수익도 몰수한다. 그 결과 국제투명성 기구의 2015년 CPI 지수에서 싱가포르는 8위, 한국은 37위를 차지했다. 2015년 IMF 기준 싱가포르 1인당 국민소득은 53,200달러로 6위였다. 한국은 27,500달러로 28위였다. 후진국에서 부패 없는 선진국으로 불과 40년 만에 도약한 나라는 싱가포르가 유일하다. 싱가포르의 수석검사장 레디(Reddy)가 고대 중국의 회남자(淮南子)를 자랑스럽게 인용할 만하다. 회남자에 의하면, "지도자가 공정한 법을 집행하는 의지가 있으면 부패가 사라지고, 지도자가 바르지 않으면 사악한 자가 날뛰고 지혜로운 사람은 은둔하게 된다. 임금이 허리가는 여자를 좋아하면 굶어 죽는 여자가 생기고, 임금이 용감한 것을 좋아하니 목숨 걸고 싸우는 사람이 생긴다. 즉, 권한을 가진 사람은 사람들의 습관을 바꾸고 행동방식을 바꿀 수 있다".

한국은 민간인의 부패를 적절히 제어할 수 있는 법적·제도적 장치가 미흡하다. 예를 들어 뇌물 공여자에 대한 처벌이 약하고, 범죄

이익 환수도 약하다. 이 경우 공직자에게 뇌물을 줘서라도 목적을 달성하려는 유인이 강해질 수 있다. 공직자도 유혹에 빠지기 쉽고 사회전체에 광범위하게 부패문화가 형성된다. 법을 우습게 알고 사익 추구에 매달린다. 이런 문화는 청소년에게 쉽게 전염된다. 고교생의 56%가 윤리의식이 미약한 것은 그들이 사악해서가 아니라, 한국 사회가 그렇게 만든 것이다. 40년간 무관용(zero tolerance)의 고통을 감수하고 선진문화를 만들어 낸 싱가포르의 사례를 배울 필요가 있다.

대한민국 성공의 기억과 실패의 조짐

우리는 박정희 대통령의 리더십으로 실패국가의 아픈 기억과 실패문화를 털어 버리고 '잘살아 보자'는 목표로 단합할 수 있었다. 그결과 기적 같은 발전을 이룩했고, 그 성공의 기억은 한국개발연구원(KDI) 등을 통하여 지금도 후진국 공무원 등에게 전파되고 있다. 그러나 우리가 실패국가에서 한순간에 성공국가로 올랐듯이, 그 반대로 다시 실패국가로 전락할 위험이 있다는 지적은 경청해야 한다. 즉, "한국의 사례에서처럼 착취적 정치제도에도 불구하고 경제제도가 포용적 성향을 띤 덕분에 성장이 가능하다 해도, 경제제도가 더 착취적으로 바뀌거나 성장이 멈춰버릴 위험이 상존한다. … 정치제도가 착취적에서 포용적 성향으로 바뀌지 않으면 … 언제든 경제적 번영의 기반을 훼손할 수 있다".8)

이는 정치제도의 포용성 여부가 경제 발전에 매우 중요하다는 지적이다. 미국 같은 선진국도 예외는 아니다. 미국은 포용적 정치 및 경제제도를 잘 갖춘 선진국이지만, 최근 경제 사회가 쇠퇴 내지는 교착 상태에 빠진 느낌이 든다. 이는 미국 정치에서 선거기부금, 로비스트 등을 활용하는 각종 이익집단이 주요정책을 좌우하기 때문이다. 돈의 힘으로 진정한 혁신과 변화를 가로 막고 있다.[9] 또한 인기영합적 정책이 장기적 부작용에 대한 면밀한 검토 없이 시행된다. 2008년 금융위기도 저소득층의 주택 구입을 용이하게 하기 위해 비우량 주택담보대출(subprime mortgage)을 조장한 인기영합주의 정책이 주요요인이었다.

한국에서 최근 발생하는 여러 사례는 혹시 '실패 국가로 가는 조짐'이 아닌가 하는 우려가 든다. 예를 들면, 노사 교섭력의 차이와 정부의 방치로 고임금 정규직의 불법파업이 제어되지 못하고 있다.[10] 그 결과 주력기업 및 협력업체의 생산 기반이 해외로 이전하고 있으며 이는 일자리 감소로 나타나고 있다. 이는 강성노조가 자신의 이익을 위하여 주변 비정규직, 협력업체, 지역 사회의 이익을 착취하는 것으로 볼 수 있다. 지방자치단체장과 국회의원 등 각종 선출직들은 자신의 선거에 도움이 된다면, 경제성 없고 장기적으로

---

8) Acemoglu(2012). 《국가는 왜 실패하는가》. 착취적 제도는 권력을 가진 계층의 이익을 위해 다른 계층의 이익을 착취하는 제도를 말한다.

9) 손병권(2016). 샌더스-트럼프 현상(미국 양극화 현상과 한국적 함의).

10) 예를 들어 노조가 파업을 해도 사측은 대체노동자를 고용할 수 없고, 무노동 무임금 원칙도 파업 후 위로금 형태로 지급되기 때문에 지켜지지 않는다.

부작용이 우려되는 정책이라 지적받아도 추진하는 경향이 있다. 결국 권력계층의 집단이기주의를 제어 못 해 국가 경제와 서민들이 피해를 보게 된다. 애쓰모글루의 지적처럼 우리 정치·사회제도는 착취적인 경향이 있다. 독일의 슈뢰더 총리는 선거에 질 가능성이 있었지만 노동 개혁을 해서 장기적 번영의 기틀을 마련했다. 국익에 도움이 된다면, 여야가 서로 협조해서 문제를 해결해야 국회와 정부가 무기력하다는 소리를 듣지 않는다.

5. 공공선을 중시하고 사회통합을 우선하는 강한 문화 형성이 시급

공동체 이익을 우선시하고, 집단이기주의나 사익 추구가 범죄 내지는 반윤리적으로 취급돼 처벌받는 강한 문화를 만들어야 한다. 그래야 절망에 빠진 청소년들을 구할 수 있다. 법이 미비하면 정비하여 싱가포르처럼 정치적인 의지로 집행해 나가면 된다. 고통스럽더라도 무관용주의(zero tolerance)가 필요하다. 온정주의는 법치를 와해시킨다. 음주운전을 사면해 주면 음주운전이 계속되는 데 그치지 않고 법과 공권력을 우습게 아는 문화가 형성되는 부작용까지 생긴다. 공동체 이익을 우선시하는 강한 문화가 형성되면, 피츠버그 사례처럼 대기업 노조가 기업을 살리는 투쟁, 협력업체와 지역 사회의 어려움을 감안하는 투쟁을 하게 될 것이다. 정파의 이익을 위해 인기영합적인 경제정책을 수단으로 삼는 일이 없어질 것이다.

좋은 일자리가 지속적으로 창출되는 경제구조를 만드는 것이 가장 중요한 복지정책이며 경기 부양책임을 알지만 정부는 오히려 일자리를 없애는 대책을 쏟아 내고 있다. 지금보다 훨씬 어려웠던 대공황 때, 케인스는 두 가지 대책을 강조했다. 기업가의 자신감을 회복시키고, 노동자 보수를 올리는 것이다. 특히 그는 기업가 정신을 북돋우는 것은 가장 싸게 먹히는 경기부양책이라 했다.11) 과거 박정희 대통령이 어려운 여건에도 불구하고 경제 발전을 이룰 수 있었던 요인은, 기업가 간 경쟁 유도와 기업가 양성이라 할 수 있다. 노동자 보수를 올리기 위해서는 정규직 과보호를 낮추어서 비정규직 대우를 개선하고, 해외의 공장을 다시 한국에 오게 해야 한다. 해답은 있다. 그러나 현실은 그 반대로 간다.

그간 우리 경제 사회의 여러 문제에 대한 해법은 무수히 반복적으로 제시됐으나 실천이 없었다. 강한 문화를 만들어야 한다. 그래야 해결책들이 실천되어 사회 통합이 이뤄지고, 비로소 선진국이 될 수 있다.

---

11) Summers, L. (2016). *The Age of Secular Stagnation.*

제 2 장

———

공공성과 문제 해결능력의 거버넌스가 필요하다

박명호

안민정책연구원 거버넌스 분과위원장

동국대 정치외교학 교수

요약
―

정치는 공공(公共)의 일을 처리하는 과정(過程)이다. 그래서 공공성이 가장 중요한 가치다. 정치는 또한 국민의 삶의 문제를 해결(解決)하는 것이다. 한국 정치에 공공성과 문제 해결능력의 거버넌스(governance)가 필요한 이유다. 공공성과 문제 해결능력의 거버넌스는 협의제(協議制) 민주주의적 제도 개선을 요구한다. 국회는 대립과 교착에 빠졌고, 정당은 정당집단주의(集團主義)에 빠져 무(無)책임정당에 머물고 있다. 책임(責任)과 문제 해결의 국회, 능력(能力)과 책임의 정당을 지향해야 한다.

이를 위해 첫째, 제도적 정합성을 전제로 대표성 강화의 선거제도가 필요하다. 둘째, 관심과 애정 있는 유권자와 함께 정치력의 리더십이 협의제 민주주의 성공의 전제조건이다. 셋째, 책임과 문제 해결의 국회를 위해 개별적이고 독립적인 헌법기관으로서의 국회의원의 자율적 역할이 강화되어야 한다. 넷째, 국회는 합의지향형 운영에서 탈피하여 제도화된 의사일정을 가져야 하고, 국회선진화법 개정을 통해 적절한 결정을 적절한 시점에 할 수 있어야 한다. 다섯째, 특권 내려놓기를 하려면 제대로 해야 한다. 그 출발은 이해충돌 방지를 복원하는 것이다. 여섯째, 능력과 책임의 정당을 위해 정당이 정책능력을 갖고 팀으로서 정권을 운용해야 한다. 일곱째, 공천 시한을 정당 스스로 정하고 지키며 공천과정에서 여론조사는 단순한 참고자료로 활용해야 한다. 정치엘리트 공급원(源)으로서의 정당은 공천을 통해 구체화되며 책임정당제의 출발은 공천이기 때문이다.

1. 다수결 민주주의의 최악형, 독점의 정치

세상의 민주주의 어떻게 구분하나?

세상의 민주주의는 모두 같을까? 그렇지 않다. 민주주의 국가 수만
큼 다양한 민주주의가 있다. 그래서 세상의 민주주의를 단순하게 구
분할 필요가 있다. 라이파트(Lihphart)에 따르면 민주주의 유형론
(*types of democracy*)에는 다수결 민주주의와 협의제 민주주의가 있다.

다수제(혹은 웨스트민스터) 민주주의는 우리가 민주주의 하면 흔
히 떠올리는 유형이다. 다수제 민주주의에서 입법부는 다수결 투표
에 의해 구성된다. 대표적 사례가 영국이다. '웨스트민스터 민주주
의'라는 명칭이 생긴 이유다. 반면 협의제 민주주의는 비례대표제를
통해 득표율만큼 의석을 차지한다. 그래서 타협과 소수의 권익보호
를 중요시한다. 라이파트는 협의제 민주주의의 우월성을 처음으로
주장한 학자이다. 그는 협의제 민주주의가 전통적인 다수결 민주주
의가 해결하지 못하는 인종, 언어, 종교적 갈등을 해결할 수 있는
방법이라고 생각했다. 협의제 민주주의는 집단지성의 효과적이고
결단력 있는 리더십이라고 생각했기 때문이다.

다수제 민주주의와 협의제 민주주의는 10개의 질문에 대한 답에
따라 결정된다. 우선 정부-정당 측면의 질문 5개는 다음과 같다. 첫
째, 단일 정당이 정부를 통제하는가? 즉, 하나의 정당이 정부내각
을 구성하느냐 아니면 여러 정당의 연정을 통한 권력 공유 형태의

내각으로 정부를 구성하느냐다. 둘째, 대통령제든 내각제든 행정부가 입법부보다 강한가, 아니면 행정부-입법부가 균형을 이루는가? 셋째, 양당제인가 다당제인가? 넷째, 소선거구＋단순다수제 선거제도인가, 비례대표제 선거제도인가? 다섯째, 각자도생의 다원적 경쟁의 이익집단 사회인가, 아니면 협력과 합의를 우선하는 협동적인 이익집단 사회인가?

이에 따라 단일 정당이 정부내각을 구성하고, 행정부가 입법부에 비해 상대적으로 우위에 있으며, 소선거구＋단순다수제의 총선제도로 양당제이고, 다원적 이익집단 경쟁의 사회이면 다수결 민주주의가 된다. 반대로 여러 정당이 연정(聯政)의 정부내각을 구성하고, 행정부-입법부의 힘이 균형을 이루며, 비례대표제의 총선제도로 다당제이고, 협동지향적인 이익집단의 사회라면 협의제 민주주의가 된다.

연방-중앙 측면의 질문 5개는 다음과 같다. 첫째, 입법부가 단원제인가, 양원제인가? 둘째, 헌법 개정이 상대적으로 쉬운가, 어려운가? 셋째, 입법부가 위헌법률 여부를 판단하는가, 아니면 헌법적 독립기관이 위헌법률을 판단하는가? 넷째, 행정부가 중앙은행을 통제하는가, 아니면 독립적인 중앙은행이 존재하는가? 다섯째, 연방제인가, 중앙집권제인가?

이에 따라 단원제이며, 헌법 개정이 상대적으로 쉽고, 입법부가 위헌법률에 대해 판단하며, 행정부가 중앙은행을 통제하고, 중앙집권적 국가이면 다수결 민주주의가 된다. 반면 양원제이며, 헌법 개

〈표 2-1〉 민주주의 유형의 10대 기준

정부-정당 측면		
	다수결 민주주의	협의제 민주주의
1	단일 정당의 정부내각 구성	연정에 의한 정부내각 구성
2	행정부의 대(對) 입법부 우위	행정부-입법부 간 견제와 균형
3	양당제	다당제
4	승자독식-다수결 선거제도	비례대표 선거제도
5	각자도생의 다원적 이익집단	타협 및 조정의 협력적 이익집단
연방-중앙 측면		
1	단원제	양원제
2	손쉬운 개헌	절대 다수에 의한 엄격한 개헌
3	입법부의 위헌법률 심사	독립적인 기관의 위헌법률 심사
4	권력의 중앙 집중	연방/지방자치 권력 구조
5	정부 통제의 중앙은행	독립적인 권한을 가진 중앙은행

* 음영 표시한 것이 한국의 경우로서 우리 중앙은행의 독립성에 대해서는 이견이 있어 모두
표시하였다.

정이 상대적으로 어렵고, 헌법상 독립기관에 의해 위헌법률심사가
이뤄지며, 중앙은행이 독립적이고, 연방제 국가면 협의제 민주주의
이다.

대한민국은 다수결 민주주의를 넘어 '독점의 정치'

라이파트 기준에 따르면 한국은 다수결 민주주의다. 협의제 민주주
의적 요소도 없지는 않으나 비중이나 중요도가 모두 낮다. 한국은
단일 정당이 정부내각을 구성하며, 행정부가 입법부에 비해 상대적
으로 우위에 있고, 양당제이며, 승자독식의 소선거구 + 단순다수제
의 국회의원 선거제도를 사용하면서 단원제이고, 다원적 이익집단

의 사회이자, 지방자치가 약하기 때문이다.

그러나 한국의 민주주의는 다수결 민주주의를 넘어서 독점(獨占)의 정치다. 독점의 정치는 권력의 독점, 즉 결정권의 독점이다. 선거결과는 박빙이었어도 권력의 독점은 가능하다. 그래서 독점의 정치다. 무엇보다 제도적으로 독점의 정치가 가능하게 되어 있다. 대통령과 국회의원 선거제도가 대표적이다. 여기에 지역주의까지 가세하고 있다. 독점의 정치는 의회정치를 대립과 교착으로 몰고 간다. 왜 이러한 독점의 정치가 생겨난 것일까.

독점의 정치 기원: 소선거구 + 단순다수 선거제도

박빙의 선거결과는 많은 사표를 낳는다. 사표는 당선자 아닌 다른 후보들에게 던져진 유권자들의 표로, 선거 후 그 가치가 없어진다. 문제는 선거에서 사표의 비율이 대단히 높다는 것이다. 국회의원 선거만 해도 17대 49.99%, 18대 47.09%, 19대 46.44%이다. 2012년 대선에서도 48% 유권자의 정치적 의사는 버려지고 말았다. 단순다수제로 당선자를 결정하면 발생할 수밖에 없는 현상이다. 대표의 위기다.

여기에 지역주의에 기댄 양대 정당의 독과점 구조도 대표성을 악화시킨다. 소선거구 + 단순다수제가 기본적으로 군소정당보다 거대정당에 유리한 제도인데 여기에 지역주의까지 맞물려 두 개의 지역 정당들이 자신의 지지 기반에서 의석을 거의 독식했다. 이 과정에서

양대 정당이 얻은 유권자들의 표가 그 비율에 비해 과도하게 의석수
로 전환된 것이다. 19대 총선에서 새누리당은 영남지역에서 54. 7%
의 득표율로 94%, 새정치민주연합은 호남지역에서 53. 1%의 득표
율로 83. 3%의 의석을 차지했다.

〈그림 2-1〉은 한국 총선사상 가장 적은 표차(表差)로 당선자가
결정된 경우이다. 이 세 표 차이는 재검표 결과 두 표로 줄었다. 당
선자와 차점자 모두 유권자 10명 중 3명 정도의 지지를 받았지만 결
과는 엄청난 차이다. 나아가 유권자 10명 중 6~7명은 자신의 정치
적 의사가 대표되지 못했다. 소선거구 + 단순다수제의 대표적인 제
도적 특성이다. 독점의 정치의 출발점이다.

한국의 선거는 기초의원 선거를 제외하면 모두 같은 방식이다.
따라서 위와 같은 현상은 얼마든지 나올 수 있다. 예를 들면 광역의
원을 선출하는 2014년 지방선거에서도 유사한 사례가 발생했다. 서
울시 의회 금천 제 2선거구에서 27, 202표 대(對) 27, 200표로 당선
자가 결정되어 2표 차의 선거결과가 나왔다(재검표 결과 1표 차).

만약 개별 선거구에서 나타날 수 있는 이러한 사례들이 지역적으

〈그림 2-1〉 16대 총선 경기 광주 투표 결과

2000년 총선
경기 광주

한나라당 박혁규
16,67<u>5</u>(33.741%)

민주당 문학진
16,67<u>2</u>(33.735%)

로 집중된다면 득표율 차에 비해 의석수의 차이가 더욱 확대되는 현상을 보이게 된다. 즉, 2004년 총선의 경우 서울에서 당시 열린 우리당은 한나라당에 비해 1.5%p 득표율이 높았으나 의석수는 32 대 16의 더블 스코어 차이였다. 경기도의 경우는 더욱 심해 4%p 차이의 득표율이 의석수에서는 35 대 10으로 나타났다. 2016년 총선에서 새누리당은 지역구에서 38.3%의 득표율로 105석을 획득했지만 더불어민주당은 그보다 적은 37%의 득표율로 110석을 획득했다.

대표의 위기다. 득표가 의석으로 전환(轉換)되는 과정에서 많게는 절반 이상의 유권자가 정치적으로 대표되지 못하고 있다. 사표(死票)의 양산(量産)이 불가피한 선거제도 때문이다. 여기에 지역주의 정당정치는 대표를 약화시키는 것은 물론 독점의 정치도 더욱 강화시킨다.

지역주의 정당정치는 독점의 정치를 악화시킨다

소선거구+단순다수제의 총선제도와 단순다수결의 대통령 선거제도는 지역주의와 결합한다. 그래서 독점의 정치는 재생산되며 악화된다. 지역주의는 1987년 절차로서의 민주주의가 회복된 이후 한국의 선거정치과정을 지배해 온 가장 강력한 균열구조이다. 지역주의는 한국의 모든 선거와 정당정치를 규정하는 정치적 상수(常數)였다. 특히 영남과 호남이 대표적이다. 결과적으로 단순다수제의 선거제도가 지역주의 정당체계의 성립과 존속을 가져오고, 동시에 지역주의 정당체계는 선거제도를 통해 독점의 정치를 강화하는 악순환이 전개된 것이다.

〈표 2-2〉와 〈표 2-3〉은 각각 2004년 총선 이후 새누리당(한나라당)과 민주당의 시도별 득표율과 의석률을 비교한 것이다. 이 표를 통해 우리는 대표성의 약화가 지역주의를 통해 더욱 악화되고 있음을 경험적으로 확인할 수 있다. 이득비는 의석률을 득표율로 나눈 값으로 100이면 득표율과 의석률이 완전 비례함을 의미하고, 100보다 낮은 경우 손해를, 100보다 높으면 이득을 본 것이다. 양당은 영남과 호남에서 각각 다른 지역과 비교했을 때 낮은 득표율에 비해 상대적으로 높은 의석률로 큰 이득을 봤다. 보너스율은 득표율과 의석률의 차이를 나타낸 것으로 0에 가까울수록 양자가 비례적인 관계로 플러스 상태면 이득이고 마이너스 상태면 손해를 본 것이다. 보너스율 또한 같은 결과다. 결국 지역주의의 가장 큰 폐해는 대표성의 약화였다.

2. 협의제 민주주의로 가자

독점의 정치는 다수결 민주주의 최악의 형태이다. '배제(排除)의 정치'다. 라이파트에 따르면 "한국은 효과적인 정부와 민주주의 질(質) 측면에서 최고의 성과를 거둔 나라는 아니다". 그의 연구대상

〈표 2-2〉 최근 총선에서 새누리당(한나라당)의 득표 결과

구분	17대				18대				19대			
	득표율	의석률	이득비	보너스율	득표율	의석률	이득비	보너스율	득표율	의석률	이득비	보너스율
서울	41.3%	33.3%	80.69%	-7.98%	49.6%	83.3%	168.15%	33.7%	44.1%	33.3%	75.65%	-10.7%
경기	40.7%	28.6%	70.26%	-12.09%	47.8%	62.7%	131.18%	14.91%	45.7%	40.4%	88.45%	-5.3%
인천	39.0%	25.0%	64.12%	-13.99%	47.5%	75.0%	157.82%	27.48%	46.8%	50.0%	106.79%	3.2%
광주	0.1%	0.0%	0.00%	-0.12%	6.1%	0.0%	0.00%	-6.06%	5.1%	0.0%	0.00%	-5.1%
전남	0.8%	0.0%	0.00%	-0.84%	6.0%	0.0%	0.00%	-5.98%	3.4%	0.0%	0.00%	-3.4%
전북	0.1%	0.0%	0.00%	-0.14%	7.0%	0.0%	0.00%	-7.02%	7.4%	0.0%	0.00%	-7.4%
부산	52.5%	94.4%	179.82%	41.92%	46.7%	61.1%	130.98%	14.46%	49.4%	88.9%	179.91%	39.5%
울산	36.3%	50.0%	137.68%	13.68%	52.8%	83.3%	157.92%	30.56%	53.9%	100.0%	185.55%	46.1%
경남	47.7%	82.4%	172.60%	34.64%	50.6%	76.5%	150.99%	25.83%	50.4%	87.5%	173.64%	37.1%
대구	62.4%	100.0%	160.15%	37.56%	59.9%	66.7%	111.23%	6.73%	55.4%	100.0%	180.54%	44.6%
경북	54.6%	93.3%	170.98%	38.75%	53.3%	60.0%	112.47%	6.65%	59.5%	100.0%	168.06%	40.5%
강원	43.4%	75.0%	172.74%	31.58%	44.3%	37.5%	84.61%	-6.82%	52.2%	100.0%	191.74%	47.8%
대전	22.4%	0.0%	0.00%	-22.37%	26.4%	0.0%	0.00%	-26.41%	35.1%	50.0%	142.50%	14.9%
충남	15.8%	10.0%	63.43%	-5.77%	29.7%	0.0%	0.00%	-29.72%	36.1%	40.0%	110.80%	3.9%
충북	32.6%	0.0%	0.00%	-32.56%	39.2%	12.5%	31.88%	-26.70%	49.5%	62.5%	126.31%	13.0%
제주	40.2%	0.0%	0.00%	-40.17%	34.0%	0.0%	0.00%	-34.05%	25.1%	0.0%	0.00%	-25.1%
세종									13.6%	0.0%	0.00%	
전체	37.9%	41.2%	108.59%	3.3%	42.9%	53.5%	124.51%	10.53%	42.6%	51.6%	121.22%	9.0%

〈표 2-3〉 최근 총선에서 민주당의 득표 결과

구분	17대(열린우리당)				18대(통합민주당)				19대(민주통합당)			
	득표율	의석률	이득비	보너스율	득표율	의석률	이득비	보너스율	득표율	의석률	이득비	보너스율
서울	42.9%	66.7%	155.5%	23.8%	35.9%	14.6%	40.6%	-21.4%	45.1%	62.5%	138.6%	17.4%
경기	45.7%	71.4%	156.2%	25.7%	36.7%	33.3%	90.8%	-3.4%	41.3%	55.8%	135.0%	14.5%
인천	44.7%	75.0%	167.8%	30.3%	31.3%	16.7%	53.2%	-14.6%	44.3%	50.0%	112.8%	5.7%
광주	54.0%	100.0%	185.2%	46.0%	64.1%	87.5%	136.4%	23.4%	48.7%	75.0%	154.0%	26.3%
전남	46.9%	100.0%	213.4%	53.1%	60.7%	75.0%	123.6%	14.3%	55.6%	90.9%	163.6%	35.3%
전북	64.6%	53.8%	83.4%	-10.7%	53.7%	81.8%	152.5%	28.2%	50.9%	81.8%	160.6%	30.9%
부산	38.9%	5.6%	14.3%	-33.4%	11.6%	5.6%	47.9%	-6.0%	32.2%	11.1%	34.6%	-21.0%
울산	28.1%	16.7%	59.4%	-11.4%	2.2%	0.0%	0.0%	-2.2%	13.4%	0.0%	0.0%	-13.4%
경남	34.4%	11.8%	34.2%	-22.6%	8.4%	5.9%	70.2%	-2.5%	18.0%	6.3%	34.7%	-11.8%
대구	26.8%	0.0%	0.0%	-26.8%	0.8%	0.0%	0.0%	-0.8%	16.4%	0.0%	0.0%	-16.4%
경북	25.8%	0.0%	0.0%	-25.8%	3.0%	0.0%	0.0%	-3.0%	8.5%	0.0%	0.0%	-8.5%
강원	38.8%	25.0%	64.4%	-13.8%	24.3%	25.0%	102.8%	0.7%	33.6%	0.0%	0.0%	-33.6%
대전	45.8%	100.0%	218.5%	54.2%	23.8%	16.7%	70.1%	-7.1%	36.5%	50.0%	137.0%	13.5%
충남	38.8%	50.0%	128.7%	11.2%	14.1%	10.0%	70.7%	-4.1%	32.3%	30.0%	92.9%	-2.3%
충북	50.5%	100.0%	198.2%	49.5%	35.1%	75.0%	214.0%	39.9%	37.6%	37.5%	99.8%	-0.1%
제주	49.4%	100.0%	202.5%	50.6%	41.4%	100.0%	241.4%	58.6%	47.8%	100.0%	209.3%	52.2%
세종									46.8%	100.0%	213.5%	53.2%
전체	42.0%	53.1%	126.4%	11.1%	28.6%	26.9%	94.3%	-1.6%	36.7%	43.1%	117.3%	6.3%

36개국 중 한국은 25위(효과적인 정부)와 26위(민주주의 질)에 불과했다. 따라서 앞으로 우리의 민주주의는 협치(協治)의 정치와 협의제 민주주의를 지향해야 한다. 협치의 정치와 협의제 민주주의의 핵심은 견제(check)와 균형(balance)이다. 이를 위해서는 제도적 개선과 함께 정치인의 리더십이 중요하다. 공공성과 문제 해결능력 거버넌스는 제도와 사람의 조건이 함께 갖춰졌을 때 가능하기 때문이다.

견제와 균형의 협치 또는 협의제 민주주의를 위한 제도 개선에는 조건이 있다. 제도적 정합성이다. 모든 정치제도는 서로 궁합이 맞아야 한다. 가령 국회의원 선거제도의 개선을 논하면서 변화된 국회의원 선거제도 자체가 가져올 수 있는 정치적 효과만을 고려할 수 없다는 뜻이다. 따라서 한국 정부 형태와 가장 적합하게 조화되면서 순기능적으로 작용할 수 있는 국회의원 선거제도를 선택해야 한다.

비례대표 강화되고 다양화되어야

대통령제 정부 형태는 국민 직선으로 선출하는 대통령과 의원을 가진 이중 정통성(dual legitimacy)을 특성으로 한다. 그래서 분점정부(divided government) 또는 여소야대의 가능성이 발생한다. 대부분의 경우 분점정부는 대통령제 정부 형태의 치명적인 약점으로 알려졌다. 따라서 다당제적 경향을 강화하는 선거제도가 대통령제와 공존하는 것은 부적절한 조합으로 보인다. 1) 분점을 심화할 우려가 있기 때문이다. 따라서 우리의 정부 형태와 적절하게 결합하면서 비례성 또는 대표성을 향상시킬 수 있는 국회의원 선거제도가 요구된다. 나아가 정당 중심의 선거운동을 강화하여 향후 정당정치의 착근을 위해서도 도움이 되는 선거제도가 바람직하다.

첫째, 비례대표의 비중을 높여야 한다. 현재 비례대표는 300명 중 47명에 불과하다. 무의미하다고 해도 과언이 아니다. 따라서 지역구와 비례대표의 비율은 단기적으로는 지역구 우위(2 : 1)의 형태를 취하되 장기적으로는 양자의 비율을 동등하게 가져가야 한다. 이때 지역구와 비례대표를 독립적으로 운용할지 아니면 연동형으로 운용할지도 중요하다.

둘째, 전국 단위에서 명부를 작성하여 전국 단위의 정당득표율을 사용할지 또는 권역별로 명부를 작성하여 권역별 득표율을 사용할지도 고민해야 한다. 20대 총선을 앞두고 거론된 것이 권역별 비례대표제이다. 인구 편차에 따른 선거구 조정에 의해 나타날 수 있는 농촌지역의 대표성 약화에 대한 대안이자 지역주의 완화를 가져올 수 있을 것으로 기대되기도 한다. 물론 권역별 비례대표 후보를 어떻게 선정하고 유권자들로 하여금 어떻게 선택하게 할지도 중요하다. 권역별 비례대표의 경우 중앙당 중심의 공천과 지방당 중심의 공천 사이의 결정도 중요한 변수이다. 특히 권역별 비례대표의 공천을 시도당 중심으로 진행할 때 지역 정치세력의 과두화(寡頭化) 또는 독점화를 막고 비례대표제의 근본적 취지를 공천과정에서 어떻

---

1) 중/대선거구와 비례대표제가 결합된 형태가 그 예가 되겠다.

게 확보하느냐가 중요한 과제가 된다. 동시에 비례대표제의 직능 대표성이 권역별 비례제에서도 유지될 수 있도록 하는 것이 중요하다. 지역 또는 권역의 이익대표가 아니라 국가적 의제(議題)를 고민하는 비례대표제가 되도록 해야 할 것이다.

나아가 유권자들로 하여금 지금과 같이 정당에서 일방적으로 제시한 후보자 명부만 보고 정당에 투표하게 할지, 아니면 유권자가 후보자 풀(pool)에서 원하는 후보에게 투표하도록 할 것인지도 결정해야 한다. 마지막으로 권역을 어떻게 구분하느냐도 중요한 문제이며 인구 대표성과 함께 역사적, 지리적, 문화적 공통점도 권역 구분 시 고려되어야 할 것이다.

선거제도의 비례성 강화를 위해서 비례대표 의원의 증원이 요구된다. 하지만 의원 정수를 현재와 같은 수준에서 유지하며 비례대표의 비중을 늘리려면 지역구 의원 수 감축이 필요하지만 이는 현실적으로 어렵다. 따라서 의미 있는 수준의 비례대표 의원 수를 위해서도 의원 정수의 증원이 불가피한 것이 사실이다.

그러나 문제는 국민적 합의(合意)가 가능한지 여부이다. 국회가 국민적 불신과 조롱의 대상으로까지 전락한 상황에서 의원 정수 증원에 대한 국민적 공감을 얻기 어렵기 때문이다. 국회의원 증원을 말하면 국민들은 '국회 폐지'를 말할지도 모른다. 그럼에도 전향적 검토가 필요하다. 국회의 모습이 마음에 들지 않는다고 국회를 없앨 수는 없지 않은가?!

분권형 개헌 또는 국정운영

개헌을 전제할 경우 하나의 대안은 '분권형 대통령제'이다. 분권(分權)은 견제와 균형의 정치와 국민적 요구에 대한 반응성 또는 민감성을 높일 것으로 기대된다. 물론 분권의 이론적 기대가 현실적으로도 가능할지는 미지수이다. 모든 제도가 모든 곳에서 예상하는 효과를 내지는 않기 때문이다.

분권형 대통령제의 핵심은 직선(直選) 대통령과 의회 다수파의 총리다. 국민적 정통성을 가진 대통령과 총리가 국정을 분담하며 함께 나라를 운영한다. 여소야대는 대통령과 총리의 소속정당이 다르다는 것을 말한다. 이때 과연 협치까지는 아니더라도 대통령-총리의 공동 국정운영이 가능하며 일관된 정책기조를 유지할 수 있느냐가 관건이다.

물론 개헌 없이 분권형 국정운영도 가능하다. 대통령제의 내각제적 운영을 내용적으로 진화시킨 것이다. 일종의 거국(擧國) 내각으로 대통령과 국회가 협치의 국정 운영 거버넌스를 구성하는 것이다. 물론 우리 정치권에는 현실적으로 무리한 요구이다. 그러나 이게 가능하다면 개헌 없이도 협치 또는 협의제적 민주주의의 정치적 효과를 낼 수는 있다.

3. 협치 또는 협의제 민주주의의 성공조건

협치든 협의제 민주주의든 제도를 바꾼다고 성공이 보장되는 것은 아니다. 오히려 실패한 경우가 더 많다. 어찌 보면 지금까지 우리의 정치 개혁이 그랬다. 세상에서 좋다는 제도는 모두 들여왔지만 그 제도들이 도입 당시의 의도나 기대만큼 제 역할을 하지 못했다. 제도적 정합성 때문이기도 하지만 제도적 효과가 나타날 만한 환경을 갖추지 못했기 때문이기도 하다. 그렇다면 성공조건은 무엇인가? 대통령과 정치인, 그리고 국민에서 이를 찾아보자.

대통령의 정치적 리더십이 중요하다

이헌재 전 부총리의 자서전 제목은 《경제는 정치다》이다. 그만큼 경제 회복과 체질 개선 그리고 구조 개혁의 성공을 위한 정치적 환경 조성과 설득 노력이 중요하다는 뜻이다. 공공과 노동부문 개혁, 공무원연금 개혁 그리고 사학 및 군인연금 등의 개혁과정 역시 정치 과정이다. 더 내고 덜 받든 덜 내고 더 받든 '이해관계의 충돌'이 불가피하기 때문이다. 이때 정치가 필요하다. 그래서 정치를 '누가 무엇을 언제 어떻게 얻느냐를 결정하는 것'이라고 했다.

　누구보다도 대통령이 중요하다. 대통령은 최고(最高)의 정치인이다. 가장 높은 수준의 정치적 역량과 역할은 대통령만 가능하다. 이를 위해 대통령은 직간접적으로 국민과의 대화를 계속해야 한다.

국민과 직접 만나 대화하는 것도 한 방법이고 국정현안 또는 분야별로 기자회견을 정기적으로 하는 것도 방법이다. 이를 통해 대통령은 자신의 진정성을 국민과 공유해야 하고 국민과의 공감 폭을 넓혀야 한다. 대통령이 다양한 방식과 채널을 통해 국민들을 설득해야 하는 것이다. 그래야 대통령과 국민 간의 현실에 대한 인식 차(差)가 줄어들 수 있다.

여당 스스로의 노력도 중요하지만 여당이 정치적 역할을 할 수 있도록 대통령의 배려도 중요하다. 사실 대통령이 사용할 수 있는 권력 자원은 많다. 인사권도 그중 하나다. '정치는 사람을 움직이게 만드는 힘'이다. 정치하는 대통령의 리더십이 협치 혹은 협의제 민주주의 성공의 전제조건이다.

선출직 공직자의 조건

한국에는 4천 명 가까운 선출직 공직자가 있다. 앞으로 더 늘어날 가능성도 있다. 대의(代議) 민주주의의 성공은 이들 선출직 공직자에 달려 있다. 그래서 잘 뽑아야 한다. 어떤 기준에 따라 우리는 그들을 선출해야 할까? 공공성(公共性)이다. 후보와 정당의 공공성에 대한 이해가 어느 정도이고 얼마나 충실하게 행동했는지가 가장 중요한 첫 번째 기준이다. 정치는 공공(公共)의 일을 처리하는 과정이기 때문이다. 정치가 그 어떤 것보다 공동체의 이익을 우선해야 하는 이유다. 공익(公益)은 공공성의 또 다른 이름이다.

다음은 정치적 타협과 선택능력이다. 정치적 문제 해결능력이라고 표현할 수도 있다. 국회와 정당은 학술단체가 아니고 그들의 회의는 세미나가 아니다. 좋은 얘기만 할 수 없고 이상적 논의만 할 수도 없다. 일정 시점에는 무언가 결정해야 한다. 싫든 좋든, 원하든 원치 않든, 옳든 그르든, 주어진 선택 중에 무언가를 결정해야 한다는 것이다. 현실적으로 보면 자신의 주장과 요구를 100% 관철할 수 없고 경우에 따라서는 원치 않는 결정을 해야 할 수도 있다. 정치는 현실의 문제를 다루기 때문이다. 후보와 정당은 서로 논의하고 논쟁하되 필요한 시기에 필요한 결정과 선택을 할 수 있어야 한다.

이를 위해서는 존중과 타협의 문화가 필요하다. 같은 목적(국가 발전)을 다른 방법(진보적 vs 보수적)으로 추구하는 것이 정당이다. 정당 간 상호존중이 전제되어야 한다. 정당은 타협 지향적이어야 한다. 물론 다수결에 대한 존중도 중요하다. 합의와 절충을 위해 끝까지 노력하되 이게 불가능할 때 다수결 원칙이 적용되어야 한다. 그래야 '적절한 시점에 적절한 결정'이 가능하다.

마지막으로 공직자는 자신의 생각과 선택을 스스로의 말과 글로 유권자에게 설명할 수 있어야 한다. 이는 자신들의 정치적 선택에 대한 책임을 기꺼이 지겠다는 자세를 말한다. 이런 점에서 이는 정치인의 의무가 아닐 수 없다.

공화국 시민이 필요하다

민주주의는 다수의 선택이 합리적이고 적절할 것이라는 믿음에 바탕을 둔 제도이다. 많은 사람들이 참여할수록 적절한 선택과 결정이 이뤄진다는 것이다. 국민적 공감대가 형성되기 때문이다. 투표 참여가 중요한 이유가 바로 여기에 있다. 집단지성의 효과가 나타날 수 있는 필요조건이다. 그래서 우리의 관심과 참여가 중요하다. 공공성에 충실하고 정치적 문제 해결능력을 갖춘 인물과 정당을 선택하는 것도 참여와 관심이 전제될 때 가능하다. 이런 점에서 공동체 정신은 정치인에게만 요구되는 것이 아니라 국가의 구성원인 우리 모두에게 요구되는 것이다.

이때 우리의 선택은 옳은 것(正義)과 그른 것(不義)의 선택이 결코 아니다. 우리의 선택이 선(善)과 악(惡)의 문제라면 대부분의 우리는 같은 하늘을 이고 살아갈 수 없다. 따라서 우리의 선택은 지금 이 시점에서 가장 적절한 선택이 무엇이냐이다. 선택은 책임을 수반한다. 책임 있는 시민의 선택과 결정이 우리의 민주주의를 강화한다. 공화국 시민의 관심과 참여가 핵심이다.

4. 책임의회와 문제 해결의 국회가 되어야

대립과 교착의 대한민국 의회정치

20대 국회는 개헌 논의는 물론이고 정치 개혁 논의도 시작해야 한다. 1987년 이후 민주화 30년의 대한민국 거버넌스를 만들기 위한 논의의 장(場)이 국회여야 한다. 국민대표의 국회이기 때문이다. 정치 개혁은 기존의 권력관계를 바꿀 수 있는 것이라서 이해 당사자들의 접근은 기본적으로 보수적일 수밖에 없다. 당연하다. 그래서 정치 개혁은 장기적 논의가 필요하다. 오래 논의해도 성과를 내지 못하는 경우가 많았다. 권력관계의 현실과 정치 개혁의 원칙을 조화시켜야 하기 때문이다. 책임과 문제 해결의 국회가 절실한 까닭이다.

그러나 우리의 의회정치는 대립과 교착을 면치 못한다. 국회는 적절한 시점에 적절한 정책 결정을 하지 못했고, 문제를 풀기보다는 문제 해결을 더 어렵게 하는 존재였다. 동물국회를 대체한 식물국회는 일상화되어 대립과 교착은 계속되었다.

두 가지 때문이다. 하나는 대통령제의 내각제적 운영이다. 한국은 대통령제를 중심으로 하면서도 내각제적 요소를 갖고 있다. 총리제와 의원의 각료 겸직 등이 그렇다. 입법부와 행정부의 대립이 아니라 정부·여당 대 야당 대립의 일상화가 불가피하다.[2] 다른 하나

---

2) 20대 국회의 국회의장 개회사를 둘러싼 국회파행과 장관 해임동의안 처리과정이

는 정당집단주의와 무책임정당제다. 정당집단주의는 당론(黨論) 투표로 나타난다. 각 개인이 독립적 헌법기관인 국회의원의 기능은 정당집단주의에 매몰되고 말았다. 당론투표의 최소화가 문제 해결의 출발점이다.

또한 책임과 문제 해결의 국회를 위한 제도 개선이 중요하다. 특히 국회선진화법은 개선되어야 한다. 아울러 반복되는 구호인 '특권 내려놓기'를 이젠 실천으로 보여줄 때다. 대한민국 국회의 진정성은 이해충돌 방지의 복원으로 확인할 수 있다. 공천의 최종 책임자는 정당이다. 그럼에도 정당은 그 책임을 유권자와 함께 지려 한다. 무책임하다.

책임과 문제 해결의 국회의 출발은 당론투표 최소화

책임의회는 문제 해결의 국회다. 문제 해결의 국회는 '문제 제기'의 국회를 넘어선다. 국민 삶의 문제 해결을 위해 국회 본연의 역할인 입법에 충실할 뿐 아니라 행정부와 함께 실현 가능한 정책대안을 고민하는 것이 문제 해결의 국회다.

책임의회가 되려면 정당집단주의를 완화하는 것은 물론 합의 지향형 국회 운영 관행에서도 벗어나야 한다. 그래야 적절한 입법(立法) 선택과 결정을 적절한 시점에 할 수 있다. 20대 국회의원들은

대표적 사례다.

"헌법을 준수하고 … 국민의 자유와 복리의 증진 … 국가이익을 우선으로 하여 … 양심에 따라 성실히 수행할 것을 국민 앞에서 엄숙히 선서합니다"라고 했다. 이제 대한민국 국회는 개별적 · 독립적 헌법기관으로서의 의원과 정당 조직원으로서의 의원 간의 균형을 찾아야 한다.

그 출발은 당론투표의 최소화다. 당론투표의 범위를 구체화하고 당론투표를 강제하기 위해서는 절대 다수제로 결정하는 것도 한 방법이다. 동시에 국회는 다수결 원칙에 보다 충실해야 한다. 민주주의는 다수결이다. 정해진 시한까지 합의 도출을 위해 다양하게 노력하되 합의가 안 되면 다수결의 표결 처리가 이뤄져야 한다. 나아가 협상과 표결 처리를 위해 의장과 상임위원장의 권한을 강화하여 그들이 정치적 책임과 역할을 다할 수 있도록 해야 한다.

국회선진화법 개정하자

국회선진화법이 가져온 긍정적 측면은 두 가지다. 국회가 예산안의 헌법상 의결기한을 지켰다는 것과 동물국회, 즉 몸싸움이 사라졌다는 것이다. 하지만 동물국회는 식물국회가 되었고, 기한 내 처리된 예산안이 제대로 심사됐다는 보장도 없다.

국회선진화법의 가장 큰 문제는 안건 신속처리제가 사실상 무의미하다는 것이다. 국회선진화법에 따르면 신속처리 대상으로 지정된 법안이 본회의에 상정되기까지 최대 330일이 소요된다. 18대 국회에서 제출된 법안이 최종 처리되기까지 걸린 평균기간이 282일이 었던 것을 보면 신속처리가 아니다.

따라서 신속처리 안건의 지정요건을 재적의원 과반수의 찬성으로 바꾸고 심사기간을 단축하는 것이 합리적이다. 안건 신속처리제는 국회의장의 직권상정 요건 강화를 보완하기 위해 마련된 의미도 있다. 그럼에도 신속처리 안건으로 지정하기 위해 국회의원 60%의 찬성을 필요로 하고 심사기간도 최장 330일에 달한다는 것은 신속처리제 취지에 부합하지 않는다. 나아가 신속입법 대상의 범위나 내용에 대해 구체적으로 규정할 필요가 있다. 미국처럼 무역, 전쟁 또는 정부 재조직 등으로 여야가 신속처리의 필요성에 합의가 가능한 영역이어야 한다.

기타 제도적 개선책

기타 제도적 개선책으로 몇 가지를 제시한다. 첫째, 책임과 문제 해결의 국회는 질(質) 좋은 입법의 국회다. 시간이 지날수록 국회의 제안법안 수는 폭증하고 있다. 하지만 법안의 양적 증가가 질적 수준의 향상을 담보하지 않는 게 현실이다. 특히 비용 추계와 관련하여 보면 더 그렇다. 20대 국회 개원 직후 제안된 법안의 대부분이 비용 추계를 하지 않고 있다. 법안의 비용 추계서 첨부 의무를 강화해야 한다.

둘째, 국회 주요의사일정 수립 절차를 제도화·공식화해야 한다.

합의 지향형 국회 운영 관행을 벗어나기 위해서다. 이를 위해 국회의장이 연간 국회 운영 기본일정을 교섭단체 대표의원이 아닌 국회운영위원회와 협의하여 정하는 것이다. 국회의 연간 국회 운영 기본일정은 정부의 법률안 제출 계획 수립에도 도움이 될 것이다. 국회상임위원회 역시 국회 운영의 기본일정에 따라 위원회별 기본일정을 국회 운영위원회와 협의하여 의사일정의 제도화를 이루게 된다.

셋째, 비(非)쟁점법안 별도분리처리제를 도입해야 한다. 정쟁(政爭)은 정쟁대로 진행하되 비쟁점법안은 정쟁과 무관하게 처리되어야 한다. 여야의 정치적 다툼에 국익이 희생될 아무런 이유가 없다. 법안의 의회심의 기간을 사전에 설정하는 심의제한제의 도입도 검토할 필요가 있다.

넷째, 효율적이고 효과적인 국회 상임위 운영을 위해 국회 상임위의 세종회의를 보다 활성화해야 한다. 국정감사의 발전적 폐지를 통한 효율적이고 효과적인 입법부의 대(對) 행정부 감시 감독 기능을 위한 방안을 함께 고민해야 한다.

다섯째, 공개성이 강화되어야 한다. 국회의원은 국민의 대표다. 우리는 우리의 대표가 국회에서 어떤 입법선택과 결정을 왜 했고 주요현안에 대해 어떤 입장을 왜 갖고 있는지 알아야 할 권리와 의무가 있다. 국민의 알 권리를 충족시키는 것은 공인(公人)이자 국민대표의 의무사항이다. 따라서 국회의원과 국회와 정당의 모든 행위와 선택은 투명하게 공개되어야 한다. 우선 예결위 계수조정소위 등 소위원회 회의록부터 공개되어야 한다. 국회의원 각자도 당론 뒤에 숨지 말고 본인이 어떤 입법선택과 결정을 왜 했는지 자신의 말과 글로 설명해야 한다. 그럴 수 있는 능력과 용기가 있어야 제대로 된 국민대표다.

여섯째, 국회의장의 정치적 역할을 확대해야 한다. 국회의장이 여야 합의를 요청하고 합의가 어려울 때는 해당사안에 대한 중재안을 제시할 수 있도록, 법적 근거를 확보하고 의장의 의사정리 진행권 등을 강화할 필요가 있다. 제한적으로라도 국회의장의 직권상정권을 확대하여 의장의 합의 요청과 중재안의 무게감을 높이는 것도 한 방법이다. 여야 간 합의를 우선하되 합의가 되지 않았을 때 어떤 형태로든 입법 결정이 가능하도록 국회의장이 역할을 해야 한다는 것이다. 이를 위해서는 국회의장이 명실상부한 입법부 수장이 될 수 있도록 의장의 임기와 선출방식 등의 개선도 요청된다.

특권 내려놓기, 하려면 제대로 해라

'또?'라는 반문이 자연스러울 정도로 반복되는 게 국회의원의 특권 내려놓기다. 예를 들어 보자. 국회의원 특권 폐지를 위해 19대 전반기에 발의된 법안만도 30건이 넘지만 제대로 논의된 게 없었다. 체포 동의안 자동 폐기 조항의 폐지와 친인척 보좌진 채용 금지 등은 19대 국회에서도 제시됐다. 각각 국회법 개정안, 국회의원 수당법, 국회의원 윤리실천규칙안의 이름으로 발의돼 2015년 7월 국회 운영위원회에 상정됐지만 단 한 차례도 진지한 논의가 없었다. 친인척 보좌진 채용 금지는 17대 국회부터 지난 국회까지 매번 발의됐지만 상임위 문턱도 못 넘고 항상 자동폐기된 사안이다.

국민소환제 도입, 국회의원 면책특권 대폭 제한, 비리혐의자 불체포특권 배제, 국회 윤리위 전원 외부인사 구성. 어디서 많이 듣던 내용 아닌가? 2004년 총선을 앞두고 당시 열린우리당과 한나라당이 공약으로 제시했고 17대 국회에서 우선 추진하겠다고 여야가 얘기했던 것들이다. 그때부터 지금까지 12년째 논의 중인 사안들이다.

왜 반복될까? 국민적 무관심 때문이다. 사람들이 여야 정치권이 개혁경쟁과 혁신경쟁을 할 때는 관심을 보였지만 그 이후는 그렇지 못했다. 정치적 약속이 구두선(口頭禪)에 머물지 않고 제대로 실천되고 있는지 끝까지 살펴보지 않았다. 언론과 시민단체 그리고 학계의 지속적 관찰과 감시가 필요하다. 약속을 제대로 지키고 있는지 확인하고 국민에게 이를 알려야 한다. 국민의 대표 국회가 가진 공적(公的) 역할 때문이다.

20대 국회도 국회의장과 3당 원내대표가 합의하여 국회의원 특권 내려놓기 자문기구를 구성했다. 뭘 해야 하는지 몰라서, 자문기구가 없어서 특권 내려놓기가 제대로 되지 않은 게 아니다. 실천할 마음이 없었기 때문이다. 국회의원 특권 내려놓기의 구체적 입법일정과 실천일정을 정하자. 그리고 실천(實踐)하면 된다. 그게 그렇게 어려운가?

국회의 진정성은 이해충돌 방지의 복원에 달려 있다

공적부패의 청산을 목적으로 한 '김영란법'으로 국회는 두 가지 시험대에 올랐다. 하나는 공익민원 예외조항이다. 정치를 공공의 일을 처리하는 과정이라 할 때 '선출직 공직자가 공익적 목적으로 제3자의 고충민원을 전달하는 경우'를 예외로 한 것은 원칙적으로 타당하다. 문제는 공익적 목적을 어떻게 판단하느냐다. 어디까지가 사익이고 어디부터가 공익인지 구별하기 어렵다. 국회의 판단을 국민들이 공감할 수 있으면 되는데 그게 가능할까?

공익민원 예외조항은 국회가 스스로에게 예외를 인정해 준 경우다. 예외조항의 원안은 "선출직 공직자와 정당 그리고 시민단체 등이 공익목적으로 공직자에게 법령·조례·규칙 등의 제정·개정·폐지 등을 요구하는 행위"였는데 국회가 "공익적인 목적으로 제3자의 고충 민원을 전달하는 행위"까지 추가했다. 이렇게 되면 국회의원이 지역구 민원을 정부기관에 전달하는 게 부정청탁이 아니게 된다. 예산국회 때마다 논란이 된 '쪽지예산'도 마찬가지다. 결국 정치인에게 예외를 통해 면죄부를 준 셈이다. 공익민원 예외조항이 공직 부패 청산의 법 취지를 퇴색시켰다는 비판에서 자유롭지 않은 이유다.

더 큰 문제는 이해충돌 방지다. 부정청탁금지법이 2012년 국회에 제출될 때 이름은 〈부정청탁 금지 및 공직자의 이해충돌 방지법〉이었다. 공직자가 4촌 이내 친족과 관련된 직무를 맡지 못하고 고위 공직자 가족의 공공기관·산하기관 특채를 금지하는 것이 주요내용이었다. 선진국의 공직자 부정부패 방지법에 대부분 들어간 핵심이다.

그런데 이 부분도 국회가 제외시켰다. 이유는 국회의원의 활동을 위축시킨다는 것이다. 법안 이름도 〈부정청탁 및 금품 등 수수의 금지에 관한 법률〉로 바뀐다. 유감스럽게도 이해충돌 방지조항은 복원되기 쉽지 않다. 소수당은 적극적인데 거대정당이 외면하기 때문이다.

국제투명성기구는 부패를 사적(私的) 이익을 위한 공적(公的) 직위의 남용이라고 정의했다. 공공성이 핵심적 가치라는 말이다. 안타깝게도 사람들은 국회가 이미 공적 지위를 통한 사적 이익 도모의 장(場)이라고 생각하지 않을까? 이해충돌 방지조항이 있었다면 20대 국회 초반 논란이 되었던 보좌진 가족 채용 논란은 없었을 것이다. 따라서 이해충돌 방지조항은 우선적으로 복원되어야 한다. 그래야 국민들이 국회의 특권 내려놓기 움직임의 진정성을 확인할 수 있다.

5. 정책능력의 책임정당이 되어야

정당은 대의민주주의의 생명선(生命線)이다. 정당 없는 민주주의는 없다. 그래서 정당이 제 역할을 한다면 민주주의는 건강하다. 우리의 정당은 능력과 책임의 정당이어야 한다. 능력은 정책능력으로 국민 삶의 문제 해결능력을 말한다. 정당의 능력은 정권운용의 실력이 기도 하다. 정당 정책능력의 향상이 필요한 이유다. 한편, 책임정당제는 공천부터 출발한다. 정당 스스로 시한을 지키고 공천을 마무리하여 유권자에게 충분한 고민의 시간을 줘야 한다. 나아가 공천과정에서 여론조사는 참고자료이지 결정의 근거가 아니다.

정당 개혁의 방향은 두 가지다. 그것은 정당의 책임성과 능력을 제고하는 것이다. 대의 민주주의의 핵심 기제로서 정당은 정부와 시민 사회를 매개하는 역할을 수행한다. 이때 정당은 단순연결의 기능을 넘어 스스로 일정한 정치적 재량(裁量)을 갖고 스스로 책임 있는 결정의 주체(主體)가 된다.

이제 국민은 정당의 능력과 책임을 요구하고 있다

정당의 능력과 책임이 중요해지는 이유는 정당의 지지 기반이 변화하고 있기 때문이다. 20대 총선은 새누리당 참패, 더불어민주당 대승, 국민의당 돌풍으로 요약되는데 이는 지금까지 한국의 선거정치과정을 지배해 온 지역과 세대가 변화하고 있다는 것을 말한다.

지역구 의석의 1/4은 영남이다. 영남의 의석은 호남 + 충청 + 강원 + 제주 의석에 단 한 석이 미달한다. 2000년 이후 총선에서 새누리당은 영남에서 평균 60석을 얻었다. 역대 최악이라는 2004년 총선도 당선 지역구 의석 100석 중 60석이 영남이었다. 따라서 새누리당은 영남 독점력으로 인해 전체 지역구 과반이 기본이었다. 그런데 이번엔 대구에서 탈여(脫與) 무소속 두 명을 제외하더라도 사실상 두 명의 야당의원이 당선됐다. 부산과 서울 강남의 결과도 충격적이다. 영남 지역주의의 변화다.

호남도 마찬가지다. 두 명의 여당의원이 탄생했다. 대한민국 정치에서 호남 석권은 중요한 제1야당의 자격조건이었다. 그런데 이번엔 야권의 정치적 역할 분담(?)으로 두 야당이 수도권과 호남을 양분했다.

지역주의의 이러한 변화는 텃밭지역에서 여야가 즐겼던 '묻지마 지지'가 더 이상 없다는 것을 말한다. 지역주의 독점이 해체되면서 경쟁체제가 들어선 것이다. 결국 잘하지 못하면 정치적 지지는 없다, 앞으로의 가능성과 지금까지의 성과를 보고 판단하겠다는 메시지를 유권자가 보낸 것이다.

세대(世代)도 마찬가지다. 과거에는 세대별로 정치적 지지와 참여가 양극화되었다. 연령이 높을수록 투표율은 높고 지지는 보수화되었다. 이런 상황에서 60대가 세대별로 가장 많아졌고 50대 이상의 인구는 전체의 절반 전후를 차지했다. 보수(保守) 우위 정치지형과 구도였다. 이는 지역 독점과 함께 새누리당 과반을 가능케 하는 또 다른 축이었다.

그런데 변화가 나타났다. 영남 지역의 상대적으로 낮은 투표율은 기권을 통한 유권자들의 새누리당에 대한 징계 또는 경고의 표현이다. 참여한 유권자들의 투표행태도 과거와 다를 가능성이 크다. 기성세대가 그동안 보였던 무조건적 지지패턴에서 벗어나 정치적 책임을 절감하고 상황에 적합한 선택을 했다는 것이다. 젊은 사람들의 정치적 관심까지 높아져 투표 참여가 늘어났다.

교훈은 간단하다. 잘하지 않으면, 제대로 하지 않으면 언제든 지지를 철회하거나 변경한다는 것이다. 여야 모두 자신들의 역할에 충실하지 않으면 언제든 버림받을 수 있다. 정치가 유권자 삶의 문제 해결에 도움이 되어야 한다는 것이다. 이게 그들이 존재하는 이유다. 또한 리더는 있으나 리더십은 없는 정치를 이제는 벗어나야 한다는 것도 여야 모두의 과제이다.

정당의 능력은 정책능력이 핵심이다. 이는 시민 삶의 문제 해결 능력이다. 양당 모두 집권 경험이 있다. 소중한 자산이다. 협치의 정치가 요구되는 지금 정당은 공감(共感)의 대화(對話)가 시작될 수 있는 곳이다. 정당이란 어찌 보면 같은 문제를 다른 방식으로 해결하고자 하는 집단들이다. 정당 정책능력의 원천은 정책연구소다. 국고보조금의 일부를 반드시 정책연구소에 쓰도록 하는 이유가 바로 여기에 있다.

정당의 리더십 교체를 제도화해야

책임정당은 리더십 교체가 제도화된 정당이다. 얼마 전 원내 1당과 2당 모두 비상대책위원회 체제였던 시기가 있었다. 비상(非常)의 항상화(恒常化)가 우리 정당정치의 속성이다. 외부에서 비대위원장을 모셔 오기도 하는데 그래야 무언가 대단한 개혁과 변화를 시도하는 것처럼 비쳐지기도 했다. 그만큼 우리 정당이 허약하다는 뜻이다. 그만큼 무책임하다는 뜻이기도 하다.

물론 선거 패배로 정당 리더십을 교체할 수 있다. 그렇다면 정해진 절차와 방법에 따라 새로운 리더십을 세워야 한다. 당내 리더십 경쟁을 통해 비전과 능력을 가진 새로운 정당 리더십을 창출하는 것이다. 우리 정당도 이제는 자신의 리더십 문제를 스스로 해결할 때가 되었다. 이는 정치적 책임을 져야 하는 인사의 퇴장(退場)으로부터 출발해야 한다. 책임정당은 리더십 위기를 자체 해결하는 것부터 시작된다.

공천의 최종 책임자는 정당이다

공직 후보자 추천의 최종 결정자이자 책임자는 정당이다. 선거 결과란 정당에 대한 국민심판이기 때문이다. 그래서 여론은 참고자료이지 결정자료가 아니다. 공천 실패의 책임을 여론에 돌릴 수 없다. 그것은 정당 책임이다. 그래야 책임정당이다. 무엇보다 공천 시한을 정하고 그것을 지키는 것이 책임정당의 출발이다. 20대 총선은 후보 등록 마감일에 사실상 공천이 완료되었다. 유권자를 무시(無視)한 사례이다. 법정 시한 설정까지는 어렵더라도 정당 스스로 시한을 정하고 실천해야 한다.

책임정당의 공천과정은 민주적이어야 한다. 과거에 그랬듯 공천은 몇 사람 또는 일부 세력의 전유물이 아니다. 물론 한 사람이 다

하더라도 유권자를 감동시킬 수 있으면 된다. 하지만 그럴 가능성은 거의 없다.

당원과 유권자 참여의 상향식 공천 방식은 민주성을 보다 강화하려는 수단의 하나이다. 민주화 이후 계속된 추세이기도 하다. 20대 총선에서 도입된 안심번호 여론조사도 그렇다. 디지털 시대 지지자 중심의 정당정치라는 환경 변화에 따라 개방성도 중요해졌기 때문이다.

공천과정은 투명해야 한다. 물론 현실적으로는 100% 투명할 수 없어 유권자 공감 여부가 투명성의 핵심이다. 우리의 정치 현실에서 불가피한 하향식 전략공천도 유권자가 감동할 수 있다면 받아들일 수 있다. 공천과정은 또한 공정해야 한다. 후보가 되려는 모든 사람에게 공평한 경쟁의 기회가 부여되어야 한다. 안심번호 여론조사가 도입된 것도 후보 간 불공평과 조직 동원 그리고 조작 가능성을 줄여 보자는 것이었다.

물론 이러한 시도는 소기의 성과를 달성하지 못했다. 안심번호든 아니든 여론조사를 통한 정치적 의사 결정은 기술적 한계가 뚜렷했기 때문이다. 민주주의의 원칙과 책임정당제의 취지에도 맞지 않다. 그래서 항상 뒤탈이 생긴다. 공정한 공천과정이라면 패자가 승복할 수 있는데 우리의 경험은 그렇지 않았다. 유권자의 감동은커녕 공감과 이해도 어렵다. 여론조사가 현실적으로 불가피하더라도 제한적으로 사용되어야 한다. 이렇게 되었을 때 책임정당정치가 가능하다.

마지막으로 우리가 지금 가장 먼저 고려해야 할 공천과정의 원칙은 제도화이다. 제도화의 첫걸음은 예측 가능성이다. 최소한 선거 전 일정한 시기에는 해당선거의 공천일정과 방식이 사전에 정해지고 특별한 상황 변화가 없는 한 그대로 지켜져야 한다. 그래야 공정 경쟁이고 이해 당사자 모두가 결과에 승복할 수 있다. 그래야 탈당과 분당사태가 반복되지 않는다.

　　따라서 정당공천이 일정시기까지 완료되도록 법제화(法制化) 할 필요가 있다. 공천이 기본적으로 정당 고유의 일이기 때문에 국가가 개입하는 데 한계가 있을 수 있다. 논란의 가능성도 충분하다. 하지만 우리는 매년 수백억을 정당에 국고보조금으로 준다. 여기에는 정당이 제 역할을 제대로 하라는 국민적 요구가 깃들어 있다. 공천 완료 시기 법제화를 따르고 싶지 않은 정당은 국고보조금을 안 받으면 된다. 공천 완료 시한의 법제화는 책임정당정치의 실현을 위한 첫걸음이다.

여론조사 공천 문제 있다

여론조사는 2002년 이후 한국 정치와 정당 개혁의 산물이다. 여론조사는 당시 정당의 당내 민주주의와 정당-유권자 연계 강화의 정당 개혁 목표를 위한 가장 유효한 수단으로 간주되었고, 이후 정당의 정치적 의사 결정과정에서 광범하게 사용되어 왔다.

　　그러나 여론조사는 근본적 한계가 있다. 자발성과 책임을 바탕으로 한 민주주의의 참여 원칙에 부합하지 않는다. 여론조사라는 게 주어진 질문에 수동적으로 답변하는 것에 불과하여 정치적 참여라 하기는 어렵다. 나아가 정당의 역할과 책임 약화는 여론조사가 가져 오는 치명적 약점이다. 허수(虛數) 당원과 동원(動員) 당원이 양산되 면서 조직으로서 정당의 안정성은 크게 위협받을 수밖에 없다. 그러 한 정당은 무책임정당이 된다.

그럼에도 한국에서 여론조사가 정당의 공직후보 추천과정에 사용 되기 시작한 데는 충분한 현실적 이유가 있었다. 무엇보다 계속해서 낮아지는 유권자와 당원의 정치 참여 때문이다. 투표율은 계속 하락 세였고 당원의 참여도 그랬다. 정당정치 환경변화의 시대적 추세도 한몫했다. 디지털 시대에서 조직으로서의 정당은 그 중요성을 점차 상실하였고 유권자 마음속에 형성된 실체 없는 정당이 대신 그 영역 을 넓혀 왔다.

2002년 이후 여론조사를 통한 정치적 의사 결정이 많아지면서 가 장 논란이 된 것은 동원과 조작 가능성이었다. 여론조사 경선 후 "한 지역구에서 당원 200~300명이 집과 사무실 전화를 착신 전환시키 면 지지율을 10% 높일 수 있고, 반납전화와 해지전화까지 사들여 수십 개의 전화번호를 착신 전환하기도 한다"는 증언이 뒤따랐다. 이러자 여론조사를 통한 경선결과를 신뢰하기 어렵게 되었다. 패자 가 승복할 수 없다.

그래서 20대 총선부터 도입한 것이 안심번호를 이용한 여론조사 다. 안심번호의 가장 큰 목적은 여론조사의 대표성, 정확성 그리고 신뢰성을 제고하는 것이다. 안심번호는 휴대전화 사용자의 개인정보가 드러나지 않도록 이동통신 사업자가 임의번호를 부여하는 제도이기 때문이다. 선관위 관리 아래 새누리당은 2개 여론조사 기관에서 지지층 1천 명, 무당층 2천 명의 응답결과를, 더불어민주당은 선거구당 5만 명의 안심번호를 추출해 3백 명 이상 응답한 경우를 이번 공천경선에 활용했다.

그렇다면 안심번호 여론조사 경선은 소기의 목적을 달성했을까? 그렇지 않다. 정치 신인의 진입장벽을 낮추고 공정경쟁의 기회를 주는 데 실패했다. 새누리당이 경선을 실시한 141곳에서 승리한 후보 대부분은 현직의원이거나 당협위원장이다. 상향식 공천을 내세웠지만 현실은 현직 재공천 수단으로 변질되고 말았다.

새누리당의 경우 현직의원 생환율은 70%에 이른다. 지역구 의원만 놓고 보면 78%에 달한다. 지역구 공천에 도전한 비례대표 의원의 경우 생환율이 22%에 불과한 것을 보면 지역에서 후보가 얼마나 알려졌느냐가 결정적이었다. 여론조사 경선에서 지방자치단체장을 역임한 후보들이 강세를 보인 것도 같은 맥락이다. 평소 지역구민과 꾸준히 접촉하며 다진 평판이 도움이 된 것은 당연하다. 사실상 여론조사는 인지도와 지명도 조사였다.

물론 안심번호 여론조사 경선이 이전 여론조사 경선에 비해 안전성과 신뢰성을 높인 것은 맞다. 조직적 동원 가능성도 상당 부분 줄인 것으로 보인다. 하지만 안심번호를 사용했다 하더라도 여론조사가 갖는 근본적 한계는 극복하지 못했다. 기술적 문제도 여전했다.

번호 누락과 중복전화 논란이다. "1차 투표에서 전화를 받지 못했는데 결선투표 전화를 받았다"는 사람들이 30여 명 나타난 지역도 있다. 새누리당만 여론조사 경선 등에 불법행위가 있었다는 탄원서가 접수된 지역이 90여 곳에 이른다고 한다. 상대 당의 약한 후보를 선택하도록 자신의 지지자들에게 홍보하는 경우도 있었다.

여론조사는 정당이 제한적으로 활용하여야 한다. 공천의 최종 책임자는 정당이고 공천결과에 대한 책임은 선거결과이기 때문이다. 그게 책임정당제와 대의제 성공의 전제조건이다.

책임정당제가 정착되기 위해서 당원이 중요함은 물론이다. 당원에게는 다음 세 가지가 중요하다. 첫째, 공동체 우선의 정신이다. 나의 권력, 우리의 권력이 아니라 공동체를 위한 권력이 되어야 한다. 리더십 존중과 팔로워십 발휘가 중요한 이유다. 둘째, 책임의식이다. 정치적 책임을 회피하지 말아야 한다. 법적·행정적 책임이 아니라 정치적 책임이다. 정무적 판단과 선택에 대한 책임은 정치적 책임으로 표현된다. 정당은 정무직의 공급원이자 집단으로서 정치적 책임의 공동체다. 책임정당이 가능해야 개인이 곧 정권이라는 그릇된 인식이 불식된다. 셋째, 희생정신이다. 조직과 집단으로서 정당과 정권의 성공을 위해 구성원 누구나 갖는 생각이어야 하지만 현실은 그렇지 않다. 모두 상대의 희생만을 강요한다. 국민, 당원, 정당, 국회가 모두 바뀌어야 정치가 바뀐다.

제3장

성장잠재력 확충을 위해
민간 주도 경제로 전환해야

신석하

안민정책연구원 성장전략분과위원장

숙명여대 경제학과 교수

요약

향후 우리 경제의 성장률이 인구고령화로 인해 일정 정도 하락하는 것은 불가피하며, 생산성 향상이 거의 유일한 성장원이 될 것이다. 생산성 향상이 원활히 이뤄지지 않는다면 우리 경제도 일본의 '잃어버린 20년'을 답습할 위험이 크다. 또한 생산성 향상은 세계 경제의 뉴노멀과 4차 산업혁명에 효과적으로 대응하는 방안이기도 하다.

그러나 과거와 같이 정부 주도의 경제시스템으로는 생산성을 향상시키는 데 한계가 있다. 우리 경제구조가 복잡해지고 기술 및 제도의 수준이 선진국에 근접했기 때문이다. 예를 들어 공공부문 연구개발 투자의 경우 막대한 지출로 인해 특허 건수 등 양적인 성과는 거두고 있으나 활용도 등 실질적 성과가 매우 부진한 것으로 나타난다. 또한 생산성이 상대적으로 부진한 서비스업의 경우에도 진입과 퇴출이라는 경쟁과정을 통해 생산성이 향상되는 것이지, 정부의 지원으로 생산성을 향상시키기 어려운 것으로 알려졌다. 따라서 생산성을 향상시키기 위해서는 민간 주도의 경제시스템으로 전환해야 한다.

민간의 창의성이 발휘되려면, 우선 규제 완화를 통해 우리 경제에 만연한 손쉬운 경제적 지대를 줄여 나가야 한다. 아울러 사회적으로 가장 나은 대안이 선택될 수 있도록 공정한 경쟁의 기회가 제공되어야 하며, 이를 위해서는 대기업과 중소기업 간 공정거래, 중소기업에 대한 합리적 지원, 소비자 권리의 강화 등이 필요하다. 또한 정책금융의 정비 및 관치금융의 청산, 정규직·비정규직의 이중적 노동시장 해결, 노사 간 균등한 교섭력 확립 등 광범위한 구조 개혁이 필요하다.

한편 정부는 부처이기주의를 극복하여 구조 개혁을 실행할 수 있도록 규제 개혁 및 정부 권한 축소를 총괄할 범정부적 기구를 설립하는 한편, 민간 주도 경제시스템으로의 원활한 전환을 위해 사회통합을 강화하고 재정건전성을 유지하여야 할 것으로 생각된다.

1. 하락하는 성장잠재력의 마지막 버팀목: 생산성

불가피한 인구고령화의 영향

우리 경제의 성장률은 최근 3%를 넘어서지 못하고 있다. 국제금융위기 이후 세계 다른 국가들도 경기부진을 겪고 있으나, 대부분의 경제학자들은 우리 경제의 성장률 하락이 국제금융위기 등 단기적인 경기변동의 여파라기보다는 장기적으로 지속될 구조적 현상으로 보고 있다. 즉, 세계 경제가 국제금융위기의 여파에서 회복되는 경우에도 우리 경제의 성장률이 과거 수준으로 높아지기 어려울 것이라는 이야기다.

우리 경제는 1980년대에 9%를 상회하는 성장률을 기록하였으나, 이후 성장률이 점차 하락하는 추세이다. 향후에도 성장률 하락 추세가 지속될 것으로 보는 가장 큰 이유는 인구고령화이다. 출산율의 하락과 기대수명의 연장으로 인해 인구구조의 고령화가 세계에서 가장 빠른 속도로 진행 중이다. 생산가능인구(15~64세, 일을 할 수 있는 인구) 대비 65세 이상 인구의 비율인 노인부양비율이 2010년 15% 수준에서 2030년에는 38% 수준까지 급격히 높아질 전망이다. 이와 더불어 생산가능인구는 2017년부터, 총인구는 2030년대 중반부터 감소할 것으로 전망된다.

이와 같은 인구구조의 변화는 일차적으로 우리 경제의 노동력 부족을 의미할 뿐 아니라, 생애주기 측면에서 마이너스 저축 단계인 노인계층의 증가로 인해 경제 전체의 저축률도 낮아지게 된다. 더욱이 상대적으로 창의적이고 투자지향적인 젊은 계층의 비중이 낮아지므로 투자는 저축보다 더 빠르게 둔화될 수 있다. 과거 우리 경제의 성장이 대부분 노동과 자본 등 생산요소의 축적에 기반을 두었음을 감안하면 향후 성장률이 어느 정도 둔화되는 것은 불가피하다.[1]

인구고령화에 따른 우리 경제의 잠재성장률을 전망한 권규호·조동철(2014)의 최근 연구는 우리 경제의 성장률이 2020년대 중반 이후에는 1%대로 하락할 것으로 보았다.[2] 취업자 수의 감소와 물적자본 증가세 둔화가 반영된 결과이다. 현재 정부에서 출산율을 높이기 위한 정책적 노력을 기울이고 있으나, 단기간에 출산율을 높이기가 어렵다는 것은 이미 선진국에서 경험한 바일 뿐 아니라, 당장 출산율이 높아진다고 하더라도 성장률에 긍정적인 영향을 미치는 것은 2030년대 중반 이후이다. 지금까지 진행된 인구고령화로 인해 2030년대 중반까지의 경제성장률 하락은 불가피하다.

한편 〈표 3-1〉의 결과는 이 정도의 경제성장률도 총요소생산성

---

1) 노동과 자본 등 각 생산요소가 경제 성장에 어느 정도 기여했는지 분석하는 방법을 성장회계(*growth accounting*)라고 하는데, 각 연구마다 세부적인 방법론에 따라 상당히 다른 결과가 제시된다. 기존 연구들의 방법론 중 가장 보편적인 부분들을 추출하여 적용한 신석하(2014)에 따르면 1981~2010년 기간 중 우리 경제 성장의 약 80%가 노동 및 자본의 축적에 의한 것이며, 총요소생산성이 기여한 부분은 20% 정도로 추산된다.

2) 이는 기존 연구들에 비해 0.5%p 이상 낮은 수준으로 국제금융위기 이후 우리 경제의 성장잠재력에 대한 전망이 더 비관적으로 변화하고 있음을 나타낸다.

<표 3-1> 우리 경제 잠재성장률 전망 및 성장 기여도

	경제성장률(%) (1 + 2 + 3)	취업자 수(%p) (1)	물적자본(%p) (2)	총요소생산성(%p) (3)
2001~2005년	4.6	0.9	2.1	1.5
2006~2010년	4.0	0.5	1.8	1.7
2011~2015년	3.1	1.0	1.3	0.8
2016~2020년	3.0	0.4	1.0	1.6
2021~2025년	2.5	0.1	1.0	1.4
2026~2030년	1.8	-0.2	0.8	1.3
2031~2035년	1.4	-0.4	0.5	1.3

주: 2014년까지의 결과는 실적치에 기반한 것이며, 이후 기간은 전망치임.
출처: 권규호 · 조동철(2014)

증가율이 1%대 중반 수준을 유지해야 가능하다는 점을 보여준다. 다른 말로 하면 성장의 대부분이 생산성 향상을 통해 이뤄져야 하며, 생산성 향상이 제대로 이뤄지지 않는다면 성장률이 더 낮아질 수도 있다는 것이다.

일본의 '잃어버린 20년'은 피해야

인구고령화가 진행되는 가운데 총요소생산성의 향상이 부진한 경우 어떠한 상황이 발생할지를 보여주는 대표적 사례가 일본의 '잃어버린 20년'이다.[3] 권규호 · 조동철(2014)은 지금까지 우리 경제의 인

---

3) 일본 경제가 침체에 빠진 초기에는 플라자합의에 따른 엔화 가치 급등, 자산버블의 붕괴 등이 원인으로 거론됐으나, 침체가 길어짐에 따라 생산성 향상의 부진이 주된 원인이라는 분석이 설득력을 얻고 있다. Hayashi & Prescott(2002) 참고.

<그림 3-1> 한국과 일본의 노인부양비율 추이

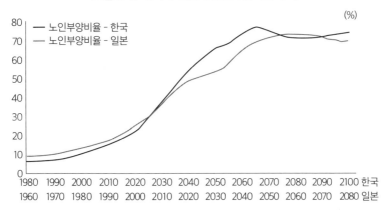

주: 2014년 이후 비율은 전망치.
출처: 권규호 · 조동철(2014)

<그림 3-2> 한국과 일본의 성장 추세

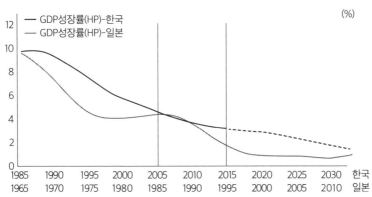

주: 실제 성장률에 Hodrick-Prescott 필터를 적용하여 평탄화한 것임. 2014년 이후 GDP성
    장률은 전망치.
출처: 권규호 · 조동철(2014)

구구조와 성장 경로가 약 20년의 시차를 가지고 일본과 매우 유사하게 나타나고 있음을 지적한다. 그런데 일본 경제가 1990년대 이후 0%대의 매우 낮은 총요소생산성 증가율을 기록하며, 1%를 하회하는 성장률을 보여주고 있다.[4] 향후 우리 경제도 1%대 중반의 총요소생산성 증가세를 유지하지 못한다면 일본과 같이 성장률이 빠르게 하락하는 상황을 겪을 수 있다.

세계 경제의 뉴노멀과 4차 산업혁명에 대한 대응도 필요

더욱이 대외여건은 과거에 비해 우리 경제 성장에 호의적이지 않을 것으로 보인다. 세계 경제는 제2차 세계대전 이후 전례 없는 성장세를 기록하였으며, 이 과정에서 철강, 전자, 기계, 자동차 등 자본재를 주력 수출 상품으로 선정한 우리 경제는 큰 혜택을 보았다. 그러나 국제금융위기가 발생한 지 8년이 되어 가지만 세계 경제는 아직까지 위기의 여파에서 벗어나지 못했다. 선진국 경제조차 자국의 구조적 문제를 해결하는 것도 쉽지 않아 국제협력을 기대하기 힘든 상황이다. 최근 발생한 브렉시트는 이러한 상황을 단적으로 나타내는 예로 생각된다. 또한 지난 20~30년 동안에는 중국, 인도, 구 사

---

4) IMF(1998)와 Hayashi & Prescott(2002)은 일본 경제의 총요소생산성 증가율이 1980년대 1.4~1.9% 수준에서 1990년대에는 0.4~0.6% 수준으로 크게 낮아진 것으로 추산했으며, Conference Board(2013)는 2000년대 일본 경제의 총요소생산성 증가율이 1990년대에 비해 0.3%p 정도 개선된 것으로 추정했다.

회주의권 국가들, 브라질 등 개발도상국들이 시장 경제와 개방 경제를 지향하며 세계 전체적인 교역이 크게 증가하였으나, 이러한 세계 경제의 확장도 향후에는 크게 기대하기 어렵다. 중국은 수출 및 투자를 중심으로 높은 경제 성장을 지향하던 전략에서 내수 중심의 지속적인 성장으로 이미 전환하였으며, 상당수 개발도상국들은 정치·종교·사회적 요인으로 인해 세계 경제 성장세에 기여하기 힘들어 보인다. 세계 경제의 저성장이 일시적인 현상이 아니라 일상적이고 보편적이라는 이른바 '뉴노멀'시대의 도래를 주장하는 목소리가 높아지고 있다.

다만 최근 알파고와 이세돌의 대결로 부쩍 관심이 높아진 인공지능 등 이른바 '4차 산업혁명'[5]은 세계 경제가 앞으로 계속 저성장을 지속한다기보다는 새로운 기술을 기반으로 다시 도약할 기회가 존재함을 상기시킨다. 4차 산업혁명은 디지털과 바이오산업, 물리학 등의 경계를 융합하는 기술혁명으로 설명된다. 즉, 사람과 사물, 사물과 사물이 통신망으로 연결되고, 연결로부터 축적되는 빅데이터를 인공지능이 분석하고 예측하여 생산이 이뤄지는 경제시스템으로의 변화를 지칭한다. 이 과정에서 정보통신기술, 바이오테크놀로지, 3D 프린팅 등 다양한 기술 간 융합이 이뤄지게 된다는 것이다. 그러나 증기기관, 전기동력 대량생산, 정보기술통신으로 대표되는

---

5) 4차 산업혁명은 2016년 1월 20일 스위스 다보스에서 열린 세계경제포럼에서 처음 언급되었다.

과거 1~3차 산업혁명들의 사례를 살펴보아도, 산업혁명 이전의 기술을 기반으로 성장하던 경제가 점차 퇴조하며 새로운 기술을 기반으로 하는 경제가 부상하곤 했던 역사적 경험을 쉽게 찾아볼 수 있다. 4차 산업혁명 역시 어떤 국가에는 위기로, 다른 국가에는 기회로 다가올 것이다. 우리 경제는 정보통신기술이라는 측면에서 분명 장점을 가지고 있으므로, 4차 산업혁명에서 요구되는 '융합'에 필요한 여타 기술적·제도적 여건을 갖춘다면 다시 성장잠재력을 높일 수 있을 것이다. 반면 기존의 성장 기반이었던 자본재 산업의 경쟁력에만 집착한다면 4차 산업혁명에서 뒤처질 것이다.

총요소생산성은 어떻게 향상시킬 수 있나?

비단 한국과 일본의 경우뿐 아니라, 경제학계에서는 총요소생산성이 장기적으로 한 경제의 성장을 결정하는 가장 중요한 요인이라는 데 이견이 없다. 과연 향후 우리 경제가 1%대 중반의 총요소생산성 증가세를 유지한다는 가정은 실현가능한 것인가? 이를 위해서는 어떤 부문에서 어느 정도의 노력이 필요한 것인가? 이 질문에 답하기 위해서는 총요소생산성이 무엇인지 그리고 이를 결정하는 요인이 무엇인지 논의할 필요가 있다.

총요소생산성은 경제 성장에서 노동과 자본의 기여분을 제외한 잔차로 측정된다. 이는 총요소생산성에 노동과 자본을 제외한 모든 요인의 영향이 반영됨을 의미한다. 즉, 개념적으로 총요소생산성은 한 경제가 노동과 자본 등 생산요소를 효율적으로 결합하는 능력을 지칭하는데, 좁게는 생산기술 수준부터 넓게는 범죄, 기후, 문화 등 매우 다양한 요인이 영향을 미칠 수 있다. 따라서 무엇이 총요소 생산성을 결정하는 근본적 요인인가에 대해서는 여전히 논란이 존재하지만, 그동안의 연구들은 대체로 기술의 발전과 실제 생산과정에서의 채택 및 확산이 얼마나 수월하게 이뤄지는지가 중요하다고 본다.

새로운 기술이 개발되어 생산에 사용되는 과정에서 기술적인 측면도 중요하지만 제도적인 측면이 더 중요한 것으로 이해된다. [6] 연구개발에 대한 지원제도, 인적자원과 관련된 교육제도, 개발된 기술에 대한 특허 등 법 제도 등이 한 경제 내에서 새로운 기술 개발이 얼마나 수월하게 이뤄지는지에 큰 영향을 미치기 때문이다. 또한 새로운 기술의 채택은 기존 기술과 관련된 물적·인적자본의 포기를 의미하며, 이는 새로운 기업이 기존 기업을 대체하는 방식으로 이뤄지기도 한다. 아울러 기술을 제대로 활용하기 위해서는 생산 조직, 기업 간 거래방식, 고객과의 관계, 인적자원의 활용방식 등 다양한 부문에서의 변화가 필요하다. [7] 이와 같은 기업 간 경쟁이나 기업

---

[6] Syverson (2011) 은 기존연구들을 기반으로 생산성을 결정하는 요인들을 기업과 경제환경 수준에서 정리했는데, 기업 수준에서는 기술개발 이외에 경영능력, 노동과 자본의 질, 학습효과(learning-by-doing), 의사 결정구조(firm structure decisions) 를 제시하였으며, 경제환경 수준에서는 생산성 파급(productivity spill-over), 경쟁, 규제 완화 또는 적절한 규제, 유연한 생산요소 시장 등을 제시했다.

[7] 예를 들어 '컴퓨터'라는 신기술이 개발되었을 때 단순히 컴퓨터로 타자기나 계산

내 변화가 원활히 이뤄질 수 있는 제도적 환경이 갖춰져야 새로운 기술이 생산과정에서 제대로 활용되어 생산성을 향상시킬 수 있는 것이다.

일본의 '잃어버린 20년' 기간 동안 총요소생산성 향상이 부진했던 것도 기술적인 측면에서의 능력이 부족했다기보다는 정치·사회적인 요인으로 인해 제도적 환경을 제대로 개선하지 못했기 때문인 것으로 알려졌다. 한국도 외환위기 이전에 총요소생산성 증가율이 크게 낮아졌다가 외환위기를 거치며 시행한 많은 개혁조치로 인해 총요소생산성 증가율이 회복된 것으로 추정된다.[8]

앞서 제시한 〈표 3-1〉에서 외환위기 이후인 2000년대 총요소생산성 증가율이 1.6% 수준임을 감안할 때, 장기적으로 1.3% 수준의 총요소생산성 증가세를 유지한다는 것은 외환위기 직후만큼은 아니더라도 그에 버금가는 제도적 개선이 지속적으로 이뤄져야 함을 의미한다. 다른 한편으로 OECD(2012)에서 세계 각국의 성장률

기를 대체하는 데에서 오는 생산성의 향상은 미미하며, 효율적인 정보 처리를 기반으로 신속한 의사 결정이 가능한 분산된 조직으로 변경하거나 소품종 대량생산 방식에서 고객의 요구를 수용할 수 있는 다품종 소량생산 방식으로 전환하는 데에서 오는 생산성 향상이 더 크다는 것이다.

8) 신석하(2014)는 1991~1995년 기간의 총요소생산성 증가율이 0.6%로서 1986~1990년 기간의 1.8%보다 크게 낮았으며, 외환위기 이후에는 1% 수준을 유지하는 것으로 추정하였다. 〈표 3-1〉에 제시된 권규호·조동철(2014)의 경우 노동의 질적 변화를 총요소생산성에 포함시키는 반면, 신석하(2014)에서는 노동의 질적 변화를 노동 투입에 포함시키므로 〈표 3-1〉에 비해 총요소생산성 증가율이 0.5% 내외 낮게 측정됐다.

에 대한 장기 전망을 수행할 때, 과거 선진국 사례를 참고하여 생산성 향상을 위한 구조 개혁이 원활히 이뤄지는 경우의 총요소생산성 증가율을 1.3%로 가정했다. 이러한 점들을 감안하면 1.3% 수준의 총요소생산성 증가세를 장기적으로 유지하는 것은 결코 쉽지 않으며, 상당한 국가적 노력을 기울여야 가능함을 알 수 있다.

2. 정부 주도 경제시스템의 한계

더 이상 정부 주도로 생산성을 향상시키기는 어렵다

둔화된 성장세라도 유지하려면 생산성 향상을 위한 상당한 국가적 노력을 기울여야 하지만, 과거와 같이 정부가 주도하여 직접적으로 생산성을 향상시키기는 어려울 것으로 보인다. 1970년대나 1980년대에는 우리 경제의 총요소생산성 증가율이 상당히 높은 수준이었으며,[9] 여기에는 정부의 역할이 컸다는 점은 대내외적으로 인정되는 바이다.

　과거에 총요소생산성 증가율이 높았던 것은 첫째, 생산성이 낮은 농업에서 생산성이 높은 제조업으로 산업구조가 전환되었으며,[10]

---

9) 대부분의 연구들은 1970년대와 1980년대 총요소생산성 증가율이 1990년대나 2000년대에 비해 두 배 이상 높았던 것으로 추정한다.
10) 1960년대에는 부가가치 기준으로 농림어업의 비중이 약 40%를 차지하고 제조

둘째, 선진국의 기술 및 제도를 모방하여 기술 및 제도의 발전이 용이했기 때문이다. 이 과정에서 정부는 선진 제도의 도입뿐 아니라 특정 기술이나 산업, 기업을 선정하여 자원을 집중 지원함으로써 생산성 향상을 촉진했다.

정부의 직접적 개입 지원이나 정부 주도의 산업구조 전환이 유효했던 것은 당시 경제구조가 비교적 단순했으며 선진국이라는 준거(benchmark)가 있었기 때문이다. 우리 경제가 당면한 환경을 감안할 때, 정부 주도의 생산성 향상 전략은 더 이상 효과적이지 않은 것으로 보인다. 우리 경제구조가 과거와 비교할 수 없을 만큼 매우 복잡해졌으며, 기술 및 제도의 수준도 선진국에 근접하여 마땅한 준거를 찾기도 어렵다. 기술의 발전 속도도 빨라졌을 뿐 아니라 4차 산업혁명과 같이 다양한 분야 간 융합이 중요해짐에 따라 어떤 기술 및 융합이 유망한지, 성공가능성이 높은지를 정부가 판단하기 어려운 상황이다.

서비스산업의 예: 진입과 퇴출, 경쟁과정의 중요성

산업구조 측면을 좀더 살펴보면, 생산성이 상대적으로 높은 부문인 제조업은 부가가치 기준으로 이미 30%의 높은 수준에 이르렀다.

업은 10%를 겨우 넘어선 정도였으나, 2000년대에는 농림어업은 3% 수준으로 줄어들고 제조업이 30% 내외에 이르렀다.

따라서 과거와 같이 생산성이 낮은 부문에서 높은 부문으로의 산업구조 전환이 어려우므로 개별부문에서의 생산성 향상, 특히 부가가치 기준으로 50% 이상을 차지하는 서비스업의 생산성 향상이 중요하다. 산업별 생산성을 분석한 국내외 연구들은 대체로 우리 경제의 제조업은 생산성이 선진국에 근접한 수준이지만 서비스업은 선진국에 비해 크게 낮은 것으로 평가했다. 〈표 3-2〉에 제시된 바와 같이 제조업과 서비스업의 총요소생산성 증가율의 격차가 선진국(미국, 영국, 프랑스, 독일, 일본)의 경우 0.2~0.9%p인 데 비해, 우리나라는 1.4%p로서 제조업에 비해 서비스업의 생산성 향상이 매우 부진한 것으로 나타났다.

그러나 서비스업은 제조업과 달리 그 특성상 정부가 특정부문을 선정하여 육성하기 어렵다. 제조업에 비해 업종 간 이질성이 크고 인적자원의 영향을 크게 받으며 지역적 이동도 크게 제한되기 때문이다. 김기완(2010)은 서비스업의 경우 연구개발 투자와 같은 공식

〈표 3-2〉 주요국의 제조업과 서비스업 총요소생산성 증가율

	제조업(%)1)	서비스업(%)2)	차이(%p)
한국	0.85	-0.53	1.38
미국	1.13	0.22	0.91
일본	0.38	0.10	0.28
프랑스	0.61	0.40	0.21
독일	0.58	0.33	0.25
영국	0.78	0.10	0.68

주: 1) 미국은 1981~2010년 평균이며, 다른 국가들은 1981~2009년 평균임.
   2) 1981~2005년 평균임.
출처: 한국생산성본부(2014)

적인 기술 혁신보다 비기술 혁신에 대한 의존도가 높고 고객과의 인
터페이스가 중요하며, 업종이나 시장구조에 따라 혁신이 차별적인
모습을 띠는 경향이 있음을 지적했다.

　정부의 직접적 개입 지원이 아니라면 서비스업의 생산성 향상은
어떤 방식을 통해 이뤄지는가? 이에 대한 기존 연구들은 경쟁을 통한
시장의 선택, 진입과 퇴출의 중요성을 강조하고 있다. 조 외(Cho et
al., 2014)가 정부의 직접적 개입이 어려운 소매업의 생산성을 분석
한 결과, 최근 우리나라 소매업 노동생산성 향상의 70%는 새로운 기
업의 진입과 퇴출에 의한 것으로 나타났다. 즉, 서비스업의 경우 기
존 기업의 기술 혁신을 통한 생산성 향상보다는 생산성이 높은 신규
사업체가 진입하고 생산성이 낮은 사업체가 도태되는 과정을 통해

〈그림 3-3〉 소매업과 음식업의 생산성 분해(지속 vs 진입 및 퇴출)

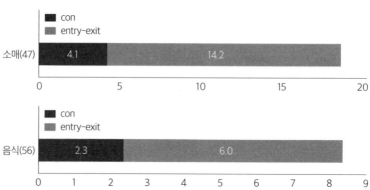

주: 막대그래프 안의 수치는 2005~2010년 기간의 해당산업의 노동생산성 증가율에 대한
　　지속기업과 진입 및 퇴출의 기여도를 나타냄. 산업분류 옆 괄호 안 수치는 2자리 표준산
　　업코드임.
출처: 최현경 외(2014)

82

전체 산업의 생산성이 향상된다는 것이다. 최현경 외(2014)가 소매업 및 음식업 등 대표적인 생계형 개인서비스업으로 범위를 넓혀 분석한 결과도 마찬가지로 진입과 퇴출을 통한 생산성 향상이 중요함을 보인다. 그럼에도 불구하고 서비스업에 대한 현재 정부의 정책은 기본적으로 진입을 억제하여 기존 기업을 육성하는 방향으로 구성되었다.

연구개발 투자의 예: 막대한 공공지출에도 불구하고 성과는 미약

연구개발 투자의 경우에도 과거와 같은 정부의 직접 지원이 유효한가에 대한 의문이 제기된다. 우리 경제는 적극적인 연구개발 투자를 시행하여 GDP 대비 R&D 지출의 비중이 1990년 1.7%에서 2013년에는 4.2%로 크게 높아졌다. 이는 미국(2.7%), 독일(2.9%), 일본(3.5%) 등 주요선진국보다 높은 수준이다. 적극적인 연구개발 투자의 결과로, 미국, 유럽, 일본 3국에 등록된 특허에서 한국이 차지하는 비중도 1990년 0.3%에서 2013년에는 5.8%로 높아졌다. 아직 미국(27.0%), 독일(10.1%), 일본(29.6%)에 비해서는 낮은 수준이지만 프랑스(4.6%), 중국(3.3%)보다는 높은 수준이다.

정부의 R&D 지출예산은 2015년 19조 원으로 전체 R&D 투자의 약 30% 수준을 차지한다. 연구개발, 특히 기초연구는 외부성이 강한 공공재이므로 정부가 지원을 통해 시장실패를 보완하는 것은 매우 중요하다. 따라서 정부의 R&D 지출 규모 자체가 문제는 아니다. 그 외형적 성과에 비해 실질적 성과가 매우 부진하다는 것이 문제이다.

국회예산정책처(2013)에 따르면 정부 R&D로부터 창출된 특허가 크게 증가하여 R&D 지출 10억 원당 특허 출원 건수는 미국 및 일본보다 압도적으로 높은 1.4를 기록했지만, 국내에 등록된 특허 중 우수한 특허는 약 16% 정도에 불과하며 이는 외국에 비해 크게 낮은 수준이다.[11] 더욱이 외국특허로 등록되는 비중은 소폭 하락하고 있으며, 그나마 대부분의 특허가 유용성이 떨어지는 것으로 나타났다. 현대경제연구원(2015a)은 정부 R&D 사업의 전체 특허등록에서 해외 등록이 차지하는 비중이 2009년과 2010년 11%에서 2011년과 2012년 8% 내외로 하락했을 뿐 아니라, 미국에 등록된 특허 중 피인용 횟수가 0인 건수의 비율이 증가하는 경향을 보였으며 2012년에는 80%를 넘어섰다는 점을 지적했다.

이와 같이 정부가 연간 19조 원의 막대한 예산을 R&D에 투입함에도 실질적인 성과가 부실한 것에는 여러 가지 요인이 작용하겠지만, R&D 투자 방향 설정 및 연구과제 선정·평가에 민간부문의 참

---

11) 온라인 특허분석평가시스템(System to Measure, Analyze and Rate patent Technology; SMART)은 정량적인 특허정보를 기반으로 5대 기술별 평가모형을 통해 특허 평가서비스와 특허 포트폴리오 분석 서비스를 제공하는데, 2008~2012년 등록된 정부 R&D 특허성과 중 16.4%만이 우수한 것으로 나타났다고 한다. 또한 특허의 청구항 수, 피인용도 등 특허품질지표를 활용한 분석결과에서도 국내 전체 등록 특허 중 상위 10% 이내에 정부 R&D 특허가 포함된 것은 외국의 1/7 수준에 불과한 것으로 나타났다고 한다.

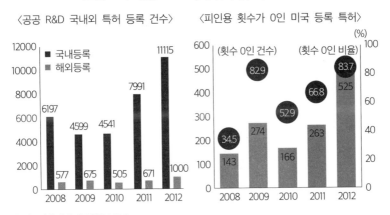

〈그림 3-4〉 공공 R&D 특허 등록 및 피인용 현황

〈공공 R&D 국내외 특허 등록 건수〉 〈피인용 횟수가 0인 미국 등록 특허〉

출처: 현대경제연구원(2015a)

여가 제한되고 전문성이 부족한 관료가 주도하는 것이 가장 큰 원인이라고 할 수 있다. 김기완·이주호(2013)는 정부 R&D 투자가 지나친 관료통제에 의존하면서 기획·관리 전문기관, 출연 연구소, 대학 등으로 권한을 이양하기 위한 제도 개혁이 지연되고 있음을 제기하였다. 과거 기술 추격과 모방의 시대에 주효했던 정부의 직접적 개입 및 지원 정책이 아직까지 잔존하면서 고위험·고가치 연구를 가로막는다는 것이다.

이러한 정부 주도의 결과, R&D 투자 방향이 정치적 영향에 의해 급변하고 외형적인 성과만 강조되거나, 시장이나 산업현장과 동떨어진 연구가 수행되는 상황이 발생한다. 이명박 정부 시절에는 '녹색성장'에 연구개발 투자가 집중됐으나, 그중 상당 부분이 '창조경제'를 내세운 현 정부에서는 방치되고 있다. 알파고와 이세돌의 대결로 인해 인공지능에 대한 관심이 고조되자 1주일도 안 돼 1조 원 규모의 인공지능 대책이 제시되며 언론의 비판을 받기도 했다. 12)

한편 전문성이 부족한 관료가 중심이 되어 연구과제가 선정되고 평가되다 보니, 외형적으로는 기술적 성공률이 90%를 상회하지만 실제 사업화 성공률은 20% 수준으로 주요선진국(영국 71%, 미국 70%, 일본 54%)에 비해 크게 뒤지는 상황이 발생한다. 13) 관료가 직접 연구과제를 선정·평가하지는 않지만, 정부의 영향에 민감한 정부 산하기관에 의해 자문위원단 구성 및 심사위원 선정이 이뤄짐에 따라 정부의 의중이나 개별기관의 이해관계에 부합하는 방향으로 연구과제가 선정된다. 14) 민간기업 관계자가 참여하기도 하지만 구색을 갖추는 정도이며 전반적인 결과에 영향을 미치지 못한다는 평가이다.

또한 현재는 명목상으로 미래창조과학부가 정부 R&D 예산·조정 기능을 맡고 있으나, 실제로는 미래창조과학부, 산업통상자원부, 환경부, 보건복지부, 중소기업청, 문화체육관광부 등 개별부처별로 R&D 투자에 대한 의사 결정이 분산적으로 이루어지며 중복투자의 문제도 발생하고 있다. 15)

---

12) 〈조선일보〉 사설(2016. 07. 27)

13) 국회예산정책처(2013)

14) 국회예산정책처에 따르면 산업통상자원부의 2015년 신규 과제 272개 중 자문위원이나 심사·평가위원이 수행한 경우가 122개로 절반에 달한다(〈조선일보〉 2016. 07. 27).

15) 중요한 주제에 대해서는 다수의 연구가 진행되어 우수한 결과를 산출한 주체에

R&D 투자에 대한 중립적이고 장기적인 의사 결정이 이뤄지고 투자의 실질적 효과를 높이기 위해서는 정부가 공적 투자자로서 예산 집행만 담당하고 R&D 투자에 대한 의사 결정을 기업 및 대학과 정부 출연 연구소가 함께 담당하는 방식으로 기업, 대학, 정부 출연 연구소 간의 연계를 강화해야 한다고 국내외 연구들은 조언한다. 이를 위해 분산된 공공 R&D를 총괄 조정할 수 있는 기구가 설립되고, 이 기구의 의사 결정에 기업 및 대학 등 민간부문의 인력이 실질적으로 참여하는 것이 바람직하다. 또한 기업, 대학, 정부 출연 연구소 간 연계도 기업 및 대학이 주도할 수 있도록 정부의 직접적 개입을 줄여야 한다.[16] 미국에서는 정부 출연 기관의 운영을 대학에 위탁하기도 하는 반면, 한국에서는 대학조차 정부의 영향력 아래에 있는 실정이다.

지금까지 살펴본 바와 같이 우리 경제가 성장함에 따라 경제구조가 복잡해지고 의사 결정을 위한 전문성이 요구되는 상황에서는 과거처럼 정부가 직접 개입하여 지원하는 방식이 더 이상 효과를 발휘하기 어렵다.[17] 따라서 향후 생산성의 향상은 주로 민간에서 창의

게 보상이 주어지는 경쟁시스템도 바람직하지만, 현재는 개별부처가 주관함에 따라 경쟁 없는 중복이 발생한다.

16) 산학연 연계를 상징하는 클러스터가 중앙정부 및 지방자치단체의 주도 하에 전국산업단지 내 84개를 포함, 전국적으로 100개가 넘게 설립되었으나, 실질적 성과를 내지 못하고 있다.

17) 그럼에도 불구하고 정부가 과거의 방식을 고수하는 사례는 이외에도 많다. 최근까지 수출 감소세가 지속되자 산업통상자원부는 2009년에 폐지했던 종합상사를

성이 발휘되어 다양한 시도가 이뤄지고, 경쟁과정을 통해 생산성이 높은 대안이 선택되는 방식으로 이뤄질 수밖에 없다. 정부는 과거처럼 직접적으로 개입하기보다는 민간의 창의성이 발휘될 수 있는 제도적 환경을 조성하는 것이 바람직하다.

3. 생산성 향상을 위한 민간 주도 경제시스템

먼저 규제 및 경제적 지대가 축소되어야

민간의 창의성이 발휘되고 더 나은 대안이 시장에 의해 선택되려면, 창의적인 시도를 억제하고 경쟁을 왜곡하는 잘못된 규제가 없어야 한다. 시장의 실패를 보정하기 위한 규제의 정당성은 인정되지만, 잘못된 규제는 경제적 지대를 초래하여 경제주체들로 하여금 창조적 혁신보다는 지대를 추구하게 만든다. 경제적 지대는 규제 등 인위적인 경쟁 제한의 결과로 발생하는 초과이윤을 지칭한다. 지대 추구 행위는 현재 우리 사회 곳곳에 만연해 있다. [18] 최근 나타나는

부활하여 종합상사가 중소중견기업의 수출을 대행하면 대출금리와 보증료율을 인하해 주고 수출입은행의 수출촉진자금도 지원하는 안을 발표했다. 1970∼1980년대에는 제조업체의 무역역량이 부족하여 종합상사가 수출증가에 기여했지만, 1990년대 이후 제조업체의 직접 무역이 증가함에 따라 종합상사의 역할이 줄어들어 2009년에 종합상사 지정제를 폐지하였다. 그럼에도 수출 부진이 지속되자 다시 과거의 정책수단으로 회귀하는 모습을 보여 준 것이다.

'공시생' 열풍은 경제적 지대로 인한 유인구조의 왜곡을 단적으로 나타낸다. 국내 청년(15~29세) 취업 준비생이 65만 2천 명인데 이 중 40%에 가까운 25만 6천 명이 공무원 시험을 준비하는 것으로 나타났다. 공무원 시험을 준비하는 청년의 비중은 계속 높아지는 추세이다. 7·9급 공무원에 합격해 정년까지 30년을 근무하는 경우 평생소득(연금 포함)은 14억 5,800만 원으로 대기업에서 25년 근무하는 경우에 비해 2억 원가량 높은 것으로 추산됐다. [19]

많은 사람들이 몰려들지만 10명 중 1명만 합격하고 나머지 사람들의 노력은 사회적 낭비가 된다. 공무원 시험을 준비하다 포기한 사람들이 민간기업에 필요한 능력을 갖추지 못하는 점까지 고려하면 공시생 열풍으로 인한 사회적 비용은 더 커진다. [20] 더욱이 치열한 경쟁을 뚫고 공무원이 된 사람들조차 이후에는 역량이 쇠퇴해 민간부문보다 낮아지는 인적자원의 낭비가 발생한다. 이주호 외(2016)는 OECD의 2011~2012년 PIAAC 데이터를 분석한 결과 우리나라 공공부문 인력의 역량(수리력, 언어능력, 컴퓨터 기반 문제 해결력)은 민간부문보다 크게 낮은데, 특히 25~34세에 비해 45~54세에 그 차이가 더욱 커지는 것으로 나타났다.

---

18) 이하 경제적 지대에 관한 논의는 신석하(2015)의 내용을 일부 수정·인용한 것이다.
19) 〈조선일보〉(2016. 07. 22)
20) 공무원 시험을 5년 정도 준비하다 포기하고 중소기업에 취업하는 경우 공무원 시험을 준비하지 않고 곧바로 취업한 경우에 비해 평생소득이 약 4억 원 정도 줄어든다고 한다.

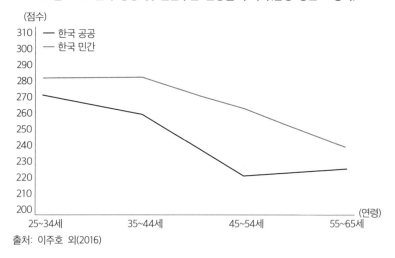

〈그림 3-5〉 한국 공공 및 민간부문 연령별 수리력(남성 상근 노동자)

출처: 이주호 외(2016)

    비단 공무원뿐 아니라 공기업도 선호되는 직장이다. 상당수 공기업은 누적된 적자로 부채가 증가하는 상황에서도 민간부문에 비해 낮은 업무 부담과 높은 복리후생을 향유하고 있다. 공무원이나 공기업이 더 나은 근무조건을 제공할 수 있는 것은 민간부문에 비해 성과가 좋기 때문이 아니라, 제도에 의해 생성된 독점적 지위로부터 경제적 지대를 얻을 수 있기 때문이다.

    선호되는 직업인 변호사, 의사, 회계사 등 전문자격사의 경우에도 신규진입의 통제를 통해 경제적 지대를 유지하고 있다. 과거에 비해 신규진입 인원을 크게 늘렸다고 하나 여전히 선진국에 비해서는 분야별 전문자격사가 부족한 실정이다. 또한 향후 생산성 향상을 위해 중요한 지식 기반 서비스 산업인 교육, 의료부문에서도 경제적 지대로 인한 문제가 심각하다. 교육부가 대학의 설립 및 퇴출, 정원 조정, 각종 보조금 및 연구 지원을 통제하는 상황에서는 대학교육의 질을 개선하여 경쟁하는 것보다 교육부의 지침과 규제를 충실히 따르고 교육부와의 관계를 돈독히 하는 것이 더 나은 전략이 된다. 의료부문의 경우에도 한방-양방의 분쟁, 의약분쟁, 상비약 약국 외 판매, 원격진료의 사례에서 보듯이 규제로부터 발생하는 경제적 지대를 누가 차지할 것인가의 문제가 항상 불거지며 국민의 건강과 편의를 위한 개선책 도출은 지연되곤 했다.

이러한 사례들에서 보듯이 잘못된 규제로 경제적 지대가 창출되면 경제주체들은 위험하고 고통스러운 창조적 혁신보다는 손쉬운 경제적 지대를 추구하는 행태를 보이게 마련이다. 따라서 국내외 연구들에서는 규제 완화를 생산성 향상을 위한 필수적인 요건으로 본다. 규제 등 구조 개혁 조치가 성장률에 미치는 영향을 정량적으로 분석한 OECD(2016)의 최근 연구결과에 의하면 규제 완화가 R&D 투자 지출이나 적극적 노동시장정책(active labor market policy) 지출보다 생산성과 성장률에 미치는 효과가 더 큰 것으로 나타났다. 즉, OECD 국가의 과거(1985~2013년) 평균 수준의 규제 완화를 2년 연속으로 실시하는 경우 5년 후에는 총요소생산성이 0.5%, 10년 후에는 0.7% 증가하는 반면,[21] R&D 투자 지출과 적극적 노동시장정책 지출은 각각 5년 후 0.1%, 10년 후 0.2% 증가시키는 데 그친

---

21) OECD(2016)에서는 생산물시장에서의 규제를 측정하는 지표로 OECD에서 작성하는 에너지, 교통, 통신시장의 규제(ETCR) 지수를 사용하였다.

다는 것이다.

더욱이 한국의 경우 규제 및 보조금 등 정부의 강한 권한이 부패 등 여러 사회 문제와 연결되어 있다. 국제투명성기구가 발표한 한국의 부패인식지수는 100점 만점에 55점이다. 이는 OECD 34개 회원국 중 27위로 바닥권이다. 부정청탁금지법을 제안한 김영란 전 대법관은 한국이 '엘리트 카르텔형 부패'에 속한다며, 이러한 문화를 바꿔 부패를 방지하자는 것이 법을 제안한 이유임을 밝혔다.[22] 엘리트 카르텔형 부패는 정치인, 고위관료, 대기업가 같은 엘리트층이 인맥과 연줄을 통해 부당이익을 얻는 부패유형이다. 정관계 인사가 산하기관에 낙하산으로 취직하는 이른바 전관예우, 모피아, 세피아 등이 여기 해당한다.[23] 정부의 강력한 규제권한 및 보조금은 고위관료가 부패의 연결고리에 포함되는 기반이 된다.

한국은 포지티브 방식의 규제체제와 과거 정부 주도의 경제 성장이 맞물려 과도한 규제가 만연해 있다. 전면적인 네거티브 규제 방식으로의 전환이 법체계와 맞물려 어렵다면, 지속적인 점검을 통해

---

22) KBS1 〈명견만리〉(2015.04.23). 부패유형은 마이클 존스턴 교수가 나라별 부패유형을 '독재형 부패', '족벌형 부패', '엘리트 카르텔형 부패', '시장로비형 부패'의 4가지로 분류한 것을 인용했다.

23) 엘리트 카르텔의 부패고리의 부정적 영향은 노동 및 교육 등에도 미친다. 엘리트 카르텔에 소속됨으로써 대기업이 초과이윤을 얻게 되면, 노동조합이 이 중 일정 부분을 향유하여 대기업과 중소기업 간 근무여건 격차가 벌어지게 된다. 또한 엘리트 카르텔에 진입할 수 있는 주요통로가 명문대학 진학이기 때문에, 그동안의 많은 교육 개혁 시도에도 불구하고 교육과정이 명문대학에 들어가기 위한 경쟁에서 벗어나지 못하고 있다.

정당성 없는 규제를 줄여 나가야 한다.

그러나 규제 개혁을 역대 정부마다 추진했으며[24] 현 정부도 임기 내 규제 20% 철폐라는 구체적인 양적 목표를 내걸어 규제 개혁을 추진하고 있지만, 여전히 규제 수준이 높고 규제 개혁에 대한 만족도는 낮은 상황이다. 규제정보포털에 등록된 누적 규제 건수는 2009년 12,905건에서 2013년 15,269건으로 계속 증가하다가 2015년 7월 현재 14,688건으로 소폭 감소했다. 규제총량이 줄어든 것은 IMF 구제금융의 조건으로 규제 완화를 약속했던 김대중 정부 이후 처음이라고는 하지만, 규제대상의 평가는 오히려 악화되는 추세이다. 전국경제인연합회(2016)가 510개 기업을 대상으로 조사한 결과를 보면 (〈그림 3-6〉) 기업들의 규제 개혁 체감도는 2010년 116.5를 정점으로 이후 계속 하락해 2016년에는 83.6을 기록했다.[25] 한국개발연구원(2015)에서 300개 기업을 대상으로 한 설문조사에서도 정부의 전반적 규제 수준에 대해 '높다'라고 응답한 비율은 55.3%로서 전년도 (31.0%)에 비해 크게 증가했으며, 정부의 규제로 인해 경영활동이

---

24) 전두환 정부의 '성장 발전 저해요인 개선위원회'를 시작으로 노태우 정부의 '행정규제완화위원회', 김영삼 정부의 '규제개혁추진위원회', 김대중 정부의 '규제개혁위원회', 노무현 정부의 '규제총량제', 이명박 정부의 이른바 '전봇대 뽑기' 등 역대 정부는 규제 개혁을 시도했다.

25) 규제 개혁 체감도는 정부의 규제 개혁에 대한 만족의 정도를 나타내는 지표로 100 초과 시 만족, 100 미만 시 불만족을 나타내는 것으로 해석된다. 구체적 산식은 다음과 같다. 체감도 = (매우 만족 비율 × 100 + 약간 만족 비율 × 50) − (매우 불만족 비율 × 100 + 약간 불만족 비율 × 50)

〈그림 3-6〉 규제 개혁 체감도 및 불만족 이유

〈규제 개혁 체감도 추이〉

76.9 110.5 116.5 110.5 96.5 92.2 89.8 84.2 83.6

2008 2009 2010 2011 2012 2013 2014 2015 2016

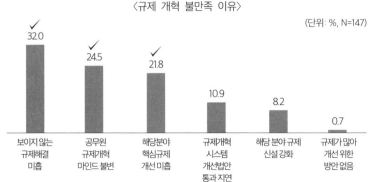

〈규제 개혁 불만족 이유〉

(단위: %, N=147)

32.0 24.5 21.8 10.9 8.2 0.7

보이지 않는 규제해결 미흡 | 공무원 규제개혁 마인드 불변 | 해당분야 핵심규제 개선미흡 | 규제개혁 시스템 개선법안 통과지연 | 해당 분야 규제 신설 강화 | 규제가 많아 개선 위한 방안 없음

주: 2014년까지는 회원사 대상, 2015년 이후는 대기업 및 중소기업 대상 조사.
출처: 전국경제인연합회(2016)

영향을 받는다는 기업의 비율도 75%로서 전년도(71%)에 이어 높게 나타났다.

실질적인 규제 개혁이 이뤄지기 위해서는 정부부문의 역할 및 규제에 대한 근본적인 인식의 변화와 함께 부처별 이기주의를 극복할 수 있는 규제 개혁시스템의 구축이 필요하다. 상술한 바와 같이 과거에는 정부가 세세한 부분에 개입하고 규제를 적용했으나, 이제 더 이상 정부의 직접적 개입이 효과적이지 않다. 따라서 피규제대상의 불만이 높아진 경우에만 어쩔 수 없이 관련 규제를 개선하는 것이 아니라, 시장의 실패를 보완하기 위한 규제, 민간부문의 공정한 경쟁을 위해 필요한 규칙을 제외하면 원칙적으로 규제가 없어야 한다는 인식에서 규제 개혁에 임해야 한다.

또한 규제로부터 발생하는 경제적 지대로 인해 담당부처에서는 규제를 포기하기 어려우므로, 규제 개혁은 해당 부처가 아니라 범정부적 기구를 구성하고 민간이 참여하는 방식으로 추진되어야 할 것이다. 기업대상 설문조사에서 '공무원의 규제 개혁 의식', '보이지 않는 규제 해결 미흡', '소통과 피드백 미흡', '공무원의 전문성 결여' 등에 불만이 높은 것은 규제 개혁에 대한 공무원들의 태도를 여실히 보여 준다.[26] 중이 제 머리 깎기 힘든 것은 규제 개혁에서도 마찬가지이다. 현재에도 범정부적 기구인 규제개혁위원회가 국무총리실 산하에 설치되어 있으나, 규제 개혁을 주도하기보다는 문제가 제기된 규제를 심의하는 수준에 머물고 있다. 실무인력도 언젠가는 출신 부처로 돌아가야 하므로 규제 개혁에 적극적으로 임하기 어려운 실정이다. 규제 개혁을 담당하는 범정부적 기구의 법적 위상 및 영속성을 강화하고, 규제 개혁을 실질적으로 주도할 수 있도록 인적·물

---

[26] 전국경제인연합회(2016)에서는 규제 개혁 성과에 불만족하는 이유에 대해 '보이지 않는 규제 해결 미흡'이 32%, '공무원의 마인드 불변'이 24.5%로 각각 1, 2위를 차지했으며, 한국개발연구원(2016)에서는 규제 개혁의 문제점으로서 '소통 및 피드백 미흡'이 27.3%, '공무원의 전문성 결여'가 21.3%로 각각 1, 2위를 차지했다.

적자원이 확보될 필요가 있다. 아울러 민간 전문가도 형식적인 수준의 참여가 아니라 실질적인 의사 결정에 참여할 수 있는 방안이 모색되어야 할 것이다.

공정한 경쟁의 보장: 대기업, 중소기업, 소비자

규제가 줄어들면 민간부문의 창의적인 시도가 늘어날 수 있지만, 그러한 결과로 사회적 후생이 반드시 증가하는 것은 아니다. 여러 창의적인 시도 중 사회적으로 가장 나은 대안이 시장에서 선택될 수 있는 공정한 경쟁의 장이 마련되어야 한다. 공정한 경쟁이 원활히 이뤄지기 위해서는 경쟁의 원칙이 명확해야 하며, 원칙을 위반하는 경제주체들에 대한 처벌이 이뤄져야 하고, 경쟁의 성과가 기여한 바에 비례하여 배분되어야 한다. 이러한 공정한 경쟁의 장은 시장에서 저절로 형성되기 어려우며, 이를 마련하는 것이야말로 정부의 중요한 역할이자 책임이다. 과거에는 정부가 선수 또는 코치로서의 역할을 수행했다면, 이제부터는 심판의 역할을 잘 수행하는 것이 필요하다.

대기업의 독과점 등 전통적인 경쟁 제한적 환경을 지속적으로 개선하는 것이 여전히 중요하지만, 현재 한국에서 가장 시급한 현안 중 하나는 대기업과 중소기업 간 관계이다. 이 부분은 크게 대기업과 중소기업 간 하청관계와 대기업과 중소기업 간 경쟁으로 나누어 살펴볼 수 있다.

대기업과 중소기업 간 하청관계는 과연 공정한 관계인가? 제조업의 경우 중소기업 중 하도급업체의 비중이 1990년대 중반보다는 다소 낮아졌으나 여전히 60% 내외의 높은 수치를 기록하고 있다. 과거 우리 경제가 선진국 경제를 추격·모방하는 시절에는 대기업이 해외기술 도입의 창구 역할을 담당하여 하청 중소기업에 기술을 전수함으로써 서로에게 이득이 되는 장점이 존재했다. 그러나 자체적인 기술 개발과 혁신이 중요한 현재 상황에서는 그런 파급효과를 기대하기 어렵다. 반면 대기업이 우월적 지위를 이용해 하청 중소기업의 생산비를 직접 조사하고, 이를 바탕으로 일방적으로 단가를 결정하며, 폐쇄적인 전속 거래를 강요해 하청 중소기업이 다양한 협력관계를 맺지 못하고 종속되는 문제가 부각되고 있다.

이런 구조 하에서는 중소기업이 자체적인 노력으로 혁신을 이루어도 단가 인하를 통해 혁신의 성과가 대기업에 귀속되는 결과가 생긴다. 대기업과 중소기업의 생산성에 대한 연구들은 대부분 대기업에 비해 중소기업의 생산성이 낮으며, 이러한 격차는 다른 국가와 비교해도 크다는 점을 제기한다. 예를 들어 김원규·김진웅(2014)은 제조업부문의 중소기업 총요소생산성이 외환위기 이전에는 대기업과 유사한 수준이었으나, 외환위기 이후 대기업의 구조조정이 이뤄지면서 점차 격차가 벌어져 2009년에는 대기업의 86.8% 수준으로 떨어졌음을 보였다. 이와 같은 중소기업의 생산성 향상 부진은 하청관계로 인해 중소기업의 혁신성과가 대기업에 귀속되는 데에서 초래된 현상일 수 있다.

그러나 그동안 정부정책은 대기업과 중소기업 간 공정한 거래 또는 공정한 경쟁관계를 정립하기보다는 경제적 약자로 인식되는 중소기업에 정책금융 및 세제혜택 등 직접적인 지원을 제공하거나, 중소기업 적합업종 제도를 도입하여 대기업과 직접적인 경쟁을 피할 수 있도록 보호막을 제공하는 방향으로 이뤄졌다. 불공정한 하청관계가 지속되는 한 중소기업에게 주어지는 정부의 각종 지원은 결국 단가 인하를 통해 대기업에게 귀속된다. 더욱이 중소기업에 대한 각종 무차별적 지원은 이에 의존하는 이른바 좀비기업들을 양산하거나, 기업의 피터팬 증후군[27]을 초래하는 문제를 낳고 있다.

중소기업 적합업종을 지정하여 대기업의 진입 및 확장을 제한하는 조치는 당장은 해당업종의 중소기업을 보호할지는 몰라도 장기적으로는 생산성 향상을 저해하여 중소기업의 자생력을 약화시키는 결과를 낳을 수 있다. 더욱이 중소기업 적합업종 지정이 전반적인 시장 규모의 축소뿐 아니라 중소기업의 수익성을 악화시킨 사례도 있다. 이진국(2015)은 포장두부가 2012~2014년 기간 동안 중소기업 적합업종으로 지정되자 2011년까지 꾸준히 성장해 오던 시장 규모가 소폭 축소되고 중소기업의 수익도 18% 감소했음을 보였다.[28]

공정한 경쟁의 궁극적인 목적이 생산성의 향상과 이를 통한 사회

---

27) 중소기업에 주어지는 정부의 각종 혜택을 누리기 위해 기업 규모를 법에 정의된 중소기업의 기준을 넘지 않도록 제한하는 행태를 의미한다.

28) 중소기업 적합업종으로 지정되어 매출액을 증가시킬 수 없었던 대기업들이 국산 콩 두부보다 수익성이 높은 수입콩 두부의 비중을 높였으며, 이는 전체 시장 규모가 소폭 감소한 상황에서 중소기업의 주력상품이었던 수입콩 두부의 수익을 크게 감소시킨 결과를 낳았다는 것이다.

적 후생의 증가라는 점을 감안할 때, 대기업과 중소기업 간 이해관계 뿐 아니라 소비자들의 편익도 고려되어야 한다. 이진국(2015)은 두부시장의 중소기업 적합업종 지정으로 인해 소비자들의 후생에 연 287억 원의 손실이 발생한 것으로 추정했다. 사회적으로 가장 나은 대안이 시장에서 선택된다고 할 때 시장은 결국 수요자 또는 소비자의 선택을 의미하는데, 우리 경제는 그동안 성장이 중요시되다 보니 기업에만 초점이 맞춰지고 소비자의 권리는 경시된 경향이 있다. 이제는 소비자의 권리를 강화하여 소비자가 사회적으로 나은 대안을 선택하도록 하는 것이 생산성 향상과 경제 성장에 유리할 것이다.

따라서 정부는 중소기업 지원정책이나 보호정책보다는 대기업과 중소기업 간 공정한 거래 및 경쟁관계의 정립을 위한 제도적 환경 조성에 초점을 맞춰야 하며, 이와 더불어 소비자의 권리를 강화해 시장의 선택 기능을 제고하는 것이 바람직하다. 정부의 과도한 규제 및 지원기능은 축소하는 대신 공정거래의 감시와 집행을 위한 기능과 소비자 권리 보호를 위한 기능은 강화할 필요가 있다.

관치금융의 청산과 정책금융의 정비

생산물시장에서 기업 간의 경쟁이 원활히 이뤄지기 위해서는 노동, 자본 등 생산요소시장에서의 자원 재배분이 유연하게 이뤄져야 한다. 즉, 소비자들에 의해 시장에서 선택된 기업이 생산을 늘리려면, 이 기업이 새로운 수요에 부응하기 위해 필요한 자본과 노동을 손쉽게 조달할 수 있어야 한다.

금융은 자금중개를 통해 대출자와 차입자 간 정보 비대칭성의 문제를 완충하는 역할을 수행한다. 최근 빠르게 진행되는 기술 발전과 자금 공급과 수요의 다양성 확대에 대응하여 기존의 금융서비스를 개선하거나 새로운 금융시장 및 서비스가 신속히 도입될 필요성이 점차 커지고 있다.

그러나 한국의 경우 정책금융과 관치금융의 문제로 인해 금융 발전이 저해되고 있다는 우려가 높다. 금융시장에도 시장실패가 발생할 수 있으며 이를 보완하기 위한 정책금융은 선진국을 포함한 많은 국가에서 사용되고 있다. 한국의 경우 민간 금융시장이 충분히 발전하지 못한 과거에는 정부의 정책금융이 경제 성장을 촉진하는 데 기여한 것으로 평가받고 있다. 그러나 최근 조선 및 해운산업의 조정 과정에서 불거진 산업은행의 역할 문제에서 볼 수 있듯이 변화한 경제환경에 맞춰 정부의 정책금융도 정비될 필요가 있다.

우리나라 정책금융의 규모는 예금은행 대출금 대비로는 줄어들고 있지만 명목 GDP 대비로는 여전히 증가하는 모습을 나타내고 있다. 손상호(2013, 〈그림 3-7〉)에 의하면 자산 기준으로는 은행산업에서 정책금융기관이 차지하는 비중이 2009년 말 24%로서 유럽국가 평균 17%보다 높고 개발도상국 평균 25%와 유사한 수준이다. 우리 경제의 발전 단계를 감안할 때 정책금융의 규모가 하향 안정되는 것이 바람직할 것으로 보인다.

정책금융의 유효성에 대한 엄밀한 평가를 통해 소기의 목표를 달

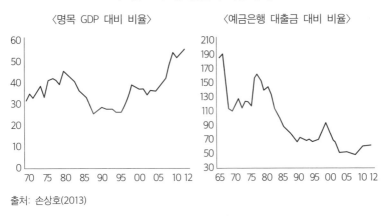

〈그림 3-7〉 정책금융의 비중 추이

〈명목 GDP 대비 비율〉 　　　〈예금은행 대출금 대비 비율〉

출처: 손상호(2013)

성하도록 개편하고, 중복되는 유사 정책금융기관들을 통합할 필요
가 있다. 예를 들어 장우현 외(2013)는 정책금융의 주 대상인 중소
기업의 경우, 공적자금을 지원받은 중소기업의 총요소생산성 증가
율이 낮은 반면 잔존율은 오히려 높게 나타나 경제 전체의 효율성을
오히려 낮추고 있음을 보였다. 이러한 경우 중소기업 정책금융의 목
표를 대상기업의 생존율 제고가 아니라 생산성 향상으로 전환하고,
새로운 목표에 적합한 성과지표를 기반으로 정책금융을 운용하는
것이 바람직하다. 시장이 아닌 공적부문에서의 유사기관들은 경쟁
을 통한 효율성 제고보다는 중복된 기능으로 인한 혼란과 자원 낭비
를 초래할 위험이 크므로, 기능별로 유사한 정책금융기관을 통합하
는 것이 바람직하다. 이러한 정책금융의 기능 재조정은 정책금융의
규모를 축소하는 데에도 도움이 될 것이다.

아울러 산업은행 문제에서 노출되었듯이 정책금융기관의 비효율적 경영, 정경유착의 위험, 정치적 고려 가능성 등의 문제를 해결하기 위해 정책금융기관의 지배구조, 투명성 및 리스크 관리를 민간 금융기관이나 국제 기준에 부합하는 수준으로 정비할 필요가 있다.

한편 금융은 정보의 비대칭성이라는 내재적 문제를 가졌으며, 국제금융위기에서 보듯 금융시스템의 불안정성이 경제 전체에 커다란 파급효과를 가져올 수 있으므로, 금융시스템의 안정성을 유지하기 위해 정부의 규제 및 감독이 불가피하다. 그러나 한국은 이른바 관치금융의 전통에서 크게 벗어나지 못하여 매우 상세한 사전 규제와 감독당국의 직접적이고 세부적인 통제가 지속된다. 과거와 같이 정부가 거의 모든 것을 결정하는 것은 아니나 여전히 관치금융의 잔재를 쉽게 찾아볼 수 있다. 대표적인 사례가 금융기관의 낙하산 인사이며,[29] 금융상품 가격을 실질적으로 통제하는 과도한 검증, 금융투자와 관련 없는 업무에 대한 과도한 감독, 서면이 아닌 구두지도에 따른 일관성 부족 등[30] 다양한 측면에서 감독당국이 직접적인 영향력을 미치고 있다.

---

[29] 2014년 6월 9일 국회 의원회관에서는 당시 KB사태와 관련하여 '금융 부분 낙하산 인사 이대로 둘 것인가'를 주제로 토론회가 개최되기도 했다. 전성인(2015)은 낙하산 인사에 대한 비난이 제기되며 공직자 윤리법상의 퇴직자 유관기업 취업금지 조항이 강화되자, 서민금융진흥원이나 종합신용정보집중기관 등 금융인프라 주변 기구를 신설하여 퇴직 후 공식적으로 이전할 수 있는 자리를 늘리려는 경향에 대해 비판했다.

[30] 전국경제인연합회(2014)가 국내 진출 외국계 금융사를 대상으로 '한국금융의 경쟁력 현황과 개선과제'를 조사한 결과, 과도한 규제 및 당국의 과도한 개입이 한국 금융의 최대 문제점으로 지적되었다.

이러한 상황에서는 자금 수요 및 공급의 변화에 창의적으로 대응하는 금융시장을 기대하기 어렵다. 역대 정부도 우리나라 금융경쟁력에 대해 우려를 표명하며, 금융기관의 대형화 및 글로벌화, 금융허브 등 경쟁력 제고 방안과 각종 금융 개혁 조치를 추진했으나, 성과는 미미했던 것으로 평가된다. 2015년 세계경제포럼에서 발표한 국가경쟁력에서 한국은 금융부문에서 87위를 기록해 나이지리아(79위), 우간다(81위), 부탄(86위) 수준으로 평가됐다. 물론 설문조사이기 때문에 객관적인 상황을 나타내기보다는 주관적인 인식을 반영하는 것은 사실이지만, 2007년 27위를 기록한 이후 2009년 58위, 2014년 80위 등 지속적으로 순위가 하락한다는 것은 분명 문제라고 할 수 있다.

지속적인 금융 개혁 노력에도 불구하고 우리 금융이 낮은 평가를 받는 이유는 기본적으로 금융 개혁을 감독당국이 주도한 데 있다. 감독당국은 특성상 금융부문의 시장적 특성보다는 건전성 관점에서만 접근하는 경향이 있다.[31] 더욱이 감독당국의 관료들도 낙하산 인사 등 관치금융으로부터 혜택을 누리는 상황이므로, 감독당국이 추진하는 금융 개혁이 근본적인 변화를 가져오기 힘든 것이다.

금융이 본래의 효율적인 자금중개 기능을 수행하기 위해서는 관

---

31) 금융기관의 건전성에 초점을 맞춘 감독이 제대로 이뤄지는지도 의문이다. 동양증권 사태(2013년), KB 사태(2013년), 3개 카드사 개인정보 유출(2014년), 조선·해운 관련 산업은행 대출(2016년) 등 부실한 금융감독과 관련된 문제가 계속 제기되고 있다.

치금융에서 법치금융으로 전환할 수 있도록 금융감독체계를 개편하고, 시장기능이 작동할 수 있도록 금융기관 간 공정경쟁,[32] 금융소비자 보호 등을 개혁의 목표로 삼아야 한다. 금융감독체계의 개편은 감독당국이 아니라 그보다 상위기구 또는 국회의 위임을 받은 민간전문위원회와 같은 형태로 추진되어야 근본적인 변화가 가능할 것이다.

이중적 노동시장 문제 해결

한편 노동시장의 경우도 이중구조의 문제로 효율적이고 유연한 인력자원의 재배분이 어려운 상황이다. 잘 알려진 바와 같이 한국 노동시장에는 기업 규모와 고용형태에 따른 격차가 두드러진 이중구

---

32) 전성인(2015)은 금융지주회사의 권력성이 지속적으로 증가해 시장경쟁이 실종되어, 감독당국의 개입이 감소하는 경우에도 시장경쟁이 활성화되지 않을 위험에 대해 우려했다. 예를 들어 이명박 정부 시절 하나 금융지주회사의 회장이 대통령의 친구였던 관계로 대부분의 경우에서 금융감독위원회 위원장보다 권력 서열이 위였다는 것이다. 또한 최근에는 NH농협 금융지주회사 회장이 금융위원장이 되기도 하는 등 금융감독관료와 금융지주회사 간 권력우위가 점차 변화하고 있다고 한다. 금융지주회사의 권력성이 증가함에도 불구하고 의사 결정은 금융지주회사 차원에서 이뤄지지만 그 실행은 개별 금융회사 차원에서 수행되기 때문에 금융지주회사에 대한 시장으로부터의 견제가 불가능하다는 뜻이다. 이를 해결하기 위해서는 금융지주회사에도 대주주 적격성을 요구하고, 과점 및 대규모화가 금융시스템의 불안정을 야기할 경우를 대비하여 계열분리 명령제를 도입하고, 금융지주회사의 의사 결정에 대한 책임을 물을 수 있도록 이중 대표소송제도의 도입이 필요한 것으로 그는 보고 있다.

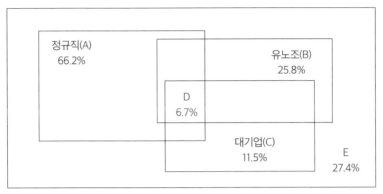

〈그림 3-8〉 한국 노동시장의 이중구조

정규직(A)
66.2%

유노조(B)
25.8%

D
6.7%

대기업(C)
11.5%

E
27.4%

출처: 이인재(2009)

조가 존재한다. 즉, 대기업과 중소기업, 정규직과 비정규직 간 임금, 사회보험, 고용안정성 등 근무여건의 차이가 클 뿐 아니라, 그 격차가 지난 10년간 줄어들지 않고 있다는 것이다. 대기업 대비 중소기업의 상대임금은 2003년 59% 수준에서 2014년에는 54%로 낮아졌으며, 정규직 대비 비정규직 상대임금도 2003년 72%에서 2014년 66%로 차이가 확대되었다.[33] 또한 2년 동안 직장을 유지하는 비율도 2005~2007년 기간 대기업 76%, 중소기업 61%에서 2010~2012년 기간 대기업 81%, 중소기업 67%로 상대적인 격차에는 큰 변화가 없으며, 마찬가지로 정규직과 비정규직 간 고용안정성의 격차도 유지되고 있는 것으로 나타났다.

---

[33] 이중구조와 관련된 수치는 이인재(2009)가 최근 자료로 업데이트한 것을 인용한 것으로, 임금은 통계청 경제활동인구조사 부가조사 자료를, 직장유지율은 한국노동연구원 한국노동패널 자료를 사용하여 계산된 것이다.

이러한 이중구조로 인해 부문 간 인력 이동이 매우 제한적이어서 과도한 경직성과 불안정성이 공존하는 것으로 평가받았다. 대기업, 정규직, 노조원에 해당하는 사람들의 근속 연수는 13. 4년이고 신규 채용률은 6. 2%인 데 비해, 중소기업, 비정규직, 무노조에 해당하는 사람들은 근속 연수가 2. 3년이고 신규채용률은 54. 4%인 것으로 나타났다.

한편 연공형 임금체계나 장시간 근로 등도 노동시장의 경직성을 높이는 요인으로 작용한다. 연공형 임금체계는 기업특수적인 숙련 (*firm-specific skill*) 형성에 도움이 되기 때문에 과거에는 기업의 인적자원 축적 및 확보에 기여했으나, 기술 발전이 빠르게 이뤄지고 수요에 대한 신속한 대응이 요구되는 현재에는 기업과 노동자 모두에게 부담이다. 또한 핵심 노동력 계층인 남자 장년층의 장시간 근로는 여성 및 청년의 고용을 저해하는 한 원인으로 인식된다.

그동안 노사정위원회를 통해 노동시장의 구조적 문제를 해결하기 위한 노력이 있었으며, 노동시간 단축, 임금피크제, 공정 인사 지침, 취업규칙 지침, 비정규직 보호, 고용보험 확대 등 부분적인 개선도 이뤄진 것으로 평가받는다. 그러나 근본적인 변화를 위해서는 좀더 완결적인 개혁 노력이 필요하다.

노동시장의 이중구조를 근본적으로 해결하기 위해서는 정규직과 비정규직 간 고용보호의 수준 차이가 축소되고 부문 간 이동성이 높아지도록 고용보호법제가 개편되어야 한다. 노동자원의 효율적 배분이 가능하려면, 비정규직의 고용보호를 정규직 수준으로 높이기보다는 적정 수준으로 정규직의 고용보호를 낮추고 비정규직에게도 동일한 고용보호 수준을 제공하는 것이 바람직하다. 이로 인해 경제 전반의 고용보호 수준이 완화될 수 있으므로, 사용자의 과다해고 등 부작용에 대한 제도적 정비와 함께 사회안전망의 확충이 병행되어야 할 것이다. 34)

아울러 향후 합리적 노사관계가 정착되기 위해서는 노사 간 교섭력이 균등해지도록 제도 및 관행이 조정될 필요가 있다. 현재 노동자 측의 최후 수단은 파업이며, 사용자 측의 최후 수단은 직장폐쇄이다. 일부 대기업 사업장에서 발생하는 예외적 현상일 수도 있으나, 연례적인 파업이 발생하는 사업장이 존재함은 노사 간 교섭력이 균등하지 않다는 점을 나타낸다. 현재는 파업 시 대체근로나 파업으로 중단된 업무의 하도급을 금지하며, 필수공익사업의 경우에만 파업참가자의 50%에 한하여 대체근로를 허용하는 등 외국에 비해 대체근로 금지조항이 엄격한 것으로 평가받는다. 파업 시 대체근로 인정 범위를 합리적 수준으로 확대 조정하면, 합리적인 교섭 관행이 정착되는 데 크게 도움이 될 것이다.

노동 및 인적자원의 문제는 교육과 밀접히 연관되기 때문에, 노

---

34) 이인재 (2009) 는 고용보험에 경험요율제도를 도입하여 해고가 빈번히 이뤄지는 기업에 더 높은 고용보험료가 부과되도록 하는 방안을 제기했다. 아울러 사회안전망과 관련하여 도덕적 해이의 위험이 적은 실업보험저축계좌제를 통해 자영업자 등 고용보험가입률이 낮은 부문에서도 실업급여에 해당하는 제도적 장치를 마련하는 방안을 제기했다.

동 개혁의 실효성을 높이기 위해서는 교육 개혁이 수반되어야 한다. 사교육비 부담은 고용불안에 대한 저항을 높이게 되고, 취학 자녀로 인한 경력 단절은 기혼 여성의 고용부진을 초래한다. 또한 노동시장과 괴리된 교육으로 인해 구인구직의 미스매치가 커지는 것이 청년 실업의 중요한 원인 중 하나이다. 따라서 자녀교육 부담을 완화하는 한편 노동시장과 밀접한 교육과정으로의 변화가 필요하다.

이러한 교육부문의 변화는 단순히 공교육의 강화나 대학의 직업 교육화를 의미하는 것은 아니다. 4차 산업혁명 시대에는 단순한 지식 암기보다는 창조적 문제 해결과 소통 기반 협력의 역량이 더 중요해진다. 이러한 역량을 제고하는 데에는 프로젝트 학습이나 수행평가 등의 방식이 더 효과적인 것으로 알려졌으므로 중고등학교의 교수학습방식을 전환하고, 대학 입시에서 수능시험의 영향을 줄이는 것이 바람직하다. 아울러 대학을 중심으로 한 혁신생태계를 구성함으로써, 대학에서도 창조적 문제 해결과 소통 기반 협력의 역량을 갖춘 학생들을 선발할 유인을 제공해야 한다.

현재 진행되는 정부 주도의 일률적인 교육 개혁으로는 이러한 변화를 담보하기 어렵다. 실제 교실 현장에서 아래로부터 변화가 일어나도록 지원하는 체제를 갖출 필요가 있다. 대학 구조 개혁의 예를 살펴보면, 부실대학을 정리하고 대학의 자율성을 제고하여 혁신생태계의 중심지로서 역할을 수행하도록 만들어야 함에도 불구하고, 교육부는 정부지원을 통해 경쟁력 없는 대학들이 연명하도록 하거나 정부 지원을 빌미로 대학에 대한 통제를 강화하는 방향으로 진행하고 있다. 근본적인 교육 개혁을 위해서는 일선 학교 수준까지 자율권을 확대하는 한편 민간 및 공공조직과 소통하고 협력이 가능하도록 교육 거버넌스를 수평적이고 개방적으로 개편해야 한다.

4. 정부부문의 정비

정부 권한 축소를 총괄하고 실행할 기구를 설립해야

이상에서 살펴본 바와 같이 향후 우리 경제의 성장잠재력을 제고하기 위해서는 민간 및 시장을 중심으로 경제시스템을 전환해야 하며, 이는 정부부문의 권한이 축소되어야 가능해진다. 그러나 개별부처는 자신이 보유한 예산과 규제권한으로부터 편익을 향유하고 있으므로, 개별부처 차원에서 근본적인 경제시스템 전환을 위한 자발적인 권한 축소가 이뤄지기를 기대하기 어렵다. 더욱이 생산물시장, 금융, 노동, 교육 등이 서로 영향을 주고받기 때문에 각개 약진 형태로 개혁이 추진되면, 개혁 추진도 쉽지 않을 뿐 아니라 효과도 제한적일 수밖에 없다.[35]

---

35) 예를 들어 생산요소시장의 경직성이 해소되지 않은 상황에서 생산물시장의 규제 완화는 투자 및 고용 감소를 초래할 수 있다. 반대로 생산물시장의 규제 완화가 이뤄지지 않아 기업들이 독점적 이익을 누리는 상황에서 노동시장의 유연성을 제고하려는 개혁은 노동자들의 반발에 직면하기 쉽다. 또한 교육 개혁이 수반되

따라서 민간 중심의 경제시스템 전환을 성공적으로 이행하기 위해서는, 부처 이기주의 및 관료들의 저항을 넘어서 정부부문의 권한을 축소하고 여러 부문의 개혁을 조화롭게 조정할 수 있는 컨트롤타워가 필요하다. 이러한 전반적인 개혁과정이 단기간에 이뤄지기 어려우므로, 정권의 교체에 크게 영향 받지 않고 장기적이고 통합적인 시계에서 개혁을 추진할 수 있도록 법적 지위를 마련하는 것이 바람직하다. 또한 개혁의 실행을 뒷받침할 예산 및 인력 배분의 조정권한도 부여되어야 할 것으로 생각된다.

과거에도 정권 초기마다 무수한 장기 비전이나 계획이 급조되곤 했으나 제대로 실행되지 못했다. 가장 큰 이유는 장기 비전이나 계획을 해당 부처의 일개 국이나 과 또는 임시로 구성된 작업반이나 위원회에서 작성했던 데에 기인한다. 장기 계획을 담당하는 조직 자체가 그때그때 필요에 따라 만들어졌다가 사라지는 상황에서 일관된 구조 개혁은 이뤄지기 어려울 수밖에 없다. 더구나 대부분 부처의 경우 단기 현안이 장기 과제보다 우선시되기 때문에, 장기적으로 추진되어야 하는 구조 개혁 문제는 경제위기 등 긴급한 상황이 아닌 한 정책적 관심이 소홀해지기 쉽다. 따라서 장기적 구조 개혁이 일차적인 미션으로 부여된 정부기구를 설립하고 여러 부문의 개혁을 총괄할 권한과 예산, 인력 배분 등 실행 수단도 제공해야만, 구조 개혁이 실질적인 성과를 거둘 수 있을 것이다.

지 않은 노동 개혁의 효과는 제한적일 것이다.

사회통합 강화

성공적인 경제시스템 전환을 위해서는, 사회적 갈등을 줄일 수 있는 합리적이고 투명한 의사 결정체제를 구축하고 사회안전망 확충 등 사회통합도 제고할 필요가 있다. 경제시스템의 전환은 장기적으로 전체 사회의 후생을 증가시킬 수 있으나, 실행과정에서 단기적으로 경기가 위축될 수도 있고 일시적 손실을 입게 되는 경제주체도 발생하게 마련이다. 따라서 다양한 입장이 표명되고 논의될 수 있는 충분한 시간과 공간이 제공되어야 하고, 이러한 논의가 어떻게 반영되어 최종적인 의사 결정에 이르게 되었는지 공개되어야 한다.

그러나 불행히도 현재 한국은 합리적 논의가 이뤄질 수 있는 상황이 아닌 것으로 보인다. 김선빈(2014)에 따르면 한국의 사회갈등 조정능력은 매우 낮은 편이며, 국민 상호 간 신뢰와 정부에 대한 신뢰도 낮은 편에 속한다. 이정전(2016)은 우리 사회를 국민이 화병에 걸린 사회로 묘사한다. 대부분의 사람이 쉽게 흥분하고 남 탓을 일삼는 사회라는 것이다. 그리고 그 주된 원인으로 우리 사회에 만연한 불공정성과 부당한 대우를 꼽았다. 지난 수년간 소득불평등이 확대되고 사회적 이동성이 줄어들고 있는데, 많은 사람들이 이러한 결과를 불공정한 경쟁의 산물이라고 인식한다는 것이다. 최근 전 세계적으로 소득불평등도가 높아지고 있다. 과거 한국은 중간 정도의 소득불평등을 보이는 것으로 알려졌으나, 금융위기 이후 소득불평등도가 상대적으로 빠르게 악화되며 다른 나라에 비해 높은 수준을 보이고 있다. 최하위 10% 가구의 가처분소득 대비 최상위 10% 가구의 가처분소득배율이 OECD 평균은 2006년 9.5에서 2011년 9.8로 소폭 높아진 반면, 한국은 2006년 9.5에서 2011년 10.7로 계속 높아진 것으로 나타난다. 한편 현대경제연구원(2015b)에 따르면 각 개인이 열심히 노력하더라도 계층 상승 가능성이 낮다고 생각하는 응답자 비중이 2013년 75.2%에서 2015년에는 81.0%까지 높아졌다고 한다.

비록 추진하려는 경제 개혁이 시장기능을 통해 좀더 공정한 경쟁이 가능하도록 만들기 위한 것이더라도, 이처럼 소득불평등이 악화되고 계층 이동이 어렵다고 인식되는 상황에서는 경제시스템의 전환에 커다란 저항이 생길 수 있다. 시장기능의 활성화가 소득불평등도를 더욱 심화할 것이라는 우려 때문이다. 최근에는 IMF나 다보스포럼에서도 극심한 소득격차가 경제 성장을 저해할 수 있다는 견해가 피력되며, 소득불평등의 해소 또는 포용적 성장을 위한 논의가 이뤄진다.

따라서 경제시스템의 전환을 위한 논의와 함께 소득불평등 완화를 위한 논의도 진행되어야 구조 개혁이 원활히 이뤄질 수 있다. 소득불평등 완화의 중요한 부분 중 하나가 사회안전망의 제공이다. 특히 경제시스템의 전환과정에서 불가피하게 어려운 상황에 처하게 되는 경제주체들에게 최소한의 사회안전망이 보장되어야 한다.

재정건전성 유지

문제는 아무리 경제유인이 작동하도록 사회안전망을 잘 디자인하고 전달체계의 효율성을 높인다 하더라도, 사회안전망 구축에는 재정 지출이 소요된다는 것이다. 현재 한국의 GDP 대비 복지 관련 정부 지출의 비중은 2014년 10. 4%로 OECD 26개 국가 중 가장 낮은 편에 속한다. 향후 인구고령화로 인해 자연히 증가할 부분까지 고려한다면 복지 관련 정부지출소요는 빠르게 늘어날 수밖에 없다.

그러나 주어진 세입 여건 하에서 증가하는 정부지출소요를 수용하다 보면 재정건전성이 악화될 위험이 있다. 국제금융위기 시 남유럽 국가들에서 목도했듯이 재정건전성이 훼손되면 외부충격에 취약해진다. 따라서 재정건전성을 유지하기 위한 재정규율을 확립하는 것이 중요하다. 최근 정부가 국가채무를 국내총생산 대비 45% 이내에서, 관리재정수지 적자 규모를 국내총생산 대비 3% 이내에서 관리하는 방안을 법제화하려고 노력하는데 바람직한 것으로 보인다. 다만 재정건전성 제약 하에서 증가하는 복지 관련 정부지출소요를 지출의 구조조정으로만 대응하는 데에는 한계가 있다. 결국 세입을 증가시키는 방안도 검토될 필요가 있다. 아울러 현재 지속가능하지 않은 것으로 평가되는 공적 연금제도를 조속히 개편하여, 재정건전성의 위험요인을 축소시킬 필요가 있다.

지금까지 논의한 바와 같이 성장잠재력을 제고하기 위한 경제시스템의 전환은 광범위하고 근본적인 개혁을 요구한다. 이 과정에서 정부부문은 과거 경제적 지대의 기반이었던 권한은 축소되는 대신 사회통합 강화와 재정건전성 유지라는 어려운 임무를 담당해야 한다. 일견 실현 불가능해 보이는 변화가 이뤄지기 위해서는, 경제시스템 전환에 대한 사회적 관심과 이해가 확산되고 이를 바탕으로 정치적인 리더십이 발휘되어야 할 것이다.

제 4 장

정부 주도와 관료적 단기실적주의를 극복해야

조성봉

안민정책연구원 경제제도분과위원장

숭실대 경제학과 교수

요약

우리 경제는 정부 주도의 관치 경제와 지나친 단기실적주의라는 구조적 문제점을 안고 있다. 관치 경제는 진입 규제와 가격 규제 및 투입 중심의 공적 규제를 수반하여 경제적 자유를 제한하고 자원 활용을 제약함으로써 경제의 창의력과 자율성을 크게 해치고 있다. 특히 공공부문은 소비자, 채권자 및 투자자에 의한 시장 규율 메커니즘이 작동하지 않으며 금융과 교육부문은 평등화 규제를 통해 우리 사회의 생산성을 정체시키고 있다. 또한 관치 경제는 시장 테스트를 관치평가로 대체하여 경쟁력보다는 포장과 화장술에 집중하게 하는 부작용을 낳고 있다. 우리 사회의 단기실적주의는 관치 경제와 맞물려 경제의 자율성과 창의력을 더욱 악화시키는 악순환의 고리를 형성하고 있다. 관치 경제를 벗어나기 위해서는 정부 개혁과 공공부문 개혁을 필두로 한 제도적 개혁을 추진해야 한다. 행정고시 폐지 등을 통해 열린 공무원 시대를 출범시켜야 하며 공무원 수와 정부의 일거리를 줄여서 작은 정부를 달성해야 한다. 이와 함께 원칙적으로 모든 정부 규제를 폐지하는 규제 철폐의 원칙에 입각한 규제 개혁을 단행해야 한다. 신뢰를 전제로 한 위임의 전통이 우리 사회에 빨리 자리 잡을수록 우리 경제의 창의력과 자율성은 높아질 것이다.

우리 경제는 이제 그 성장잠재력이 한계에 이르렀다는 논의가 지배적이다. 정부의 인위적인 경기부양정책도 단기적이고 한시적인 효과만 나타날 뿐, 이에 따른 부작용과 구축효과로 인해 결국 일본식 장기적 경기침체의 길로 빠져들 수밖에 없다는 지적이 일반적이다. 그렇다면 전통적인 금융 및 재정적 수단 외에 우리가 고민해야 하는 다른 정책적 대안은 있겠는가?

그것은 전면적인 경제운용 방식의 개편이다. 그런데 이는 매우 고통스러운 일이다. 우리가 지금까지 일한 방식, 우리나라가 경제성장을 이룬 방식을 모두 허물고 새로운 방식으로 거듭나야 하는 것이기 때문이다. 우리 경제의 문제점을 외형적인 수치로 파악하지 않고, 이를 운용하는 경제구조와 제도가 어떤 한계와 문제점을 지녔는지를 살펴볼 필요가 있다. 그리고 경제구조와 제도를 과감하게 바꾸어야 한다.

이러한 시각으로 가장 먼저 착안할 수 있는 것은 우리 경제가 지나치게 정부 주도의 정책적 수단에 의존하며 그 결과 민간부문이든 공공부문이든 그 자율성과 창의력이 매우 취약하다는 사실이다. 이 글에서는 이러한 문제점을 정부 주도의 관치 경제로 규정하고 이에 따라 우리 경제의 자율적 창의력이 어떻게 제한되는지를, 그리고 이를 극복하기 위해 어떤 개혁을 추진해야 하는지를 살펴본다.

1. 정부 주도 관치 경제의 현황

윗물이 관치니 아랫물도 관치

정부정책의 효과는 정부에만 머무르지 않는다. 그것이 정책이란 단어가 의미하는 바이다. 정책은 정부와 기업을 비롯한 모든 부문에 영향력을 미치게 마련이다. 먼저 정부가 지배구조와 인적·물적자원 배분을 담당하는 공공부문에서 관치 경제의 장악력과 특성이 가장 두드러지게 나타난다. 공공부문의 관치는 전문성보다는 '신분'을 중시하는 한국에서만 나타나는 독특한 관료집단의 행태와 이해관계가 맞물려 심각한 폐해를 낳고 있다. 문제는 한국의 관치 경제가 공공부문에만 머무르지 않는다는 것이다. 한국의 민간부문은 정부 및 관료집단과 공식·비공식적으로 연계되어 있다. 다수의 민간조직은 그 지배구조의 특성상 구성원 간의 연대가 제한적이며 CEO가 구성원으로부터 위임받은 권한에도 한계가 있다. 이 틈을 파고들어 정부와 관료조직은 민간조직에 대한 사실상의 지배력과 자원 배분 권한을 확보했다. 관치 경제가 민간영역에도 침투한 것이다. 이러한 점에서 우리 민간영역은 사실상의 공공부문화가 빠르게 진행되고 그 결과 정부 주도 관치 경제의 폐해는 더욱 커지고 있다.

　공공부문은 정부와 공기업 및 공공기관으로 정의할 수 있다. 공기업과 공공기관은 정부의 지분이나 지배력의 정도에 따라서 다양한 스펙트럼으로 구분할 수 있겠으나 이 글에서는 사실상 정부가 직접적으로 지배하는 조직으로 이해하기로 한다. 공공부문에 대해서는 정부가 흔들림 없는 지배력을 확보했다고 평가할 수 있다. 그러나 그 배경에는 우리 관료집단의 신분제적 특권의식이 자리 잡고 있다. 관료집단에서의 의사 결정은 전문성이나 투명성보다는 철저한 상명하복에 따라 이뤄진다. 즉, 공공부문의 인적자원 활용은 전문적인 지식이나 경험에 기초하기보다는 조직의 안정성이나 관료집단의 위계질서를 공고히 하는 방향으로 이뤄진다.

한국에서는 전문가가 관료조직으로 진출하기가 거의 불가능하며 전문적인 공공조직은 관료조직의 의사결정을 보조하는 수단으로 제약되어 있다. 외국과 달리 한국에서는 정무직으로 임명되는 장차관급 외에 과장·국장·실장 등 실무적인 관료조직의 책임자에 국책연구원의 연구원, 대학 교수 또는 민간 전문가가 임명되는 경우가 흔치 않다. 그 가장 중요한 이유는 이러한 실무적 책임급에 관료 이외의 전문가가 오는 것을 관료조직이 용납하기 어렵기 때문이다. 이런 점에서 한국의 관료 조직은 전문가 집단이 아닌 '신분'으로 구성된 집단이라고 볼 수 있다.

한국에서는 철저히 전문성에 의해 움직여야 할 조직도 관료적으로 작동된다. 금융위원회, 공정거래위원회, 방송통신위원회 등은 대통령이나 행정부의 권한으로부터 독립된 전문가 집단이 아니다. 이들은 대통령과 행정부에 소속되었으며 전문성보다는 철저하게 관료집단의 이해와 판단에 따라 움직인다. 간혹 외부 전문가들이 조직의 수장이나 고문 등으로 참여하나 행정부의 의사결정과정과 관료집단의 이해를 따라가는 형식적인 리더로서의 역할을 하므로 그 전문성은 관료집단에 파묻히기 십상이다.

정부 조직 이외의 공공부문은 정부가 CEO 및 경영진을 임명하고 경영 평가 등 각종 평가로 그 실적을 평가한다. 이 외에도 다양한 유형의 감사, 직권 명령 및 정책적 목표의 부과 등으로 정부는 사실상 경영진보다도 강한 지배력을 행사하며 자원 배분에 개입한다.

한국의 민간영역은 관치 경제에 크게 영향을 받는다. 그 이유는 민간영역에 대한 정부와 관료집단의 직간접적 지배력이 크기 때문이다. 민간영역에 관치 경제가 영향력을 발휘하는 주된 채널 중 하나는 각종 사업자 단체 및 협회다. 민간기업의 연합체로서 그 크기와 유형에 따라 전국경제인연합회, 상공회의소, 무역협회, 중소기업중앙회 등 다양한 사업자 단체가 있으며 또한 전문적인 분야에 따라 철강협회, 석유협회, 섬유협회, 기계협회 등 사업자 단체로서의 성격을 갖는 수많은 협회가 구성되어 있다. 각종 협회의 회장이나 부회장은 관행적으로 관련 주무부서 퇴직관료의 몫이다. 이들은 정부조직과 민간 업체의 이해를 조율하고 필요에 따라서 정부의 '시책'을 전달하는 창구 역할을 담당한다.

정부는 중요한 정책을 입안하고 시행할 때 민간기업과 공식적으로 소통한다. 그러나 이와 같은 공식적인 소통이 어려울 때 사업자 단체나 협회와 비공식적으로 소통하며 정책을 시행하기도 하는데 전직관료 출신인 사업자 단체와 협회 임원은 양측 이해를 조정하며 배후에서 양측의 공동이해를 추구하는 핵심 역할을 맡는다. 특히 한국 관료조직의 생리는 안건을 올려놓고 공개적으로 논의하고 문제점을 검토하기보다는 이를 사전에 토론하며 이해관계를 조율한 후 이견이 없을 때 이를 확정하는 성향을 갖고 있어서 이와 같은 사업자 단체와 협회의 역할을 중시한다.

한국의 민간조직에서는 많은 구성원이 참여하는 조직일수록 사실상 정부의 개입과 영향력이 커지는 경향이 있다. 특히 지배주주나 창업자 또는 지배적 경영인이 뚜렷하게 장악하지 않은 민간조직의 경우 다수의 구성원이 공동으로 지배하는데 이 경우 정부는 뒤에서 강력한 영향력을 행사하는 경향이 있다. 대표적으로 협동조합, 각종 학교법인과 공익법인, 사단법인이나 재단법인, 지배주주가 제약된 금융기관이나 여러 주식회사 등 다양한 민간조직이 그 예이다.

최근에는 POSCO, KT, KT&G 등 민영화된 과거의 공기업이 이러한 유형에 포함된다. POSCO의 경우 오히려 과거에는 대통령의 전폭적인 신뢰와 위임을 받은 CEO가 정부의 개입이나 정치권의 압력을 받지 않고 소신껏 경영활동을 할 수 있었고 그 결과 좋은 성과를 거둘 수 있었다. 그러나 정부가 〈공기업의 경영구조 개선 및 민영화에 관한 법률〉에 따라 2000년 지배주주 없는 '주인 없는' 민영화를 시행한 이후 POSCO는 정부의 영향으로부터 자유로울 수 없는 사실상의 공기업이 되었다. 정권이 교체될 때마다 POSCO 회장은 새로운 인물로 교체되어 경영의 지속성과 연속성이 사라져 수익성과 경영성과가 현저하게 떨어지는 아이러니가 나타나고 있다. 이러한 문제는 KT와 KT&G에서도 동일하게 나타나고 있다.

〈은행법〉을 비롯한 금융관련법은 금융산업의 금산분리와 선관주의 의무1) 원칙에 따라 지배주주가 배제된 소유지배구조를 표명하고 있다. 그 결과 금융부문은 공공기관처럼 뚜렷한 주인이 없이 정부의 영향력을 받고 있어 관치 경제의 대표적인 표적이 되고 있다.

규제로 경쟁을 가로막는 정부

관치 경제는 다양한 유형과 모습으로 나타난다. 그러나 궁극적으로 관치 경제가 발현되는 모습은 그 규제유형으로 살펴볼 때 진입 규제와 가격 규제로 대별될 수 있다. 그리고 이와 같은 진입 규제와 가격 규제의 결과로 산출물을 자연스러운 시장활동의 부산물로 얻을 수 없게 됨에 따라 이를 인위적으로 확보하려는 투입 중심의 공적 규제가 파생적으로 나타나게 된다.

정부가 자원 배분을 통제할 때 활용하는 가장 기본적인 메커니즘은 정부가 통제하려는 사업분야에 대해 인허가권을 갖는 것이다. 그리고 이와 같은 인허가권은 진입 규제 방식으로 나타난다. 본질적으로 시장에서의 경쟁 메커니즘은 소비자의 만족을 얻지 못하는 사업자를 배제한다. 그 결과 능력 없는 사업자는 도태되므로 인위적인 진입 규제는 불필요한 과정이다. 물론 정부 고유의 기능을 위하여

---

1) 선량한 관리자의 주의 의무의 약칭으로서 채무자의 직업, 그자가 속하는 사회적·경제적 지위 등에서 일반적으로 요구되는 정도의 주의를 다하는 의무이다. (위키백과)

정부가 진입 규제를 펼치는 경우는 있다. 그러나 한국의 진입 규제는 공공부문이 펼치는 사업에서 경쟁을 배제하기 위한 경우가 많다. 일례로 전력의 판매, 가스의 도입, 철도, 상하수도 사업과 같이 외국에서는 이미 경쟁을 허용하는 분야도 한국에서는 전국 또는 지역 독점으로 운영되는 경우가 적지 않다.

진입 규제는 많은 부작용을 갖고 있다. 우선 진입 규제는 경쟁과정에서 뛰어난 창의력이나 경쟁력을 발휘하여 생존할 수 있는 잠재적 사업자의 등장을 원천봉쇄하는 부작용이 있다. 진입 규제는 자연스럽게 사업자(그리고 잠재적 사업자) 간의 경쟁을 위축시켜 생산자 잉여와 소비자 잉여가 확대되는 것을 차단한다. 무엇보다도 사업자들이 건강한 생산활동보다는 진입 규제를 통해 경쟁 사업자들을 진입하지 못하도록 정부에 압력을 가하는 지대 추구 행위를 유도하게 되어 경제활동의 구조적 장애물을 마련하는 원인을 제공한다.

정부가 시장에 개입하는 가장 큰 명분 중의 하나는 가격 규제이다. 즉, 국민과 소비자가 낮은 가격으로 재화와 서비스를 누릴 수 있도록 정부가 감시하겠다는 것이다. 이는 정부와 관료집단에 정당성을 제공해 주고 정치적 지지의 근거가 되기도 한다. 가격 규제는 자연 독점 규제와 같이 직접적인 원가 규제를 시행하는 분야부터 과거 우리 정부가 물가 관리 차원에서 여러 품목의 생필품에 대한 가격 규제를 시행했던 분야까지 다양한 방식으로 진행되었다. 그러나 가격 규제는 자원 배분상 여러 문제를 초래한다. 자연 독점의 경우에는 평균비용 수준으로 가격을 규제할 수밖에 없으며 이는 총괄 원가 규제라는 방식으로 시행된다. 그러나 원가 규제를 시행하기 위해서는 기업이 실제로 지불한 비용을 알아내야 하는데 비용에 대한 비대칭 정보(asymmetric information)의 문제점 때문에 정부가 당사자인 기업에 대해 정확한 원가 규제를 시행하는 것이 원천적으로 불가능하다. 또 다른 문제점은 피규제기업의 비용절감 인센티브가 크지 않다는 것이다. 적절한 비용으로 인정되면 지출이 정당화되는 원가 규제의 함정으로 인하여 피규제기업은 비용을 절감하고 가격을 내릴 특별한 유인이 없다.[2]

자연 독점이 아닌 재화의 가격을 정상적인 시장 균형 가격 이하로 규제하는 경우 수요량이 공급량을 초과하여 이른바 초과수요가 발생하고 제한된 공급물량을 할당하는 과정에서 다른 문제점이 나타나기도 한다. 즉, 줄 세우기와 선착순, 배급제 등과 같은 비효율적인 재화의 배분이 나타날 수밖에 없다. 정부가 재화의 유통을 감시할 수 없는 경우에는 암시장에서 재화가 유통되고 억지로 공급을 충당시키려 할 때 재화의 품질이 현저하게 떨어지는 문제점이 나타난다. 어떤 경우이든 가격 규제가 시행될 때 사회적 후생은 시장에서 적정 가격이 유지될 때보다 줄어들 수밖에 없다.

---

[2] 최근에는 이와 같은 원가 규제의 본질적인 문제점을 인식하여 피규제기업이 비용을 절감할 수 있도록 유도하는 이른바 인센티브 규제방식이 여러 선진국에서 등장하고 있으나 이 또한 인센티브와 규제기간의 설계 등의 문제와 함께 소비자의 정치적인 압력 등으로 인하여 결국은 원가 규제와 유사한 문제점을 보이게 된다는 한계점이 나타나고 있다.

진입 규제와 가격 규제를 시행하더라도 시장에서 그 효과가 제대로 나타나지 않기 때문에, 정부는 투입물을 구입하고 처리하는 과정과 생산과정에 개입하면서 투입 중심의 공적 규제를 시행하는 규제의 악순환에 빠지게 된다. 한국에서 정부의 원가 규제는 원가체계를 유지하기 위해 구입하는 물품과 원료 및 원자재 가격에 대한 추가 규제로 이어지게 된다. 또한 정부가 정하는 재화와 서비스의 가격 수준을 미리 고지하게 하는 투입 중심의 공적 규제가 나타나게 된다. 정부에서 구입하는 물품 가격이 미리 정해져 있고 인력도 유형별로 표준품셈이 정해져 있는 것이 그 사례이다.

그러나 투입 중심의 공적 규제는 눈으로 확인하고 객관적으로 입증하기는 간편하지만 실제로 생산활동과 창의력의 결과를 측정하는 수단은 아니다. 산출물은 오랜 기간을 거쳐 소비자의 평가와 시장의 심사를 통하여 결정되는 것이 바람직하다. 이를 정부나 관료가 사전에 평가하고 판단하는 것은 매우 위험하며 또 많은 오류를 낳을 수 있다.

관치로 보호 받아 무서운 것이 없는 공기업

공기업이나 공공기관은 긴장감이 없고 일하는 태도가 다소 느슨하다는 지적을 받는다. 사실 이는 우리의 선입관이라기보다는 그럴 만한 구조적인 이유가 있다. 일반적으로 기업은 시장에서 여러 이해당사자에게 엄청나게 시달리게 마련인데 공기업에는 이런 '시어머니'

가 별로 없다. 일반적으로 기업은 시장에서의 다양한 규율 메커니즘에 의하여 통제된다. 이러한 시장 규율 메커니즘에는 여러 유형이 있으나 대표적으로 상품시장, 금융시장, 자본시장에서의 규율 메커니즘으로 구분된다.

상품시장 규율 메커니즘은 소비자가 기업을 길들이는 것이다. 즉, 기업이 상품시장에서 소비자에게 만족을 주지 못하면 소비자는 다른 기업의 상품을 선택함으로써 기업을 길들이게 된다.

금융시장 규율 메커니즘은 은행과 같은 채권자가 기업을 길들이는 것이다. 채권자는 일정한 액수의 돈을 빌려주고 이에 대한 이자와 궁극적으로는 원금을 회수하는 것을 목표로 한다. 그러나 돈을 빌려 갈 기업이 제대로 이자를 갚지 못하거나 원금 회수가 쉽지 않을 것으로 예상되면 채권자는 처음부터 돈을 꾸어주지 않을 것이며

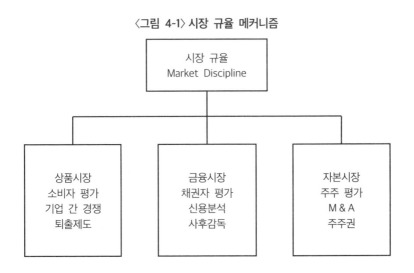

〈그림 4-1〉 시장 규율 메커니즘

도중에 이와 같은 가능성이 발생하면 원금을 회수하기 위해 기업을 길들이는 작업에 들어가게 된다.

자본시장 규율 메커니즘은 기업에 대한 투자자 또는 주주가 기업을 길들이는 것을 말한다. 즉, 해당 기업의 성과가 좋지 않고, 현금 흐름이 악화되는 등 기업의 총체적인 수익가치가 하락할 경우 주주는 주식을 매각하거나 의결권 등을 행사하는 방식으로 기업을 길들인다.

이러한 세 가지 시장 규율 메커니즘은 일반적으로 경쟁 환경에 놓인 모든 기업들을 긴장하게 만들고 늘 최선을 다해 상품의 생산, 재무 관리, 수익가치의 최적화 등 모든 면에서 기업의 경쟁력을 최적으로 유지하게끔 노력하게 한다.

그러나 공공부문에서는 이와 같은 시장 규율 메커니즘이 제대로 작동하지 않는다. 이는 공공부문이 갖는 본질적이고 구조적인 문제 때문이다. 먼저 상품시장의 경우 대부분의 공기업 또는 공공기관은 독점기업이거나 해당분야를 독점적으로 관리하는 기관인 경우가 많다. 이는 앞서 논의한 대로 진입 규제가 관치 경제를 유지하는 기본적인 규제방식이기 때문이다. 이에 따라 소비자는 공공부문이 창출한 재화나 서비스가 불만스럽더라도 이를 대체할 다른 방법이 없어서 독점적인 공공부문을 길들일 수 있는 방법이 없다. 금융시장의 경우도 마찬가지다. 은행을 비롯한 금융기관들은 공공기관에 아무런 불만이 없다. 왜냐하면 공공기관은 사실상 정부가 보증을 서는 셈이어서 꿔어준 돈을 떼일 염려가 없기 때문이다. 이런 사실을 잘 아는 공공기관은 은행으로부터 마음 놓고 돈을 꿀 수 있는데 바로 그렇기 때문에 더욱 부채 관리가 부실하게 될 가능성이 높은 것이다. 자본시장 규율 메커니즘도 공공기관에 대해서는 제대로 작동하지 않는다. 우선 대부분의 공공기관과 공기업은 상장된 주식회사가 아니다. 현재 한국에서 상장된 공기업은 한전, 가스공사, 지역난방공사, 한국전력기술, 한전KPS, 강원랜드, 한전산업개발, GKL, 기업은행 등 9개에 지나지 않는다. 그나마 상장된 공기업도 정부나 다른 공기업이 지배주주이므로 일반 소액주주에 의해서는 규율되지 않는다.

정리하자면 우리 공공기관은 독점적이어서 소비자의 눈치를 살피지 않으며 정부가 사실상 뒤를 받쳐 주므로 은행이나 투자자의 눈치도 보지 않는다는 점에서 시장 규율 메커니즘이 통하지 않는다. 특히 금융시장에서 공공부문은 정부의 간접적인 보호막 아래 있기 때문에 다른 민간기업처럼 현금 흐름이 모자라더라도 바로 부도가 나지 않는다. 모자라게 되면 은행에서 돈을 꿔어주므로 사실상 예산 제약도 경직적이지 않다. [3] 여기서 바로 공공부문의 모럴 해저드가 파생된다. 공공부문이 망하지 않고 망할 수도 없다는 것을 CEO, 임직원, 노조 및 돈 꿔어준 채권자까지 다 알고 있으므로 여기에 거대한 모럴 해저드의 담합구조가 형성될 수밖에 없다.

---

3) 이와 같은 공공부문 예산 제약의 특성에 따른 문제를 '연성 예산 제약 문제'(*Soft Budget Problem*) 라고 부른다.

2. 관치는 시장의 선별기능을 마비시킨다

금융과 교육은 경쟁력 있는 자원을 찾아내는 '히딩크' 같은 존재

금융과 교육부문의 가장 큰 특징은 선별기제(*Screening Mechanism*)이다. 금융산업의 경쟁력은 우수한 기업을 그렇지 못한 기업과 구분해 내는 능력이다. 즉, 우수한 기업에는 자금을 대출해 주고 그렇지 못한 기업은 도태시키는 것이 금융의 경쟁력이다. 이와 같은 금융의 선별기제로 인하여 우수한 기업이 자본 없어도 성장할 수 있는 것이다. 교육부문도 마찬가지다. 교육의 기능 중 하나는 우수한 인재를 선별해서 사회에 배출하는 일이다. 금융과 교육의 이와 같은 선별기제는 한 사회의 경쟁력과 창의력을 크게 높이는 역할을 담당한다. 경쟁과정에서 우수한 자원을 선별하는 것은 쉽지 않은 능력이다. 이를 위해서는 현장을 다니면서 확인해야 하며 지속적인 경쟁과정을 통해 우수한 기업과 인적자원을 판별해 내는 것이 중요하다. 또한 경쟁력과 창의력을 제대로 발휘하고 배양할 수 있도록 적절한 자문 기회를 주고 지도하는 것이 중요하다.

그런데 관치 경제의 가장 큰 폐해 중 하나는 이해당사자의 다양한 로비로 인하여 선별기제를 발휘해야 할 금융과 교육부문이 가장 평등화된 규제 압력의 대상이라는 점이다. 금융부문의 경우 한 금융기관에서 창의력 있는 금융상품이나 업무모듈 등을 개발하면 이를 장려하고 다른 경쟁자로부터 지켜 주기보다는 평등화 규제 압력에 따라 모든 금융기관이 유사한 금융상품과 업무모듈을 흉내 내고 따라할 수 있도록 허용한다. 그 결과 한국의 금융기관들은 제 나름대로 경쟁력과 창의력을 발휘할 수 있는 기회를 빼앗기고 있다. 한 은행에서 개발한 금융상품이 몇 달 안 되어 모든 금융기관으로 확산되는 경우가 흔하다. 조금이라도 다르고 창의력 있는 모습은 금융 규제기관들에게는 익숙하지 않은 것으로 비치는 것 같다.

특히 관치가 심한 금융분야에서는 각종 규제와 개입을 통한 정부와 규제기관의 통제 때문에 금융기관이 선별기제를 자율적으로 발휘할 수 없다. 조금이라도 개별 금융기관이 나름대로 자율적인 경영을 펼치려고 할 경우 정부부처와 금융감독기관이 해당 금융기관의 장을 결국 교체하도록 압력을 가하는 것은 잘 알려져 있다.

과거 제일은행의 호리에 행장, 국민은행의 김정태 행장, 우리은행의 황영기 행장 등은 정부와 금융감독기관의 개입을 반대하려다가 결국 물러난 경험이 있다. 호리에 행장은 국내 최초의 외국인 행장답게 회사채 신속인수제를 거부하는 등 관치금융에 맞섰다. 또한 소액예금 통장에 수수료를 부과해 서민들을 무시한다는 비판을 듣기도 했다. 게다가 412만 주나 되는 주식을 저가에 매입할 수 있는 스톡옵션을 독차지해 시비의 대상이 되기도 했다. 그에 대한 평가는 크게 엇갈리고 있으나 그가 관치금융 청산과 책임경영체제 확립을 위해 은행에 확실한 주인이 있어야 한다고 주장한 점은 매우 공감되는 내용이다.

김정태 행장은 철저하게 수익성 중심으로 은행을 경영하려고 하였으며 그 일환으로 정부에서 LG카드 지원을 요청하자 이를 거부한 바 있다. 그 결과 정부는 산업은행을 통한 인수를 수행할 수밖에 없게 되었고 결국 김 행장을 물러나게 하였다.

황영기 우리은행 행장은 국내 은행 최초로 3년 연속 당기순이익 1조 원을 돌파하는 기록을 남겼다. 그는 "비서실 폐지, 직원과의 월례조회 생방송 실시, 인트라넷의 은행장 코너 신설, 경영진 영업점 심방 등 은행 내 열린 문화를 구현하는 데도 앞장섰으나"[4] KB금융지주회사 회장으로 영입된 후 우리은행 행장 시절의 파생상품 투자 손실을 이유로 금융당국으로부터 징계를 받고 물러났다.

관치금융에 따른 정부의 금융부문 개입은 금융부문의 자율적인 선별기제를 자연스럽게 약화시킨다. 정부의 명령과 개입이 관행이 된 금융산업에서 결국 금융기관들의 신용평가 및 위험 관리 능력은 매우 제한적일 수밖에 없다. 이처럼 금융산업에서 금융기관의 선별기제가 약화된 상태에서는 우리 기업의 경쟁력도 크게 위축될 수밖에 없다. 경쟁력 있는 기업을 알아보는 은행을 칭찬하지 못하고 오히려 불이익을 주는 현재의 관치금융 체제에서는 당연한 결과이다. 은행은 결국 담보대출을 통한 안정적인 예대차 마진을 얻는 것에 만족하고 경쟁력 있는 기업을 발굴하는 일은 잊고 있다.

교육부문도 이러한 선별기제를 상실하고 있다. 교육은 우수한 인재를 지속적으로 구분해 내는 과정이다. 그런데 교육부문에서 우수

---

4) 〈한국경제〉, 2006. 06. 19

한 인재라는 개념을 지나치게 확대하고 다른 여러 가지 요소를 평가하여 반영하고 있다. 대학 입시 전형은 이처럼 복잡한 인재 선정 기준으로 인해 객관성을 상실하고 실력보다는 다양한 스펙, 수상 경력, 봉사활동 등으로 점점 더 그 본질이 퇴색되어 간다. 우리 학교에서는 체육활동, 수업 등이 제대로 이뤄지지 않는다. 대부분의 학생들이 사교육과 지나친 선행학습으로 고통을 받는 것을 보면 진정한 전인교육이나 인성교육은 달성하지 못한 채 여러 스펙을 쌓기 위한 학생들의 '화장술'만 늘어 간다는 느낌이다.

교육부에서 대학을 선별해 내고 그 결과 대학생 수 감소에 따라 대학별 정원 감축의 정도를 등급별로 정하겠다는 정책도 선별기제보다는 경쟁력 없는 대학들의 로비에 따른 평준화 규제라고 할 수 있다. 대학의 경쟁력은 학생들의 선택에 맡기면 되는데 이보다는 인위적인 교육부의 평가가 대학을 길들이고 교육정책을 집행하는 유력한 수단으로 활용되고 있다.

미인대회식 화장술을 중시하는 관치평가

관치 경제는 시장에서의 자연스러운 선별기제를 활용하기보다 인위적인 관치평가를 확산시키고 있다. 정부는 금융기관이 자연스러운 수익성 중심의 경영보다는 정부의 금융정책에 협조하는 것을 보다 중요한 덕목으로 여기도록 다양한 규제와 압력을 가하고 있다. 교육 부문에서도 학교가 나름대로 경쟁하고 성장하게 만들기보다는 등록

금과 정원을 규제하며 교육부가 대학을 평가하고 그 결과에 따라 대학을 길들이고 있다.

이와 같은 정부의 관치평가가 가장 전형적으로 나타나는 부분이 공공기관 경영평가이다. 공공기관에 대해 정부는 매년 지난해의 경영성과를 토대로 평가하고 그 결과에 따라 임직원의 성과급을 결정한다. 이를 위해 대학교수와 전문가들로 이뤄진 경영평가단은 공공기관을 방문하여 실사하고 인터뷰를 하며 공공기관이 제출한 각종 자료와 연차보고서를 토대로 S, A, B, C, D, E 등급을 매기지만, 사실상 서열을 제시하고 그 서열을 토대로 평가가 이뤄진다. 경영평가에는 계량평가와 비계량평가가 있는데 계량평가에서 중요한 경영평가 점수가 결정된다. 계량평가는 사전에 정해진 계량점수 방식이 제시되어 있다. 문제는 이와 같은 계량평가 기준이 그렇게 객관적이거나 과학적이라고 볼 수 없다는 데에 있다. 많은 경우 해당 공공기관이 어떻게 해볼 수 없는 외부적인 상황이나 정책적 판단에 따라 계량점수가 결정된다. 또한 비계량평가도 객관적이지 못한 외적판단에 의해 점수가 크게 좌우된다. 국민과 언론에 심어진 이미지에 의하여 좌우되는 경우도 많다.

일례로 과거 어느 공기업은 좋은 계량점수를 기록했으나 그해 기록적인 폭설에 제대로 대처하지 못하는 바람에 언론에서 뭇매를 맞자 결국 경영평가에서 최하위를 기록하기도 했다. 대부분의 공공기관은 경영평가에 대비하여 주어진 평가 기준을 파악하여 미리부터 준비하고 그 점수를 잘 받고자 노력한다. 결국 공공기관 경영평가는 진정으로 공공기관의 경쟁력을 향상시키기보다는 평가 점수를 올리기 위한 화장술을 발전시킨다. 대부분의 공기업들은 고객만족도 평가를 잘 받기 위해 고객서비스를 개선하기보다는 설문조사 대상을 미리 파악하고, 이들에게 좋은 인상을 주기 위하여 사전에 노력하는 등의 모습을 보인다. 경영평가가 평가를 위한 평가라는 비판을 받는 이유다.

관치 경제에서는 이와 같은 관치평가가 시장에서의 평가를 대체한다. 시장 경제에서는 시장에서 평가를 받아야 하는데 관치 경제에서는 정부가 심사위원이 된 미인대회(beauty contest) 격의 관치평가가 이를 대체하는 것이다. 시장 테스트는 실제 상황이고 소비자들의 평가가 반영되기 마련이다. 그러나 관치평가에서는 소비자들의 선택에 따른 평가보다는 인위적으로 설계된 평가 기준으로 점수를 매긴다. 대부분의 정부부처는 사업자를 선정할 때 이런 식의 관치평가를 내세운다. 심지어는 면세사업자를 선정할 때에도 그렇다. 선정위원들을 뽑고 기준을 제시하지만, 막상 선정위원으로서 특별히 할 일은 없다. 대부분 미리 결정된 선정 기준에 따라 점수를 계산하는 데에 지나지 않기 때문이다. 결국 어떤 철학으로 선정 기준을 설계하였고 어떤 점수와 가중치를 특정 선정 기준에 배정하였는지에 따라 관치평가의 결과는 다르게 나올 수도 있다. 이러한 문제점으로 관치평가는 피평가 대상자들에게 평가 기준에 맞는 화장술을 유도한다. 그뿐 아니라 경쟁력 향상 이외의 로비, 인맥 형성 등의 지대 추구 행위를 추진하도록 하여 혼탁하고 건강하지 않은 경쟁을 유도한다.

결과보다는 투입을 감시하는 행정편의주의

관치 경제의 가장 큰 특징 중 하나는 투입 중심의 공적 규율제도이다. 즉, 결과와 산출을 평가하고 감시하기보다는 투입물을 감시하고 이를 중심으로 관련 조직에 대한 규율을 세우려 한다는 점이다. 그 대표적인 것이 공적 감사제도이다. 각 공공기관의 자체 감사부터 시작해 주무부서에서 시행하는 감사, 감사원 감사 그리고 국회 국정감사 등 다양한 유형의 감사가 진행된다.

감사의 특성상 창의력과 자율성을 진작하고 고무하기보다는 주어진 규칙을 준수하고 따르는 것을 더 강조하게 마련이다. 일례로 해외 자원개발에 대한 감사원 감사결과는 해외 자원개발 공기업들이 해외에서 개발한 자원을 국내로 반입하지 않았다는 이유로 우리나라의 자주개발률을 제고하지 못하고 있다고 제시됐다. 더욱이 이와 같은 감사원의 감사결과는 정권에 따라 바뀌어 객관적이고 신뢰성 있는 감사라기보다 표적 감사라는 인상을 주기 십상이다.

감사는 주로 투입에 대해 이뤄지는 것이 대부분인데 그 이유는 산출이나 결과에 대해서는 평가하기가 어렵지만 투입은 비교적 평가하기가 쉽기 때문이다. 예를 들어 어떤 직원이 해외출장을 가서 세일즈를 했을 때 이에 대한 평가는 간단하지 않다. 당장의 실적을 제시할 수도 있고 향후 이뤄지는 실적에 대한 기여도를 제시할 수도 있는데, 이를 구분하고 적절하게 평가하는 것은 거의 불가능하다. 반면 투입을 평가하는 것은 쉽다. 출장비로 얼마를 썼는지, 비행기는 이코노미 석을 타고 갔는지 등을 따지면 되기 때문이다. 이런 이유로 관치 경제에서는 투입 중심으로 감사하는 것이 일반적이다. 평가의 공정성이란 측면에서도 실적 평가는 어렵기 때문에 편리하게 투입을 평가하는 것이다.

그러나 투입 중심의 평가는 시장에서 이뤄지는 산출 중심의 평가와는 크게 다르다. 투입 중심의 평가에선 피평가자가 투입 절감에 집중하여 성과는 뒷전으로 밀리게 된다. 더욱이 대부분의 공공기관은 독점사업자이므로 소비자 선택에 의한 규율로부터 자유로워 산출 중심의 규율을 받지 않으므로 공공기관은 투입에만 관심을 기울일 가능성이 높다.

3. 공공부문장의 짧은 임기로 인한 단기실적주의

우리 경제가 시장 테스트를 받지 못하고 관치 경제로 자율성과 창의력이 손상되고 있을 때 이를 더욱 악화시키는 또 다른 문제점은 바로 단기실적주의이다. 특히 1987년 헌법 이래로 29년째 지속된 5년제 대통령 단임제는 단기실적주의를 양산해 냈다. 또한 1997년 IMF 위기 이후 대기업을 둘러싼 경영환경이 변하자 장기적 수익률보다 단기적 수익률을 중시하는 투자가 주를 이루게 됐다. 그 결과 마땅한 투자처를 찾지 못한 대기업들의 사내유보와 현금 보유 비중은 커지는 추세다.

공공기관장은 잠시 거쳐 가는 자리

공공기관장의 임기는 3년이며 1년 단위로 연임하여 최대 5년까지 재임할 수 있다. 이 같은 공공기관장의 임기는 지나치게 짧다. 민간 CEO는 별다른 문제점이 없는 경우 10년 가까이 그 직을 유지하기도 하고, 오너 경영의 경우 사실상 임기가 무의미하므로 경영의 연속성과 일관성이 지속될 수 있다. 'Fortune 500'에 속하는 GE, 엑손모빌(ExxonMobil) 등 유수 기업의 최고경영자 임기는 10년 가까이 지속된다. 경영환경의 불확실성이 커지고 정책 변수가 자주 바뀐다 하더라도 오히려 이를 파악하고 제대로 된 기업 경영의 틀을 유지하기 위해서는 CEO의 임기를 안정적으로 보장하는 것이 더 효율적이기 때문이다.

한국의 공공기관도 복잡한 경영환경과 이를 둘러싼 정책, 규제, 이해당사자 등 고려할 사항이 매우 많다. 또한 주무부처 및 업무와 관련된 여러 관계부처, 사업장이 위치한 지자체 등 사업을 위해 협조하고 소통해야 할 많은 정부조직이 있다. 공공기관의 기관장 역할을 제대로 이해하는 데에도 3년은 결코 길지 않다. 많은 공공기관 기관장들이 업무를 파악할 즈음 되니 물러난다는 이야기를 하는 것이 이러한 이유에서다. 게다가 대부분의 공공기관 기관장들이 내부 승진자가 아니고 외부에서 임명된 이른바 '낙하산'인 경우가 대부분이어서 업무를 파악하는 것이 쉽지 않다. 공공기관장이 연임하는 경우는 매우 드물고 연임한 경우에도 1년만 임기가 연장되므로 공공기관장의 실제 임기는 업무의 효율성과 연속성 관점에서 길지 않다. 특히 정권 교체기에는 임기가 남은 공공기관장들도 새로이 취임한 대통령의 입지를 위해 물러나는 것이 관례가 됐고, 또 총선을 앞두고 미리 사직하는 경우도 있어서 공공기관장들의 임기는 평균 3년이 채 되지 않는다.

5년 단임제 대통령의 낙하산이 단기실적주의를 양산

그러나 이처럼 공공기관장의 임기가 짧아진 이유는 무엇보다도 대통령의 임기와 관련이 있다. 현재 한국은 1987년 개헌 이래 대통령의 임기가 5년 단임제이다. 모든 장관과 공공기관장의 임기 또한 이에 맞춰야 하므로 5년보다는 짧을 수밖에 없다. 또한 대통령이 중간에 인사를 할 수 있도록 공공기관장의 임기를 3년으로 제한한 것으로 볼 수 있다. 특히 한국에서 주요기관 공공기관장은 대통령이 임명하고 내려보내는 낙하산으로 인식된다. 따라서 공공기관 내부에서의 승진이 제한되어 관련 사업이나 조직을 잘 아는 전문가보다는 외부에서 조직을 지켜 주고 정부 및 국회와의 관계를 원만하게 조정할 수 있는 인물이 기관장을 맡는 경우가 많다. 그 결과 기관장은 공공기관의 업무와 사업을 구체적으로 파악하는 것이 쉽지 않으며 그나마 외부에서 온 기관장에게 기대할 수 있는 감시 역할도 제대로 수행할 수 없는 경우가 나타난다. 더욱이 공공기관은 소비자나 국민들에 대한 책임보다 내부 구성원들의 이해를 충족하는 방식으로 운영되어 공공기관의 효율성은 저하될 수밖에 없다.

CEO 임기가 짧아진 것은 비단 공공기관만이 아니다. 민영화 이후 사실상 정부가 경영에 개입하게 된 POSCO, KT, KT&G 등과 관치금융으로 정부가 장악한 금융기관의 CEO들도 그 임기가 제한된다. 일례로 대통령이 바뀔 때마다 POSCO 회장은 교체된다. 박태준 회장이 오늘날 POSCO의 초석을 닦아 놓은 이후 김영삼 정부 때 단명한 2대, 3대 회장 이후 4대 회장을 지낸 김만제 회장은 김대중 정부 출범 후 유상부 회장으로 바뀌었다. 노무현 정부 출범 후에는 이구택 회장으로, 이명박 정부에서는 정준양 회장으로 교체되었으며, 박근혜 정부가 들어서자 정 회장이 물러나고 권오준 회장이 취임하였다. KT의 경우도 박근혜 정부가 들어서면서 검찰수사가 시작되자 이석채 회장이 물러나고 황창규 회장이 취임하였다. 이처럼 주인 없는 민영화로 사실상 정부가 쉽게 개입할 수 있게 된 과거의 대형 공기업은 정권이 바뀔 때마다 정권의 전리품이 된다. 새로운 대통령이 CEO를 임명하고 그 결과 경영의 연속성과 일관성이 손상되는 것이다.

박태준 회장은 박정희 대통령의 전적인 신뢰 덕에 관료와 정치권으로부터 독립된 경영을 펼 수 있었다. 그는 20년 이상 CEO로서의 역할을 안정적으로 수행해 놀라운 성과를 이뤘고, POSCO는 한국의 가장 대표적인 공기업으로 성장했다. 그러나 그 이후 POSCO는 정권이 바뀔 때마다 회장이 교체되고 경영노선과 방침이 바뀌어 일관된 경영전략을 유지하지 못했다. 중국의 영향도 없진 않으나 최근

POSCO의 경영성과가 떨어진 것은 이와 무관치 않다.

이처럼 공공기관장과 정부가 개입하는 기업들의 CEO 임기가 짧아진 이후로 많은 문제점이 노정되고 있다. 물론 사업 환경의 변화에 따라 기업들도 기민하고 유연하게 적응하여 최적의 대응전략을 펼침으로서 기업의 성과를 제고해야 할 것이다. 그러나 이러한 대응전략도 기업이 가진 철학과 자원에 맞게 자연스럽게 변화해야 한다. 또한 과거에 이뤄진 투자와 경영상의 결정도 합리적인 판단에 근거하여 자연스럽게 그 후임 CEO에게 인수되어야 한다. 하지만 공공기관장의 짧은 임기와 급작스러운 경영진 물갈이는 경영의 연속성과 일관성을 훼손하고 있다.

이러한 짧은 임기로 인해 대통령과 공무원은 5년 안에 성과를 올리기 위해 급속하게 정책을 서두르고, 눈에 보이는 실적을 거두기 위해 무리하게 사업을 추진하기 일쑤다. 이명박 정부 때의 해외 자원개발 사업에서 일부 잘못된 투자가 나타난 것도 이처럼 서두르면서 실적 쌓기에 급급했기 때문이다. 당시 해외 자원개발의 중요성이 강조되어 석유공사, 가스공사, 광물공사 등이 이를 강력하게 추진했으나, 박근혜 정부 들어 해외 자원개발의 부실과 문제점이 지적되는 바람에 공기업들도 방향을 찾지 못하고 갈팡질팡하는 모습이다. 특히 예기치 못한 저유가로 해외 자원개발사업의 수익성이 떨어진 측면도 있는데, 이러한 상황을 감안하지 않는 일방적인 비난이 공기업의 투자와 경영의 일관성을 크게 흔들고 있다.

박근혜 정부가 창조경제의 일환으로 에너지부문에서 추진하는 에너지신산업 정책도 정책의 기반이나 저변이 확보되기 전에 실적과 효과를 내기 위해 서두르는 모습이다. 이는 바로 대통령의 임기 내에 눈에 보이는 성과를 거두려는 조급증과 단기실적주의의 전형적인 모습이며 이는 관련된 공공부문과 민간부문의 피해를 초래할 것이 뻔하다. 또한 공무원들은 정권 말기에 접어들면 이러한 문제점을 인식하여 다음 정권에서 문제가 될 소지가 없도록 무사안일주의와 복지부동의 행태를 보이게 마련이다. 문제는 정부의 말만 믿고 사업을 추진한 공공기관들과 민간기업들이 투자성과를 거두기가 쉽지 않다는 점이다. 특히 정부정책을 믿고 투자한 공공기관들은 이에 따른 책임을 그다음 정부에서 떠안게5) 되는 셈이다. 이러한 문제점 때문에 공공부문에서는 사실상 장기적인 정책을 추진하는 것이 어렵게 된다.

대기업의 사분기 자본주의식 실적주의

기업의 수익가치가 주식시장에서 평가받게 됨에 따라 상장기업의 분기별 실적이 발표되는 시점에서는 주가가 그 결과에 큰 영향을 받

---

5) 이명박 정부에서 추진한 해외 자원개발과 4대강 사업에 참여한 공공기관들은 박근혜 정부에서 많은 어려움을 겪었다. 예를 들어 석유공사와 광물자원공사 등은 이명박 정부가 강력하게 추진한 해외 자원개발 사업에 참여하여 훗날 과거의 CEO들이 배임소송을 당하고 공기업평가에서는 최하위등급을 받았다. 또 4대강 사업에 참여한 수자원공사는 부채비율이 급증하였다.

는다. 분기별로 각 기업의 매출과 영업이익 그리고 신제품에 대한 정보가 쏟아지면 주식시장은 이에 민감하게 반응한다.

수익가치 하락을 예상한 투자자들이 주식을 팔아서 해당 기업의 주가가 하락하는 경우를 대비해 상장기업들이 실물 투자보다는 주가 관리를 위해 배당금을 올리고 자사주를 매입하는 등의 방식으로 현금을 쓰는 추세에 대한 비판이 제기되고 있다. 일례로 미국의 민주당 대통령 후보 힐러리 클린턴은 이와 같은 경향을 사분기 자본주의(Quarterly Capitalism)라고 부르면서 단기간 보유한 주식의 매각차익에 대한 세율을 대폭 올리겠다는 공약을 발표한 바 있다. 주식시장에서 투자자가 단기적인 주식 매각차익을 추구하기보다는 장기적인 관점에서 투자하도록 유도하겠다는 것이다.

한국에서도 사분기 실적에 따라 주식시장에서 주가가 오르내리는 모습을 보이면서 이와 같은 단기적 실적에 대해 상장 대기업들이 지나칠 정도로 민감하게 반응한다는 우려가 커지고 있다. 기업이 장기적인 투자와 경영상의 결정보다 단기적인 성과에만 집중하면 창의력과 자율성은 크게 왜곡되며 경영전략의 일관성과 연속성도 훼손될 수 있다.

특히 우리 경제는 수출의존도가 높고 원자재의 수입의존도가 높아서 해외 경제지표에 크게 좌우되고 흔들리는 모습을 자주 보인다. 국제유가, 원자재 가격, 환율뿐만 아니라 미국과 일본 등 주요국의 경제정책과 금융정책 등도 우리 경제에 큰 영향을 끼친다. 최근에는 영국의 EU 탈퇴 결정과 미국 연방준비위원회의 금리 인상가능성에 따라 국내의 경제상황이 좌우되고 이에 따라 기업들의 실적도 영향을 받는다. 이처럼 경제의 대외의존도가 높은 한국에서는 미국 등 다른 선진국보다 사분기 자본주의적 면모가 더욱 두드러지게 나타나기도 한다.

더구나 관치 경제와 5년 단임 대통령제가 갖는 제약이 한국 특유의 단기실적주의 성향을 증폭시키고 있다. 한국은 대통령이 바뀔 때마다 국가적 어젠다가 급변한다. 일례로 노무현 정부 이후 이명박 정부가 들어서면서 '동북아'란 단어가 사라졌고, 이명박 정부 이후 박근혜 정부가 들어서면서 '녹색'이란 단어가 사라졌으므로, 박근혜 정부 이후에는 '창조'라는 단어가 사라질 것이라는 말이 있다. 5년마다 대통령이 바뀌니 국정의 연속성이 사라진다는 것이다. 또한 앞의 정권의 내용을 모두 부정하고 새로운 어젠다를 제시하는 것이 관례가 되었다. 문제는 이와 같은 관행에 따라 기업들이 정부를 믿고 투자했다가 5년 이후에는 그 사업의 연속성이 사라져 낭패를 보는 경우가 많다는 것이다.

4. 정부 주도에서 민간 주도 경제체제로

정부 주도의 관치 경제와 단기실적주의를 극복하기 위해서는 무엇보다도 우리 경제가 정부 주도 시스템에서 벗어나는 것이 중요하다. 정부 주도의 관치 경제를 벗어나기 위해 정부의 일하는 방식을 바꾸는 개혁이 필요하다. 이를 위해서는 정부가 경제를 선도하고 앞에서 이끈다는 개발시대 식의 시대착오적 사고방식에서 벗어나야 한다. 정부는 이제 더 이상 민간보다 많은 정보나 자원을 가지고 있지 않다. 정부의 경쟁력도 이제는 민간부문보다 우월하지 않다. 정부가 전능한 지도자나 코치 역할을 해야 한다는 환상에서 벗어나야 한다. 정부는 공정하게 룰을 입안하고 이를 집행하는 심판 역할에 머무르는 것이 바람직하다. 과거처럼 정부가 선수, 코치, 심판의 역할을 한꺼번에 담당하려고 해서는 안 된다.

공무원의 DNA를 바꿔야

정부 주도 시스템에서 벗어나는 정부 개혁의 핵심은 공무원의 DNA를 바꾸는 공무원 개혁과 작은 정부 구현이다. 공무원 개혁은 정부 개혁의 질적인 측면이다. 정부를 구성하는 인력인 공무원들이 국민에게 봉사하고 국민을 섬기기보다는 국민 위에 군림하며 규제하고 통치하려는 태도를 고쳐야 한다. 공무원들은 여전히 스스로를 국민을 위해 봉사하는 직업인이라기보다 국가를 운영하는 지배자의 신분으로 생각한다. 그들은 산하기관이나 민간기업의 임직원을 마치 자신들의 통솔과 지휘를 받는 피지배 신분으로 간주한다. 이와 같은 공무원의 사고방식은 바뀌어야 한다. 산하기관의 해당분야 전문가는 관련 부서의 주요 보직에 임명될 수 있어야 하지만 한국에서는 산하기관 전문가가 공무원 핵심조직으로 영입되는 일은 거의 발생하지 않는다.

공무원 조직이 폐쇄적인 이유는 공무원들이 스스로를 행정고시를 통과한 소수 엘리트라고 생각하기 때문이다. 이런 엘리트주의가 부처의 차이는 있을지언정 한국의 공무원들을 스스로 통치그룹으로 생각하게 만든다. 공무원들은 스스로를 특별한 신분으로 생각하기 때문에 자신과 같은 엘리트가 이해당사자들을 규제해야 한다고 생각한다. 또한 완벽한 규제를 위해서는 일단 피규제자들을 불신하고 물샐틈없는 규제를 펼쳐야 한다고 생각할 수 있다.

공무원 순혈주의와 엘리트주의를 뿌리 뽑기 위해서는 일정한 전문성과 도덕성을 갖추면 특별한 제약 없이 공무원이 될 수 있도록 공무원 제도를 개방형으로 바꾸어야 한다. 이에 따라 민간기업, 학계, 연구원의 우수인력이 공무원으로 스카우트될 수 있어야 한다. 공무원 순혈주의의 시작인 행정고시와 같은 시험제도는 폐지하는 것이 바람직하다. 공무원 조직 내에서도 상급자가 하급자에게 불필요한 명령이나 지휘 또는 간섭을 하기보다는 주어진 역할과 전문성 하에서 일할 수 있는 환경을 구축하여야 한다. 이를 위해서는 공무원 조직 내에서 업무에 대한 위임과 함께 소신 있게 일할 수 있는 풍토와 환경을 조성해야 한다.

한편 공무원의 불필요한 간섭과 규제를 근절하기 위해서는 모든 공무원의 규제행위는 규정과 문서에 의하도록 하고, 가급적 공기업 등 산하기관에 대하여 자율을 허락해야 한다. 많은 경우 공무원은 공문이나 문서 없이 산하기관에 전화와 구두로 명령하고 규제와 명령에 따른 책임은 감당하려고 하지 않는다. 공무원들이 소신 있게 일할 수 있는 환경을 조성하되 권한을 넘어 다른 조직의 업무에 개입하고 관여하는 일은 할 수 없도록 하여야 한다.

규제 개혁과 공공부문 개혁으로 작은 정부 완성해야

정부 개혁의 또 다른 방향은 작은 정부이다. 현재 한국 정부는 부처 확장주의에 빠져 있다. 부처가 하는 일을 늘리고, 산하기관을 확충하며, 여러 방면에 영향력을 발휘하고, 퇴직공무원들을 관련 산하기관과 협회에 낙하산으로 내려보내는 등 부처의 힘을 최대한 발휘하는 것을 목표로 한다. 이런 점에서 공공부문은 개별 정부부처의 각축장이 되고 있다. 기획재정부는 공공기관 전체를 총괄 관리하고 산업통상자원부는 에너지 관련 공기업과 POSCO 등 민영화된 기업의 경영에 개입한다. 국토교통부는 LH공사, 수자원공사, 철도공사, 도로공사 등 SOC 공기업 사업에 관여하고 건설업계와 토목업계를 진두지휘한다. 교육부는 대학교와 여러 교육기관에 공무원을 파견하고 여러 교육 관련 협회와 단체에 퇴직공무원을 낙하산으로 내려보낸다. 이런 점에서 우리 정부는 '주식회사 기획재정부', '주식회사 산업통상자원부', '주식회사 국토교통부', '주식회사 교육부'로 불릴 만하다. 이와 같은 부작용을 줄이기 위해서는 정부 개혁을 통하여 각 정부부처의 업무와 권한을 대폭 줄이는 방향으로 작은 정부를 이룩해야 한다.

우선 가장 먼저 해야 할 일은 정부의 규제를 대폭 줄이는 것이다. 그러나 규제의 수효를 줄이는 것은 근본적인 처방이 못 된다. 김대중 정부에서 규제를 반으로 줄였지만 몇 년이 안 되어서 곧 예전의 수치로 되돌아간 적이 있다. 규제는 히드라의 머리처럼 잘라도 다시 생겨나곤 한다. 새로운 규제가 자꾸 생겨나게끔 만드는 원인이 무엇인지를 알아야 한다. 규제는 이해당사자들의 로비, 공무원 그리고 정치세력의 합작품이다. 규제개혁위원회에서 정부가 발의한 입법안에 대해서 규제심사를 하여 신생 규제를 엄격하게 심사하자 정부부처가 국회의원에게 입법안 내용을 주어서 의원입법으로 포장하여 규제개혁위원회를 우회하는 행태까지 나타나곤 한다. 이런 문제점을 해결하기 위해서 국회 자체적으로 의원입법에 대해서도 규제심사를 하자는 제도적 논의가 진행 중이다.

정부부처는 규제 외에도 사실상 규제에 준하는 다양한 제도적 장치를 갖고 있다. 일례로 법에 규정된 계획이 그것이다. 정부부처는 법에 규정된 계획을 입안하고 심사하기 위해 각종 위원회를 만들고 또한 이 업무를 위해 공무원 수를 늘리고 예산을 증액하며 업무 수를 늘리곤 한다.

작은 정부를 이룩하기 위해서는 정부가 하는 일을 줄여야 한다. 우리 정부는 불필요한 일을 너무도 많이 한다. 아니 멀쩡하던 것도 정부가 하면 잘못되고 엉망이 되기 십상이다. 우스갯소리로 한국의 바둑, 여자골프, K-Pop이 전 세계를 휩쓰는 이유는 바로 이를 담당하는 정부의 담당 과가 없기 때문이라는 말이 있다. 정부가 하는 일을 대폭 줄이기 위해서는 도대체 정부가 하는 일이 얼마나 생산적인 일인지, 얼마나 국민을 위해서 도움이 되는 일인지를 분석해 보아야 한다. 한국 사람들은 OECD에서 노동시간이 가장 길 정도로 열심히 일한다. 그러나 열심히 일하는 것과 생산적인 일을 하느냐는 전혀 별개의 문제이다. 한국 사람들은 개개인으로 본다면 선진국의 어느 국민보다 우수하고 능력이 뛰어나다. 그러나 선진국의 국민은 불필요하고 쓸데없는 일은 하지 않고 창의적인 일을 많이 한다. 반면 한국에서는 뛰어난 인적자원이 오히려 다른 사람들의 삶에 어려움을 주고, 경제생활을 규제하고, 형식적이고 비효율적인 일을 많이 한다는 느낌이다. 한국 공무원의 업무 중 많은 비중을 차지하는 일이 민원 해결, 보고, 규제, 계획 등인데, 이 업무 중 국민생활에 도움이 되는 일이 얼마나 되는지는 따져 봐야 할 일이다.

한편 정부의 일은 줄어들었는데 정작 조직은 줄어들지 않는 문제점도 시정하여야 한다. 우리 정부는 세계 최고 수준의 IT기술 덕분에 세계에서 가장 발전한 전자정부의 모습을 가졌다. 각종 민원서류나 업무 처리는 세계에서 가장 효율적이라는 말까지 있다. 그런데 정작 공무원 수는 줄어들지 않고 정부부처와 조직은 슬림화되지 않았다. 전자정부를 이룩한 근본적인 목적도 잊어버리고 정부조직은 여전히 비대한 채로 남아 있다. 공무원 수를 줄이고 정부조직을 슬림화하는 각고의 노력이 수반되어야 한다.

정부 개혁과 함께 공공기관의 개혁이 동반되어야 한다. 우리 정부는 너무도 많은 공공기관을 거느린다. 외국에서는 이미 민영화되었거나 불필요한 조직이 한국에는 공공기관으로 남아 있고, 생겨나기까지 한다. 우리 정부가 힘을 발휘하는 중요한 수단과 루트는 바로 이 공공기관이다. 따라서 공공기관 개혁은 작은 정부를 만들기 위한 중요한 전제조건이다. 특히 경제개발기의 유산을 이어받은 듯한 '~육성', '~촉진', '~진흥', '~개발', '~발전' 등의 이름을 가진 공공기관이 많으나 시장 경제에서 그 존재 이유는 불분명하다.

이와 함께 민간에 그 기능이 이관되어도 좋은 공공기관과 공기업은 과감하게 민영화를 추진해야 한다. 정부의 간접적 보호 아래 공공부문은 비효율성의 상징으로 자리매김해 왔다. 예산 제약을 받지 않는 이른바 '연성 예산 제약'의 문제를 안고 있는 공공부문은 수익성이 떨어지고 부채비율이 증가하게 되어 결국 정부가 떠안아야 할 짐이 된다. 과거에 LH공사의 부채를 정부부채로 이관하는 법률이 통과된 것에서도 알 수 있듯이 공공기관의 부채는 결국 국민이 세금으로 해결해야 할 짐이 되는 것이다.

민영화 단계에서 독점적으로 민간이 운영하는 것은 더 많은 문제점을 가져올 수 있으므로 민영화 이전에 경쟁이 가능한 부분은 경쟁을 도입하는 산업구조 개편이 이뤄져야 할 것이다. 특히 전력, 가스, 집단에너지, 상하수도, 철도 등 네트워크 산업은 전국 독점 또는 지역 독점으로 운영되기 때문에 수직적으로 사업을 분할하여 경쟁이 가능한 부분에서는 경쟁을 도입해야 한다. 그러나 산업의 특성상 자연 독점적으로 남아 있을 수밖에 없는 경우에는 독립적인 규제기관을 설립하여 적정 수준으로 가격을 규제하고 보편적 서비스 등의 공익산업 규제기능을 불가피하게 시행한다.

이러한 개혁에도 불구하고 여전히 공공부문으로 남을 수밖에 없는 공공기관에 대해서 정부는 자율성을 최대한 보장해야 할 것이다. 현재의 〈공공기관 운영에 관한 법률〉은 공공기관을 옥죄는 법률이다. 이 법은 제1조(목적)에서 자율경영과 책임경영체제에 필요한 사항을 정한다고 하였고, 제3조(자율적 운영의 보장)에서는 공공기관의 자율적 경영을 보장해야 한다고 하였으나 그 이하에 규정된 법조항에서는 공공기관의 자율성을 무시하고 온갖 유형의 경영 개입과 규제를 규정하고 있다. 모순의 결합체이다. 우리 경제의 창의력과 자율성을 확대하려면 정부와 공공부문부터 창의와 자율성을 배양해야 하는데 정부와 공공부문의 일하는 방식이 가장 경직됐다. 먼저 정부 개혁을 통해 정부의 일하는 방식을 바꾸고 공공부문 개혁을 통해 공공부문의 창의력을 북돋워야 한다.

5. 신뢰와 위임이 필요하다

한국 관치 경제의 문제점은 크게 볼 때 우리 사회의 불신에 따른 부작용이라고도 할 수 있다. 규제와 감시 그리고 정부가 중심이 되어서 민간과 시장을 진두지휘하는 모습은 자율적인 시장 경제에 대한 불신이 그 속에 스며들어 있기 때문이다. 정부 규제의 밑바탕에는 자율에 맡길 경우 발생할 수 있는 문제들에 대해 나중에 책임을 지거나 질책 당할 것을 두려워하는 마음이 깔려 있다.

또한 너무 과도한 것을 정부에 기대하는 것도 문제이다. 언론에서는 무슨 사고나 큰일이 터지면 정부의 대책과 규제가 필요하다고 목소리를 높인다. 사실 정부가 나서도 별 뾰족한 수가 없는 경우에도 사고가 나면 정부부처는 억지로 대책을 세우고 규제사항을 열거하고 관련법을 입법화하는 경우가 많다. 아직까지 정부만능주의가 너무 깊이 퍼져 있다.

우리 사회는 근대화로 발을 들여놓은 역사가 오래되지 않았다. 급속한 경제 성장으로 세계 10위권의 경제대국으로 접어들었지만 아직 그에 상응하는 제도적 발전이나 의식의 선진화가 이뤄지지 않았다. 이와 같은 제도 발전을 위해서는 어느 정도의 시행착오와 실패가 발전을 위한 건강한 밑거름이 될 수도 있다. 보다 큰 시각을 갖고 사회의 각 주체가 과거의 경험으로부터 배우고 점차 경쟁력을 갖춰 갈 수 있도록 기다려 주는 것이 필요하다. 이를 위해서는 다소의 실수와 잘못도 참아 주고 믿고 맡기는 위임의 자세가 필요하다.

위임은 사회 전체의 자율성을 높이는 역할을 한다. 조직에서 리더가 모든 일을 다 하려고 하면 구성원은 리더의 지시만 기다리고 아무 일도 하지 않으려 한다. 결국 책임은 리더가 지게 되며 조직은 아무런 생명력이 없이 무사안일과 복지부동이 된다. 그러나 분업과 책임의 원칙에 따라 위임하면 구성원들은 열심히 노력하게 된다. 단기적으로 경험이 많은 리더나 윗사람보다 일을 못 할 수는 있어도 이를 통해 배우고 노력하면 조직의 경쟁력은 장기적으로 훨씬 나아진다.

우리 사회의 가장 큰 문제점은 위임하지 못하는 것이다. 정부는 민간과 시장을 믿지 못하여 시장기능과 민간의 자율성에 위임하지 못한다. 그래서 규제하고 가이드라인을 제시하며 감독하고 감시하는 것이 체질이 되었다. 한국의 공기업과 공공부문에 대한 정부의 태도는 아이가 다 큰 대학생이 될 때까지 유모차에 앉히고 일일이 떠먹이고 행동에 개입하여 키우는 부모와 다를 바가 없다. 그렇게 오랜 세월을 지내 온 공공부문은 이제 정부의 감독과 감시가 타성이 되어서 스스로는 자율적이고 창의적인 일을 하지 않으려고 한다.

물론 위임을 한 결과 일을 잘 못하고 심지어 조직에 큰 손해를 끼치는 구성원이 있을 수 있다. 그러나 위임이 체계화되고 여러 차례 반복될 때 조직 내에서 경쟁력 있고 경험을 잘 활용하는 구성원이 가려지게 되므로, 장기적으로는 훌륭한 인적자원과 잠재력 있는 차세대 리더를 가려내고 키울 수 있는 장치가 될 수 있다.

그런데 위임에는 한 가지 전제가 있다. 기다려 줄 수 있는 장기적인 자세가 필요하다. 불과 6개월 정도밖에 지속되지 않는 한 시즌의 프로야구 경기에서도 좋은 성적을 내는 선수를 가려내기 위해서는 몇 개월 기다려 준다. 하물며 한 조직 또는 여러 기업과 기관으로 이뤄진 사회에서 경쟁력 있는 인적자원이나 조직이 등장하기 위해서는 장기적으로 그 성과를 지켜보고 평가하는 자세가 필요하다. 그런데 한국에서는 정부, 공공부문 그리고 기업에 이르기까지 기다리고 지켜볼 줄 아는 자세가 너무도 아쉽다. 5년 단임 대통령제로 인하여 장관과 공공기관장의 임기 그리고 이에 파생되는 여러 정책의 수명이 5년 이하인 경우가 태반이다. 정권이 바뀌고 지도자가 바뀌면 정책 기조도 바뀌게 된다. 정책을 바라보고 이에 적응하는 민간이 갖는 시계도 그 결과 짧아지고, 기업의 투자·경영전략의 일관성과 연속성이 지속되기 어려워진다.

관치 경제와 단기실적주의에 따른 부작용을 치유하기 위해서 가장 시급한 것은 우리 사회에 신뢰를 전제로 한 위임의 전통이 빨리 자리 잡는 것이다. 또한 위임이 효과적인 피드백과 선별장치로 작동될 수 있을 만큼 오래 기다리고 지켜봐 주는 장기성과주의가 경쟁력 판별의 기본적인 관행으로 자리 잡아야 할 것이다.

제 5 장

행복과 효율을 위해
사회적 거품을 걷어 내야

한 준

안민정책연구원 사회문화분과위원장
연세대 사회학과 교수

요약

한국 사회가 사회, 경제, 정치적으로 노력만큼 성과를 올리지 못하고, 객관적 성과나 수준에 비해 주관적 만족과 평가가 높지 않은 것은 사회적 거품에 기인한다. 사회적 거품이란 사회적 관계나 상호작용을 통해서 객관적으로 타당하다고 할 수 있는 것에 비해 기대나 요구가 과도하게 부풀려지거나 낙관적 전망에 대한 사람들의 동조 혹은 동의가 높아지는 것을 의미한다. 사회경제적으로 상승기 혹은 성장기에는 사회적 거품이 발전에 긍정적 역할을 할 수 있다. 예컨대 할 수 있다는 자신감이 사람들의 노력을 유발하고 또한 높은 기대를 실현하기 위해 힘을 모은다.

사회적 거품의 실태를 살펴보면 다음과 같다. 교육에서는 자녀에 대한 높은 기대로 교육열이 과도해진 결과 부모들은 경제적 비용이 과도해지고 자녀들은 행복감이 낮아진다. 직장에서는 남들의 기대, 특히 상사의 기대를 충족하기 위해 불필요한 일들을 하느라 비효율과 낭비가 발생하고 노동자들의 행복이 감소한다. 정치와 정책에서는 지나친 포퓰리즘적 기대를 염두에 두고 불필요한 규제나 실현이 어려운 정책을 주장하고 제안함으로써 비효율과 낭비가 발생한다. 일상생활에서는 남의 이목에 과도하게 신경을 써서 과소비와 외모에 지나친 투자를 함으로써 경제적 어려움을 낳고 불만족과 박탈감을 유발한다.

사회적 거품이 발생하는 배경으로는 지난 반세기 동안의 압축적 성장이 기대의 상승을 낳아서 현실과의 간격이 벌어진다는 점과 과잉경쟁 및 높은 비교성향으로 인해 사람들의 기대 수준이 과도하게 높아졌다는 점을 들 수 있다. 또한 미디어가 이를 부추겨 타인들의 좋은 모습만 보고 일종의 쇼윈도와 같은 기능을 하게 된 점, 그리고 평가와 선발 과정에서 지나친 경쟁이 필요 이상으로 높은 기준을 적용하도록 만든 점들을 들 수 있다. 따라서 사회적 거품을 줄이고 비능률이나 낭비, 불만과 불행을 줄이려면 다른 사람들과의 지나친 비교를 탈피해서 주체성을 가져야 한다. 형식주의적 평가에서 벗어나 능력과 성과 본위로 평가하는 한편, 불필요한 평가는 줄이는 것이 필요하다.

1. 사회적 거품은 무엇이며 왜 문제인가?

한국 사회는 일제로부터의 해방 이후 지난 70여 년 동안 엄청난 변화를 경험했다. 경제적으로 산업화와 정보화를 통한 압축성장의 결과 한국전쟁 이후 세계 최하위권의 경제 상태에서 출발해 최상위권으로 발돋움했다. 정치적으로도 경제 성장을 주도한 권위주의의 뒤를 이어 성공적이고 안정적인 민주화의 과정을 거쳐 민주적 공고화를 달성했다. 사회문화적으로 한국은 서구의 학문과 사상, 문화를 수입하는 나라로부터 이제는 외국 유학생들이 유입되고 한류를 통해 아시아뿐 아니라 세계적으로 인정받는 나라가 되었다.

그런데 이처럼 한국이 전체적으로 높은 성취를 거두고 국제적으로 인정받는 데 비해 한국인 개개인이 느끼는 삶의 만족과 보람은 그만큼 높지 못하다는 것이 일반적 의견이다. 한국인의 전반적 자긍심은 높아졌음에도 불구하고 행복감은 그에 걸맞게 올라가지 못한 상태이며, 정부나 기업, 정치에 대한 국민들의 신뢰 역시 그다지 높지 않다. 한국이 그동안 거둔 교육분야에서의 성취에 대해 외국에서는 칭찬하는 목소리가 높지만 정작 한국의 학생들과 학부모, 교사들은 교육에 대한 만족도가 그다지 높지 못한 것도 사실이다.

아마도 이런 객관적 성취와 주관적 만족 사이의 차이는 보이는 현실과 체감하는 현실, 기대하는 바와 식섭 겪는 실제 사이의 간극이 크기 때문이 아닐까 생각한다. 그런데 이러한 차이나 간극은 단지 개개인의 주관적 불만을 높일 뿐만 아니라 객관적 현실에도 영향을 미쳐서 사회경제적으로 많은 문제들을 일으키고 있다. 단지 높은 불만을 표출하고 질서와 통합을 해치는 일들만이 아니라 사회경제적 비효율과 낭비를 야기하는 경우도 흔하게 일어난다.

현재 한국이 처한 상황은 여러모로 엄중한 전환기적 특성을 갖는다. 경제적으로는 그동안의 성장 동력이 소진되고 저성장 국면에 돌입해서 새로운 성장 동력을 찾아야 하는 상황이며, 정치적으로는 국민들의 불만과 불신을 가져온 문제들을 해결해서 신뢰받고 사랑받는 민주주의로 거듭나야 하는 시점이다. 인구상으로는 저출산·고령화로 인한 충격을 앞두고 있으며 사회적으로는 급격한 변화 과정에서 약화된 사회적 통합의 구심을 새롭게 세워야 할 때이다. 이러한 전환을 성공적으로 이루기 위해서 반드시 필요한 일은 앞서 언급한 사회적 난제를 해결하는 것이다.

이 글에서는 한국 사회가 극복해야 할 사회문화적 난제를 사회적 덫으로서의 사회적 거품이라고 규정하고자 한다. 본격적인 논의에 앞서 사회적 덫과 사회적 거품을 정의하고 개념적으로 설명할 필요가 있을 것이다.

먼저 사회적 거품을 정의해 보자. 사회적 거품(social bubble)은 사회적 관계와 상호작용을 통해서 사회적으로 가치 있다고 여겨지는 어떤 대상이나 목표의 가치와 평가 기준이 실제보다 부풀려지거나 상향조정될 뿐 아니라 그에 대한 사람들의 열망과 욕망 그리고 낙관적 전망이 지속적으로 증가하는 것을 의미한다(Gisler & Sornette, 2010). 이러한 사회적 거품에 대한 규정은 시장에서 거래의 폭증으로 거래 대상의 가치가 급등함에도 불구하고 구매자들이 지속적으로 몰려드는 것을 의미하는 경제적 거품으로부터 착안한 개념이다.

여기에서 경제적 거품과 사회적 거품을 구분하기 위해 차이를 분명히 할 필요가 있다. 첫째, 경제적 거품이 시장을 통해서 형성된다면 사회적 거품은 사회적 교류와 상호작용을 통해 형성된다. 사회적 거품이 만들어지는 메커니즘에 대해서는 아래에서 보다 상세하게 설명하고자 한다. 둘째, 경제적 거품이 경제적 가치를 엄격히 따지는 재산으로서 부동산이나 주식 등에 집중된다면 사회적 거품은 엄밀한 경제적 가치의 계산이 쉽지 않은 것들까지 포괄해 폭넓게 적용된다.

그러면 사회적 덫(*social trap*)이란 무엇인가? 이 개념은 심리적 측면에서 개인의 행위를 바람직하지 못한 상태로부터 벗어나기 힘들게 만드는 메커니즘, 특히 단기적 혹은 개인적 차원에서 이득이 되는 것에 집착함으로써 장기적 혹은 집단적으로 손해를 보는 상황을 지칭하기 위해 도입되었다(Platt, 1973). 이후에 이 개념은 경제학적으로 딜레마 상황을 일컫는 공유지의 비극, 죄수의 딜레마 등과 연결되기 시작하면서 개인의 단기적 합리성이 집단의 장기적 합리성과 충돌하는 상황 일반에 적용되었다. 이 용어의 본래적 의미로 돌아가 보면 사회적 덫이란 개인들이 의식하지 못하거나 의식하더라도 빠져나오기 힘든 부정적 상태를 뜻한다.

그러면 사회적 거품과 사회적 덫은 어떻게 연결되는가? 사회적 거품은 사회적 상호작용의 상승효과를 통해 사람들의 기대와 열망을 부추기고 그로 인해 개인들은 구조적 힘에 의해 어쩔 수 없는 것처럼 기대와 열망에 이끌려 행동하게 된다. 사회적 거품의 영향 아래 놓인 개인들은 자신이 통제하기 힘든 타인들에 의해 상승작용이 일어난 기대와 열망을 마치 자신의 것처럼 따르게 되는 것이다. 그 결과 개인들은 사회적 거품의 영향이 아니었다면 하지 않을 행동을 함으로써 자신과 전체 집단에 해를 끼칠 수도 있다. 사회적 덫이 단순히 전체의 장기적 이해와 충돌하는 개인의 단기적 이해의 문제라면, 사회적 거품은 상호작용과 관계로부터 부풀려진 기대와 열망의 자기파괴적(self-defeating) 결과라 할 수 있겠다. 하지만 사회적 거품 역시 개인이 벗어나기 어렵다는 면에서 사회적 덫과 일맥상통한다.

로스테인(Rothstein, 2005)은 사회적 신뢰의 문제를 사회적 덫의 대표적 예로 든다. 그에 따르면 서로 신뢰하지 않는 사람들은 협력하기 어려우며, 그로 인해 협력의 다양한 혜택을 놓친다. 이 글에서는 이와 마찬가지로 사회적 거품의 문제, 즉 각자 기대 수준과 열망을 낮춘다면 전체적으로 낭비도 줄이고 모두가 행복해질 수 있지만 사람들 간의 상호작용과 시선 때문에 그러지 못하는 딜레마를 사회적 덫의 사례로서 다루고자 한다.

2. 사회적 거품의 배경

한국 사회에 사회적 거품이 존재한다면 그것은 무엇일까? 그것은 자신이 스스로 만든, 혹은 타인의 시선이나 상호작용을 통해 만들어진 과도한 기대와 열망이라고 해야 할 것이다. 이러한 기대와 열망은 자신을 평가할 때나 아니면 주변 사람들을 평가할 때에 작용하기도 하고, 자신의 미래를 위한 준비나 자녀 교육 같은 미래를 위한 투자에서도 작용한다. 그리고 그 결과는 긍정적일 경우도 있지만 많은 경우 부정적이고, 특히 현재 한국의 상황에서는 부정적 측면이 압도적으로 많다.

그렇다면 한국에서는 왜 사회적 거품이 많아지게 되었는가? 다른 나라들과 비교하여 한국이 다른 점은 무엇인가? 과거와 현재의 어떤 측면들이 사회적 거품을 양산하고 더 나아가 이를 지속하고 확대하도록 만드는가? 이러한 질문에 답하는 것은 한국 사회에서 사회적 거품의 본질적 특성과 그 영향을 이해하는 데 도움이 될 것이다.

압축 성장과 기대 상승

사회적 거품의 주요한 배경 가운데 하나는 한국 사회의 발전 경험이다. 앞서 언급한 바와 같이 한국 사회는 짧은 시간 동안 엄청난 속도로 발전을 경험했다. 〈그림 5-1〉에서 보듯 한국의 경제 성장은 전체 GDP 면에서나 개인소득 면에서나 20세기 후반에 걸쳐 빠르게 이뤄

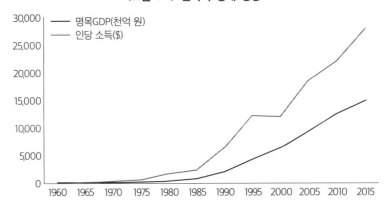

〈그림 5-1〉 한국의 경제 성장

명목GDP(천억 원)
인당 소득($)

졌다. 한국이 경험한 급속한 발전을 언급할 때 많이 등장하는 용어
가 압축적 발전(*compressed development*) 이다.

압축적이라는 말은 다양한 의미를 동시에 내포한다. 가장 단순하
게는 다른 사회가 오랜 기간에 걸쳐 경험할 것을 짧은 시간 동안 동
시적으로 경험했다는 의미를 갖는다. 여기에 더해서 압축적이라는
말에는 정상적이라면 모두 경험했을 것들을 선택적으로 경험했다는
뜻도 있다. 다른 사회에서는 경험했을 것들을 간과하거나 뛰어넘어
빼먹었다는 의미이다. 예컨대 성장이 우선시되다 보니 분배나 복지
는 뒤로 미뤄진 것이 대표적이다. 또 다르게는 정해진 순서들을 모
두 제대로 밟는 것이 아니라 순서를 바꾸어 경험했다는 의미도 갖는
다. 마지막으로 압축적이라는 용어에는 균형을 유지하지 못하고 불
균형적이 되었다는 의미도 포함된다. 어느 사회도 발전과정에서 완
벽한 균형을 유지하는 경우는 없지만 한국의 경우 선택적이고 선도

적인 투자의 결과 불균형이 보다 심했다고 할 수 있다.

그러면 압축적 성장 혹은 압축적 발전과 사회적 거품 간의 관계는 어떻게 되는가? 압축적 성장의 빠른 속도는 다른 사회라면 여러 세대에 걸쳐 경험할 것들을 한 세대의 생애 동안 경험하게 만든다. 어린 시절이나 젊은 시절과는 판이하게 달라진 모습을 보거나 그런 상황에 놓이는 경우가 비일비재하다. 이처럼 빠른 변화와 발전의 경험은 변화와 발전의 모멘텀(momentum)이 계속되리라는 낙관적 전망을 갖게 만든다.

그 대표적인 경우가 한국에서는 압축적 성장의 과정을 생애사에 걸쳐 경험한 베이비붐세대이다. 이들은 전후 출산율 급증으로 태어난 연간 80만~90만 명 규모의 확대 베이비붐세대(1955~1963년생)에 속하며, 동시에 인구 보너스 시기 동안 학업과 일을 지속한 대표적인 인구 보너스 세대이다. 이들은 가장 경제적으로 어렵고 피폐한 시기에 태어나 성장기 동안 풍요롭지 못한 생활을 경험했고 대학 진학률도 높지 않았지만, 청년기에는 경제 성장 덕에 쉽게 일자리를 찾을 수 있었다. 그 과정에서 가족을 만들고 나름의 부도 형성할 수 있었다. 전후 인구 보너스 시기가 압축적 성장의 호조건을 마련해 주었다면, 이러한 압축적 성장은 베이비붐세대에게 지속적인 기회 확대의 경험을 제공해 준 셈이다. 베이비붐세대만이 아니라 한국의 압축적 성장을 경험한 모든 세대들은 빠른 성장 속도에 길들여지고 익숙해져서 사회 전반의 경제적 상황과 아울러 개인의 경제적 형편도 지속적으로 개선되리라고 믿는 경향이 있다. 미래세대는 앞선 세

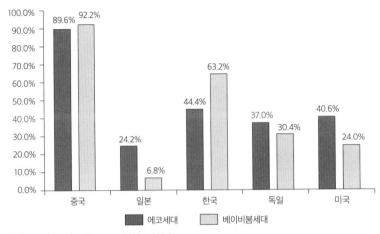

〈그림 5-2〉 자녀가 부모세대보다 더 잘살 것이라는 낙관적 전망의 비율

출처: World Value Survey, 2010~2014
* 에코세대는 베이비붐세대의 자녀세대로서 1977~1997년생들을 의미

대보다 더 나은 삶을 살게 될 것이라는 낙관적 전망이 지배적이 된 것이다. 이러한 기대상승(increasing expectation)의 시대가 20세기 후반기에는 많은 국가에서 일반화되었다. 한국은 그중에서도 대표적인 예이다. 하지만 역사는 어떤 나라도 지속적으로 발전을 계속한 경우는 없다는 것을 말해 준다.

〈그림 5-2〉를 보면 저출산·고령화를 이미 경험한 일본, 독일, 미국에 비해 한국은 낙관적 전망이 강하며 특히 베이비붐세대의 낙관적 전망이 훨씬 강하다. 최근 들어 줄어들긴 했지만, 한창 경제성장을 눈부시게 하는 중국을 제외하면 한국은 여전히 국제적으로 낙관적 전망이 가장 높은 수준이다. 한국보다 20년가량 먼저 경제, 인구구조의 변화를 경험한 일본의 경우를 보면 매우 비관적이다. 한

국에서도 일본과 유사한 변화가 예상된다.

그런데 압축성장의 경험에 따른 기대치의 상승 자체는 거품으로서의 성격이 그다지 강하지 않다. 오히려 압축성장의 경험을 바탕으로 한국 특유의 사회적 역동성이 작용해서 사회적 거품이 대대적으로 만들어졌다고 보는 편이 더 정확할 것이다.

과잉경쟁 및 비교성향

사회적 거품을 만들어 내고 확대하는 한국 사회의 대표적 특성은 과잉경쟁과 비교성향이라고 할 수 있다. 한국의 과잉경쟁은 여러 가지 배경을 가졌다. 우선 첫째는 한국의 높은 인구밀도이다. 한국의 인구밀도는 세계적으로 높은 편에 속한다. 밀도의 증가가 경쟁의 심화를 가져온다는 사회학자 뒤르켐의 고전적인 주장을 굳이 들지 않더라도, 한국에서 높은 인구밀도는 생존을 위해 끊임없이 경쟁할 것을 요구해 왔다. 하지만 단지 높은 인구밀도만이 경쟁을 결정하지는 않는다. 오히려 경쟁의 결과를 나누는 분배 규칙과 경쟁과정의 규칙이 더 중요하게 작용한다. 한국에서 경쟁의 특징 중 하나는 순위에 따른 승자 독점적 경쟁(Frank & Cook, 1995)의 성격이 강하다는 것이다.

한국에서 경쟁은 생애사적으로 볼 때 가족을 떠나 학교에 입학할 때부터 시작된다. 행복이 성적순이라는 말이 보여 주듯, 한국에서 학교는 단지 학생들을 교육해서 훌륭한 인재로 양성하는 곳이 아니라 학생들을 줄 세워서 순위를 매기고 그 순위에 따라 이후의 운명이 결정되도록 만드는 선별이 이뤄지는 곳이다. 학교 성적에 따라 일자리가 정해지고 소득이 결정된다. 배우자를 만나 가정을 이루는 것도 높은 물질주의 성향에 따라 어떤 학교를 나와 어떤 일을 하느냐에 의존한다. 또한 직장에 취직한 다음에는 업무성과와 연줄에 따라 승진이 결정되고 승진 여부에 따라 임금이 달라지기 때문에 치열한 승진 경쟁이 벌어진다. 결국 학교와 일자리에서의 경쟁이 평생에 걸쳐 계속되는 것이다.

승자 독점적 경쟁의 특징 중 하나는 승자를 제외하면 모두가 패자라는 것이다. 또한 승자마저도 끊임없이 도전 받기 때문에 편안할 날이 없다. 결국 승자와 패자 모두 끝없이 자신의 순위를 확인하며 살아가야 한다. 자연스레 비교성향이 높아질 수밖에 없다. 비교성향(*social comparison* 혹은 *relative concern*)은 사람들이 자신의 성취를 스스로의 기준이 아니라 다른 사람과 비교해서 평가하고 그로부터 만족 혹은 불만족을 느끼는 것을 뜻한다(Eibner & Evnas, 2005).

비교의 영향은 그 대상이 자기보다 우월한가 아니면 열등한가에 따라 달라진다. 물론 열등한 사람과 주로 비교해서 우월감을 느끼는 경우 본인에게는 문제가 별로 없겠지만 다른 사람들에게는 그 우월감이 위화감이나 모멸감을 주기도 할 것이다. 하지만 비교성향이 큰 사람은 대체로 비교 기준을 자기보다 우월한 사람들에게서 찾는다. 상향적 비교성향을 가진 사람은 자신의 성취에 만족하지 못하고 열등감이나 경쟁심에 사로잡히기 쉽다. 김희삼(Kim & Ohtake, 2014)의 연구에 따르면 경제적으로 보다 부유하고 교육 수준도 높은 사람들의 경우, 특히 강남과 같은 지역에 사는 사람들이 비교성향이 더욱 높다고 한다.

최근 들어 한국에서 관용과 배려, 신뢰와 협력이 사라지고 있어 사회통합이 어렵다는 우려의 목소리가 높다. 이러한 문제의 해결책으로 엘리트나 지도층의 노블리스 오블리제, 즉 사회적 공익을 우선시하고 약자들을 배려하고 돕는 선행이 필요하다는 주장도 많이 제기됐다. 그런데 만약 앞서 언급한 바와 같이 이들 엘리트 지도층이 자신보다 더 우월한 지위에 있는 사람들과 자신을 비교해서 불만족을 느끼고 더 많은 것을 얻고자 하는 욕망에 차 있다면, 약자를 배려하고 돕자는 생각을 할 가능성은 훨씬 낮아질 것이다.

비교를 부추기는 미디어

최근 미디어 연구에서 사회적 거품에 대한 관심이 높아지고 있다. 특히 소셜 미디어의 특성으로서 사회적 거품 효과를 보고자 하는 연구들이 최근 등장하고 있다. 소셜 미디어는 몇 가지 특성을 지닌다. 하나는 기존의 온라인 미디어들이 지닌 제약을 넘어서 개인의 참여를 극대화하고 개인 대 개인(p2p) 매체로서의 특징을 강화했다는 점이다. 또 하나는 기존 온라인 미디어가 플랫폼 측면에서 PC의 웹 기반 플랫폼에 국한된 반면 소셜 미디어는 온라인과 모바일을 아우르는 멀티 플랫폼 기반의 서비스를 제공할 수 있고 이용자들 또한 이러한 특성을 적극적으로 활용한다는 점이다. 그 결과 많은 소셜 미디어 이용자들은 자신의 삶의 모습이나 느낌을 실시간으로 어디에서나 타인들과 공유할 수 있다. 이것은 자신의 삶의 기록인 동시에 타인들과의 교류와 소통의 엄청난 확장을 의미한다. 이제 개인의 자아를 전방위로 표출할 수 있게 된 것이다.

소셜 미디어의 급속한 확산은 모바일 커뮤니케이션의 혁신을 가져온 스마트폰의 보급과 함께 이뤄졌다. 〈그림 5-3〉은 스마트폰의 전 세계적인 확산의 추세를 보여 준다. 2000년대 중반 이후 등장하기 시작한 스마트폰은 빠른 속도로 확산되기 시작해서 2011년에는 기존 온라인 매체의 기반을 이뤘던 PC를 앞질렀다. 한국에서도 스마트폰은 2010년 이후 휴대폰의 대세를 이루면서 음성통화와 텍스트 메시지뿐 아니라 모바일 검색과 소셜 미디어 이용을 더욱 촉진했다.

소셜 미디어가 사회적 거품을 조장한다고 주장하는 사람들은 소

〈그림 5-3〉 글로벌 스마트폰의 확산

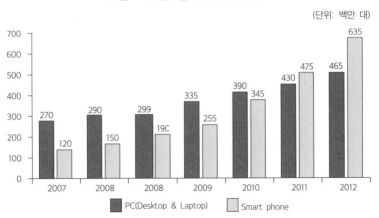

(단위: 백만 대)

셜 미디어가 정보에 대한 접근과 획득의 범위를 넓히는 것이 아니라 협소하게 만든다고 생각한다. 그 결과 특정한 성향이나 주장에 몰입하게 된다거나 다른 사람과의 비교와 상호작용을 통해 타인의 주장에 부화뇌동하게 된다는 것이다. 분명 소셜 미디어는 사람들 간의 소통과 상호작용을 전면화해 언제 어디에서나 가능하게 만들었다. 그 결과 기존 대중매체처럼 무작위적 타자들(*generalized others*) 만이 아닌 유의미한 타자들(*significant others*) 의 영향을 증폭시켰다.

그런데 한국에서는 소셜 미디어가 만드는 사회적 거품이 유난하다. 타인의 삶, 특히 맛있는 음식을 먹거나 멋있는 곳을 방문하는 등 남들에게 보여 주고 싶은 타인의 순간을 소셜 미디어에서 접한 사람이 자신의 삶에 대한 기대 수준을 높이고 과소비를 지향하거나 아니면 좌절해서 열등감을 느끼는 경우가 많다. 이러한 소셜 미디어의 영향은 쇼윈도 효과라고도 하며 특히 젊은 층에서 강하게 나타나지만 이제는 연령대가 위아래로 더욱 넓어지는 추세다. 최근 개인의 시간 활용 패턴을 연구한 결과에 따르면 전 세계적으로 외모를 꾸미는 시간은 줄어드는 반면, 한국에서는 남녀를 불문하고 외모를 치장하는 시간이 늘어나는 추세라고 한다. 소셜 미디어 이용과의 직접적인 관련성은 추후의 연구를 통해 더욱 밝혀져야 하겠지만 어느 정도의 개연성은 충분히 생각해 볼 수 있다.

소셜 미디어를 통해서 타인의 삶을 끊임없이 관찰하고 또한 자신의 삶을 타인들이 볼 수 있도록 꾸미는 과정이 연속되면서 이른바 '과시적 소비'〔Veblen, 1899(1985)〕가 늘어난다. 과시적 소비란 자신의 내적 욕망을 충족하기 위해 소비하는 것이 아니라 타인에게 보임으로써 과시욕을 충족하기 위해 소비하는 것을 의미한다. 자신의 내적 욕망은 일정 수준에서 만족되면 소비를 그치게 되지만 타인에게 과시하기 위한 소비는 끝없이 지속될 가능성이 있다.

평가와 선발의 형식주의

한국의 승자 독점적 경쟁이 과도한 경쟁에 대한 집착을 가져왔다는 점은 앞에서 살펴보았다. 한국에서 경쟁이 더욱 치열해지도록 만드는 중요한 요인 가운데 하나는 대부분의 사람들이 가치 있게 여기고 얻고자 하는 것이 동일하다는 점이다. 과거 전통 사회에서는 과거에 급제함으로써 관료가 되어 입신양명하는 것이 모든 선비들, 즉 엘리트층의 목표였다. 그 결과 조선시대 후기에는 과거 급제자 수에 비해 배분할 수 있는 관직의 수가 제한되어 과거에 급제하고도 허송세월하는 경우가 많았다 한다. 근대 사회가 되어서도 과거는 고시라는 형태로 제도와 모양만 바뀌었을 뿐 그 본질은 바뀌지 않았다. 고시를 통해서 관료가 되거나 외교관, 판검사가 되면 모든 사람들이 선망하는 삶을 살게 된다고 믿기 때문이다.

이러한 한국 사회의 특성을 중앙회귀성(*vortexity*; 이재혁, 1999)으로 부르기도 한다. 그레고리 헨더슨이 한국 정치를 소용돌이의 정치(*politics of vortex*)로 표현한 데서 유래한 이 용어는 사람들이 추구하는 가치 혹은 목표가 중앙을 향한다는 의미를 지닌다. 권력과 부,

명예가 모두 중앙의 관료와 대기업에 집중되어 있고, 모든 사람들이 이를 목표로 해서 살아간다는 의미이다. 그 결과 학계가 되었건, 문화계가 되었건, 언론계나 경제계가 되었건 자신의 분야에서 최고가 되고자 할 뿐 아니라 그 뒤에는 다시금 정치권을 향해 발돋움하고자 애를 쓰는 형국이다. 이처럼 가장 좁은 관문을 통과해서 선택받은 소수가 되어야만 자신의 능력과 노력을 인정받을 수 있다 보니 자신이 그곳에 도달할 수 있을지 여부와 상관없이 모두가 중앙을 선망한다. 경쟁이 끝없이 치열해지지 않을 수 없다.

그런데 이러한 경쟁의 최종적 귀결은 평가와 선발이다. 일반적으로 경쟁은 공정을 낳는다고 믿지만 언제나 그렇지는 않다. 공정성은 평가와 선발의 기준이 무엇인가에 따라 달라지기 때문이다. 만약 평가와 선발이 능력을 제대로 반영하지 못한다면 공정성에 대한 사람들의 믿음은 훼손될 것이다. 최근 대학 입시에서부터 취업을 위한 선발에 이르기까지 경쟁이 심해지면서 스펙에 대한 강조가 높아졌다. 입시와 취업의 선발을 담당한 사람들은 스펙의 영향을 줄이고자 노력한다고 하지만 능력을 제대로 평가하기 어려운 현실에 직면해서는 스펙의 작용을 제한할 길이 별로 없다. 스펙의 중요성이 높아지면서 나타나는 현상 중 하나는 그 기준이 계속 높아진다는 것이다. 웬만해서는 남들이 따라오기 힘든 스펙을 내세우는 경우도 많아졌다. 결국 스펙 경쟁은 남들이 엄두도 못 낼 투자를 통해서만 차별화를 할 수 있는 지경이 되었다.

그 영향은 다음과 같이 몇 가지로 살펴볼 수 있다. 하나는 불평등의 측면이다. 애초에 진입장벽이 있어 남들이 따라오기 힘든 스펙이 평가와 선발에서 인정을 받게 되면 공정성은 기대하기 힘들다. 최근 '수저론' 등에서 보듯이 공정성에 대한 불신이 높아지는 것도 이와 관련이 깊다. 애초에 진입장벽이 존재하는 상태에서 경쟁이 이뤄지기 때문이다. 또 하나의 영향은 스펙이 뛰어난 능력이나 열정적 노력을 보장하지 못하는 경우도 많다는 것이다. 마지막으로 스펙에 대한 기대 수준이 계속 높아져서 불필요한 스펙까지도 추구하게 만든다는 점이다.

스펙의 중요성이 높아지면서 입시를 준비하는 고등학생이나 취업을 준비하는 대학생 혹은 졸업자뿐 아니라 직장인들까지도 지속적인 경쟁력 확보를 위한 자기개발과 투자에 몰입하는 경향이 나타나고 있다. 주변 사람들과의 교제를 위한 시간을 아껴서 외국어를 배우고 자격증을 따려는 노력은 한편으로는 긍정적이면서도 다른 한편으로는 부정적이다. 자신의 만족이 아니라 타인의 인정과 더 나은 평가를 받기 위한 노력은 결과적으로 거품을 낳고 확대하기 때문이다. 그뿐 아니라 자신의 외모를 타인의 외적기준에 맞추기 위해 성형하는 사람까지 있다. 자신의 능력이나 노력과는 무관한 외모가 평가와 선발에 중요한 영향을 미친다고 믿기 때문이다.

평가는 사람들의 장단점을 파악해 장점은 살려서 적절한 역할과 위치를 찾아 주고 단점은 보완할 수 있도록 가능성을 제공해야 한다. 또한 선발은 적재적소에 필요한 능력을 갖추고 노력할 의향이 있는 사람들을 배치할 수 있도록 해야 한다. 하지만 현재 한국에서 선발과정은 선택받은 소수에게 승자의 우월감을 제공하고 선택받지 못한 다수에게는 패자의 열등감과 함께 차후의 선발 가능성을 높이고자 하는 새로운 투자의 욕구를 제공한다. 그 결과 사회적 거품은 커져만 간다. 하지만 과연 거품으로 부푼 선발 기준이 실제 학업능력이나 업무능력을 갖춘 사람들을 더욱 열심히 노력하도록 만드는지 아니면 엄청난 투자를 통해 스펙을 얻은 사람들을 선발된 자리에서 안주하도록 만드는지는 면밀하게 검토해 볼 일이다.

3. 사회적 거품의 실태

사회적 거품은 한국 사회의 여러 측면에서 영향을 미치고 있다. 사회적 거품은 특히 타인들과의 상호작용에 뿌리를 두기 때문에 타인의 인정을 필요로 하는 지점에서는 매우 강력한 힘을 발휘한다. 사회적 거품이 영향을 미치는 사례들을 각 분야별로 살펴본다.

과도한 교육열

한국은 교육열이 높은 사회로 유명하다. 물론 동아시아 사회 대부분이 그렇지만 한국은 선진국 지도자들이 성공 사례로 꼽을 정도로 교육에서 높은 성취를 이뤘다. 그 결과 산업화와 근대화를 시작할 무렵에 성장한 베이비붐세대는 대학 진학률이 30%에 못 미쳤는데 자녀세대인 에코세대에 와서는 대학 진학률이 70%를 넘어섰다.

물론 이처럼 높은 고등교육 수혜율은 경제적으로도 긍정적 결과를 가져왔다. 2000년대까지 이어진 고도성장 과정에서 기술 발전과 해외시장 개척을 주도한 것은 모두 고등교육을 받은 인재들의 노력이었다. 현재 교육의 양적, 질적 성취에서 한국은 전 세계적으로 선두에 속한다. 국제적인 학력 비교 시험(PISA)에서 한국 학생들은 항상 최우수 등급을 획득한다.

한국은 평균적인 학생들의 학업 성취가 높고 고등교육을 받은 비율이 높지만 교육이 입시 위주로 이뤄진다는 점에서 동아시아의 다른 국가와 유사하다. 앞서 설명한 것처럼 한국에서는 입시를 필두로 해서 이후 취직까지 지속적인 경쟁적 선발이 진행되기 때문에 그 첫 단추인 입시 준비로서 교육이 매우 중요해지는 것이다. 그런데 입시

〈그림 5-4〉 연도별 고졸 및 대졸자 수

위주로 교육이 이뤄진 결과 다음과 같은 현상들이 나타난다.

하나는 입시 제도가 바뀜에 따라서 교육이 엄청난 영향을 받는다는 사실이다. 예컨대 입시에서 중시하는 과목들인 국어, 영어, 수학 등은 학생들이 열성을 갖고 배우는 반면 입시에 반영되지 않는 과목들, 예컨대 가정과 기술, 한문, 예체능 등은 학생들이 관심을 갖지 않을 뿐 아니라 학교에서도 열심히 가르치려 하지 않는다. 교육 내용에서 불균형이 발생하는 것은 피할 수 없는 결과이다.

입시 위주 교육이 가져오는 또 하나의 현상은 다른 학생보다 좋은 성적을 얻기 위해서 교과 내용을 이해하기보다, 시험 잘 치는 연습을 하게 만든다는 점이다. 대학교 입시 정책을 좌우하는 교육부가 최근 입시를 어렵게 하지 못하도록 했기 때문에 학습의 초점은 실수를 줄이고 틀리지 않도록 연습을 반복하는 것이다. 그 결과 학생들은 어려운 내용이라도 열심히 노력해서 이해하는 것이 아니라 이미 아는 것을 끊임없이 확인하는 연습만 반복한다.

이처럼 입시 위주의 교육을 통해서 배출된 학생들은 시험 성적순으로 대학교에 진학한다. 대학교는 명문대 위주로 서열이 엄격하게 존재하기 때문에 대학교를 졸업한 이후의 노동시장이나 직장에서의 성취 역시 대학교의 간판효과에 상당 부분 의존하게 된다. 모든 교육기관이 그러하듯이 대학교에서도 선발과 교육의 기능이 함께 있는데 한국의 대학교에서는 교육의 기능보다 선발의 기능이 더 강조되는 면이 있다. 그 결과 대학교들 간에는 우수 학생들을 더 많이 뽑으려는 경쟁이 벌어진다. 학교 측은 비슷한 수준이나 상위 학교에

갈 학생들을 얼마나 많이 데려왔느냐에 신경을 곤두세운다. 학생들은 모두 자신이 선망하는 대학교에 들어가는 것을 지상 목표로 삼고 그것을 인생의 가장 중요한 관문으로 여긴다.

대학교에 일단 들어온 학생들은 다시금 취업 준비에 매진한다. 최근처럼 청년층의 취업 문제가 심각한 상황에서는 대학교에 진학해서 인생의 방향을 찾고자 고민하고 고상한 가치를 추구하는 것은 금기시된다. 창의력을 키우기 위해 실험적인 시도를 해보는 것도 불가능하다. 취업을 위한 경쟁에서 조금이라도 더 앞서가기 위해 대학생들은 본격적인 스펙 쌓기에 돌입하기 때문이다. 스펙의 가치는 남들이 잘 못하는 것, 그리고 평가자에게 강한 인상을 남길 수 있는 것이어야 한다. 스펙은 교과과정 이외의 것이기 때문에 교과목의 학점을 잘 받기 위한 준비 외에 추가적 시간과 비용이 들어간다.

입시 준비 위주의 초·중·고등학교 교육과 취업 준비 중심의 대학교 교육에 사회적 거품이 있다고 하는 이유는 다음과 같다. 우선 입시 경쟁의 가장 중요한 원인은 고등교육 기회의 공급, 즉 선망하는 대학교의 교육 기회에 비해 교육의 수요, 즉 해당 대학교에 진학하려는 학생들의 수가 월등히 많기 때문이다. 그러다 보니 기대와 열망이 넘치는데 그것은 주로 학생과 학부모의 기대와 열망이다.

또 다른 의미의 거품도 있다. 대학생이 선망하는 직장이나 직업은 한정되어 있고 이를 얻고자 하는 사람은 많다. 따라서 좋은 대학과 좋은 직장에 가기 위해 학생들은 비정상적으로 많은 시간, 노력, 비용을 들여야만 하는데, 그러한 추가적인 시간, 노력, 비용은 학생들의 내재적 능력을 더 높이는 데는 크게 기여하지 못한다. 오히려 학생들은 휴식하거나 적성을 발견할 수 있는 시간, 노력, 비용을 희생하게 된다. PISA 시험 결과는 한국 학생들의 평균 성적이 국제적으로 가장 높은 편이면서도 학업에 대한 관심은 가장 낮은 수준이라는 사실을 보여 준다. 그뿐 아니라 학생들의 높은 평균 수준에도 불구하고 우수한 학생, 즉 창의적인 문제 해결능력을 갖춘 학생은 적은 것으로도 나타났다.

외형 위주의 일과 직장

한국의 경제 성장을 이끈 요인으로 많이 꼽히는 것은 발전국가의 전폭적인 제도적 지원, 기업들의 적극적인 기술과 자본의 도입 노력, 그리고 노동자들의 근면·성실한 태도와 일에 대한 열성이다. 생산직 블루칼라는 저임금과 장시간 근로에도 불구하고 열악한 작업환경에서 열심히 일함으로써 기업들의 가격경쟁력에 기여했다. 또한 사무직 화이트칼라는 기업에 대한 높은 충성심을 바탕으로 끈기와 도전정신으로 새로운 시장을 개척하고 새로운 제품과 기술을 도입하는 데 열성을 기울였다.

이들이 어려운 환경에서도 열심히 노력하고 최선을 다한 것에는 다음과 같은 배경이 있다. 일단 입사하고 나면 많은 노동자들은 장기적 고용을 암묵적으로 전제해서 현재의 노력과 고생에 대한 보상을 평생에 걸쳐 받으리라고 기대할 수 있었다. 게다가 사무직의

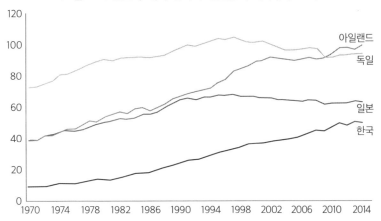

〈그림 5-5〉 선진국 대비 한국의 생산성 추이 (미국=100)

경우에는 승진을 통해 지속적으로 나은 지위로 올라갈 수 있다는 전
망이 제시됐다. 하지만 이러한 보장과 전망이 산업화 초기부터 존재
한 것은 아니다. 장기적 고용과 승진을 통한 보상 가능성을 안정적
으로 기대할 수 있었던 것은 1980~1990년대 한국 경제와 기업이
본격적으로 안정적인 기반을 갖게 된 이후의 일이다.

그런데 한국의 경제 발전 과정에서 노동자들이 열심히 일했다고
해서 이들이 최선의 노력을 기울였다고 보기는 힘들다. 열심히 하는
것과 잘하는 것이 언제나 같지는 않기 때문이다. 또한 노동자들의
노력이 최선이 아닌 경우는 개인의 노력 부족 탓이 아니라 조직 내
에서의 제약이 더 큰 원인이었다. 〈그림 5-5〉에서 보듯이 한국의
생산성은 1970년 당시 미국의 10% 수준에서 출발해서 2000년대에
도 절반에 채 못 미치는 것으로 나타났다. 또한 일본이나 독일에 비

해서도 한국의 생산성은 낮은 수준이다. 일본과의 생산성 격차를 다소 줄이고 있지만 독일과의 격차는 여전히 매우 크다.

그러면 생산성을 높이기 힘들게 만드는 조직적 요인은 무엇인가? 그것은 한국의 위계적 조직문화에서 찾아야 한다. 글로벌 기업 IBM의 지사들을 조사해서 조직문화를 국가 간에 비교한 호프슈테드(Hofstede, Hofstede & Minkov, 1994)에 따르면 한국의 조직문화는 일본과 유사하게 위계적이고 집단적이다. 그 배경이 일본의 영향이든 아니면 군대문화의 영향이든 한국 조직에서는 상사와 부하직원의 관계, 즉 명령과 복종의 관계가 중시된다. 아랫사람의 자율성은 상당히 제약되고 윗사람의 명령에 복종하는 관계가 주를 이룬다. 물론 윗사람의 의사결정과 그에 기초한 명령이 정확하고 옳다면 문제는 덜 심할 것이다. 하지만 점점 복잡하고 빠르게 변화하며 적응이 쉽지 않은 기업환경에서 윗사람의 판단이 언제나 옳다고 가정하기는 힘들다. 결국 위에서 아래로의 명령만 있고 아래에서 위로의 제안이 부족해지면 능률과 생산성이 떨어질 가능성이 높은 것이다.

그런데 이러한 상명하복의 업무방식과 조직문화에 덧붙여 한국의 조직에는 외형에 치중하는 경향이 있다. 이러한 외형에의 치중은 여러 가지 형태로 나타난다. 그중 하나는 조직 상층부가 누리는 많은 특권과 그것의 과시이다. 그동안 전반적으로 많이 줄었고 조직에 따라 상당한 차이가 있기도 하지만, 사무실 공간이나 그 밖의 많은 면에서 조직의 상층부는 권력 거리를 과시하는 경향을 보인다. 또 하나는 의전을 지나치게 강조하고 완벽성을 추구한다는 점이다. 조직

윗사람의 업무 중에는 실제 업무보다 의전이나 형식에 관련된 일들이 필요 이상으로 많다. 이러한 경향은 조직의 최상층부로 갈수록 더욱 심해진다. 물론 조직의 수뇌부는 내부에서의 역할 못지않게 외부 환경에 대한 대표 기능과 역할이 있다. 하지만 이를 감안해도 형식이 과도한 것은 사실이다. 또한 외부에 대한 대표활동이 실제 업무와 관련된 것보다는 상징적인 경우가 많다. 마지막으로 외형에 대한 치중이 잘 드러나는 점은 업무 평가에서 보고의 중요성이 비대하다는 사실이다. 실제에 대한 객관적 내용을 중시하는 보고보다 꾸며진 형식적 보고를 중시하는 문화에서는 일이 아니라 보고를 잘 하는 사람이 능력 있는 사람으로 평가받는다.

위에 설명한 조직의 위계적 문화와 업무방식 그리고 외형에 치중하는 경향은 모두 업무의 양을 늘리지만 실제 업무성과를 높이는 것은 아니다. 다만 윗사람을 만족시키고 조직을 좀더 그럴듯하게 보이도록 할 뿐이다. 한국에서 경제 성장이 빠르게 이뤄지던 초기에는 조직의 업무나 문화도 이보다는 실용주의에 가까웠을 것이다. 하지만 현재 한국의 조직문화와 업무방식에는 사회적 거품이 많이 있으며 바로 이것이 앞서 본 바와 같은 낮은 생산성과 능률을 낳고 있다. 많은 사람들이 힘들게 일하면서도 보람이나 성과를 많이 못 느끼는 배경이 바로 이러한 사회적 거품 때문이다.

문제는 여기에서 끝나지 않는다. 세계 경제의 저성장 기조와 저출산·고령화로 경제 성장 동력이 약화된 한국이 외형에 치중하느라 생산성 제고와 혁신에 뒤처진다면 한국 경제는 깊은 수렁에 빠지지 않을 길이 없다. 외형이 아니라 실질을 중시하고, 보고와 의전이 아니라 능력과 성과를 대우해서 일할 의욕을 높이고 생산성을 높일 때에만 한국 경제의 새로운 도약이 가능할 것이다.

지대 추구 정치와 정책

한국의 정치는 권위주의로부터 1980년대 후반 이후 민주화를 거치면 서 과거로의 회귀를 경험하지 않고 민주주의를 계속 지켜 온 성공적 사례라고 할 수 있다. 이러한 민주주의의 지속에 대한 경험적 증거는 설문조사나 공신력 있는 기관의 지수에서 잘 나타난다. 〈그림 5-6〉 은 민주주의 질에 대한 여론조사 및 평가지수를 보여 준다. 오른

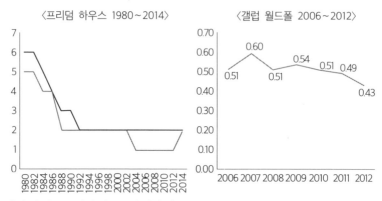

〈그림 5-6〉 민주주의의 질에 대한 평가

출처 및 자료: 프리덤 하우스 및 갤럽 월드폴 각 연도 자료
※ 프리덤 하우스 지수는 정치적 권리(얇은 선)와 시민적 자유(굵은 선)를 나타내며 낮을수록 민주주의 정도가 높다. 갤럽 월드폴 자료는 0~1 사이이며 높을수록 민주주의 질이 높다.

쪽 그래프는 갤럽 인터내셔널에서 매년 전 세계인을 대상으로 실시한 여론조사 결과이다. 한국에서 민주주의의 질(democratic quality)에 대한 국민들의 평가가 2000년대 중반 가장 높았다가 이후 완만하게 감소했음을 알 수 있다. 객관적 지표를 중심으로 민주주의 정도를 평가하는 프리덤 하우스 지수(왼쪽 그래프)는 1990년대 초까지 빠르게 개선되었고, 2000년대에는 큰 변화가 없다.

민주주의가 이처럼 잘 유지되고 있다면 한국의 정치와 정책에는 별다른 문제가 없는 것일까? 대답은 긍정적이지 않다. 우선 정치는 국민들의 신뢰를 전혀 받지 못하고 있다. 〈그림 5-7〉은 정부 및 의회에 대한 국민의 신뢰 정도를 여론조사를 통해 확인한 것이다. 정치권을 대표하는 국회는 2000년대 들어 30% 이상의 신뢰를 받은 경우가 드물다. 정치가 국민의 정치적 요구를 잘 반영하고, 문제 해결을 위한 의사 결정과 정책 집행을 제때 제대로 할 수 있다면 정치 및

〈그림 5-7〉 정부 및 의회에 대한 신뢰

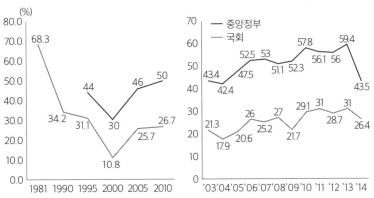

자료: World Value Survey(왼쪽) 및 한국종합사회조사(KGSS)(오른쪽)

정부에 대한 신뢰가 높아질 것이다. 반대로 당선을 위해 선심성 공약을 남발하고 이후에는 공약을 저버린다든가 국가의 장기적 문제 해결보다 단기적 시야에만 매몰되면 국민들은 신뢰를 거둘 것이다.

한국의 정치권은 그동안 민주주의라는 외양을 갖췄지만 내실 면에서는 포퓰리즘이라는 비판을 면하기 어려운 실정이다. 외국에 비해 면책을 포함한 엄청난 특권을 누리는 한국의 정치권은 중앙회귀적인 특성으로 인해 선거 때마다 경쟁이 과열된다. 하지만 선거에서 공천과 당선은 개인의 능력과 정치적 소신보다 정치적 파벌과 선심성 공약에 의존하는 경우가 많다. 정치인들은 선거 때에는 선심성 공약을 제시하고 선거가 지나가면 외면해 버리는 행태를 반복하면서 여야를 막론하고 파벌 다툼에 주력하고 있다. 그 결과 법안 제출과 심의, 국정감사 등 그들의 정치활동은 문제 해결과 행정부의 견제보다는 자신들의 권위 과시를 위한 발언과 주장으로 점철됐다. 과거 권위주의하에서 정치권이 권력의 거수기 역할을 했다면 이제는 민주주의라는 이름하에 공익보다 자신의 이권과 파벌의 이익을 챙기기에 급급하게 된 것이다.

정부 관료들 역시 크게 다르지 않다. 한국에서는 공무원 시험에 많은 인재들이 몰릴 정도로 관료의 대우와 지위가 높은 편이다. 하지만 관료들이 실제 업무를 수행하는 과정은 효율적이거나 합리적인 경우보다는 집단적 이익과 편의주의에 경도되는 경우가 많다. 대표적인 예가 행정적 편의를 위해 실효성이 낮거나 불필요한 정책을 남발하는 것이다.

예를 들어 보자. 대학 신입생 MT에서 많은 사고가 발생하자 교육 당국은 MT 사전 신고제를 실시하고자 했다. 하지만 각 학교마다 엄청나게 많은 MT를 모두 신고하는 것은 현실적으로 불가능할 뿐 아니라 학생들의 자율성을 침해하고 게다가 문제 해결에도 별 도움이 되지 않는다는 비판이 제기됐다. 교육 당국은 이를 백지화했다.

이와 유사한 예는 많다. 부동산 시장이 과열되거나 가계부채 문제가 제기되면 당국은 금융기관의 가계대출을 엄격하게 만든다. 서민들은 결국 더 열악한 조건에서 돈을 빌리러 다니게 되어 문제는 더욱 심화한다. 문제 해결을 위해 수고하기보다는 일시적 미봉책으로 땜질하는 경우가 많다. 관료들의 보직 이동이 잦다 보니 단기적 관점에서 자신의 재임 동안에만 문제 발생을 억제하려는 경향이 강하다. 그 탓에 이러한 상황은 더욱 악화된다.

민간기업에서는 그나마 윗사람에게 보이기 위해서 비효율적이라도 열심히 일하려는 경향이 있는 반면, 공공부문인 정치권과 정부에서는 윗사람이 모호하거나 자주 바뀌고 정보비대칭으로 국민들은 잘 모르는 경우가 많아서 비효율뿐만 아니라 도덕적 해이도 나타나기 쉽다. 결국 정치와 정부에서의 사회적 거품은 개인과 집단의 이기주의를 위한 지대 추구와 함께 이를 덮기 위한 전시적, 과시적, 미봉적 의사 결정과 정책 집행이라고 할 수 있다.

스노비즘(snobbism)의 일상생활

한국에서 살아가는 우리의 일상적 삶에서 사회적 거품을 찾아보자. 한국은 예로부터 비교성향이 높은 편에 속했지만 최근 들어 소셜 미디어를 광범하게 이용하기 시작하면서 그 성향은 더욱 강화됐다. 다른 사람들의 삶을 쉽게 들여다볼 수 있게 됐고, 이를 통해 타인들의 전시된 모습에 부러움을 느끼거나 기죽어 지내는 사람들이 많다. 그러다 보니 일상생활의 소비와 구매에서 모두 다른 사람들의 시선과 기준에 신경 쓰는 경우가 많다. 대표적인 예가 혼수와 예식을 둘러싼 의사결정이다. 많은 젊은이가 남들만큼 혼수를 하거나 그럴듯한 예식을 치르기 어려울 바에는 아예 결혼을 하지 않겠다고 말한다.

결혼 준비 과정에서 갈등이 발생하는 대표적인 이유가 양가 부모가 서로 기대만큼 혼수나 예식을 제공하지 못하는 것이다. 그러면 그 기대 수준은 어떻게 결정되는가? 대부분 주위의 다른 사람들이 결혼할 때 준비한 혼수나 예식의 수준에 따라, 혹은 그보다 더 높은 수준에서 결정이 이뤄진다. 앞서 비교성향에 대한 설명에서 경제적 여유가 많은 부유층에서 더 비교성향이 높다고 했는데 결혼 과정에서 혼수와 예식의 수준을 더 따지고 그로 인한 갈등이 발생할 가능성이 더 높은 것도 부유층이라고 할 수 있다.

소비와 구매생활에서 중요한 부분을 차지하는 것은 명품의 소유이다. 의상, 화장품, 구두, 핸드백 등 본인을 치장하기 위해 명품을 갖는 것은 삶의 만족을 높여 주는 중요한 요인이 된다. 본인의 소득 수준에 비해 과한 명품을 구입하거나 그럴 능력이 안 되는 경우에는 짝퉁 혹은 중고 명품을 구입하기도 한다. 이처럼 명품 소비가 확대된 배경에는 물론 명품 브랜드들이 과거와 달리 생산을 제한하고 특권층의 상품으로서 자신의 지위를 지키기보다 시장을 확대함으로써 보다 많은 이윤을 얻고자 하는 비즈니스 전략이 있다. 하지만 동시에 이러한 명품 브랜드의 전략에 가장 적극적으로 동조하고 호응하는 것이 한국을 비롯한 동아시아의 소비자들인 것도 사실이다.

물론 명품 브랜드는 패션 아이템의 품질과 스타일이 모두 훌륭한 경우가 많다. 하지만 비슷한 품질과 스타일을 갖춰도 명품이 아니면 소비자들의 관심이 그만큼 쏠리지 않는다. 명품 브랜드에는 거품이 존재한다. 명품 그 자체가 욕망의 대상이다. 명품과 함께 우리 일상에서 급속도로 확산되는 것이 성형이다. 과거에는 특별하거나 특이했지만 이제는 당연시되었다. 일부 연예인만 하는 것으로 인식되던 성형이 이제는 학생들에게도 누구나 할 수 있는 것으로 인식되기에 이르렀다. 보다 자신감을 갖기 위해, 아니면 면접에서 좋은 인상을 주기 위해 취업 준비의 일환으로 성형을 했거나 할 의향을 가진 사람이 많이 늘었다.

명품과 외모에 대한 한국 사람들의 이러한 집착은 현대 프랑스 철학, 특히 포스트모던 철학에서 이야기하는 시뮬라크르(simulacre) 개념을 떠올리게 한다(Baudrillard & Levin, 1981). 시뮬라크르란 어떤 사물이나 대상의 본질이 아닌 복제로서, 원본의 속성이나 본질을 갖지 않았다는 뜻에서 가상의 의미를 갖는다. 이 용어를 사용하는 사람들은 현대 사회에서 본질은 사라지고 오직 원본이 없는 시뮬라크르만이 무한 증식될 따름이라고 주장한다. 오늘날 한국 사람들에게 소유와 소비란 그것을 통해 자신의 욕구를 충족하여 만족을 느끼는 정체성의 본질적 행위가 아니라 타인에게 보임으로써 본인의 존재 의미와 가치를 인정받는 타자성에서 기인한 파생적 행위다. 이러한 파생적 행위가 이제는 주체의 본질을 대신하고 있다.

외모를 꾸미기 위해 명품과 성형에 집착하는 경향이 주로 청년층이나 여성들에게서 상대적으로 더 강하게 나타나지만, 장년층이나 남성들도 일상생활에서 외형에 많은 가치를 부여하고 타인의 기준을 추종하려는 성향을 보인다. 한국 사회에서 대부분의 사람들은 자동차와 아파트를 사회적 지위와 신분의 상징으로 본다. 사는 지역과 아파트의 평수, 그리고 자동차의 배기량과 모델이 사람들의 경제적 지위, 더 나아가 사회적 지위로 인지되는 것이 오늘날의 한국 현실이다. 그렇기 때문에 사람들은 경제적 능력에 버거워도 더 비싼 고급 차를 구입하거나 리스하려 하고, 더 넓은 평수의 아파트를 비싼 지역에서 소유하지 못하더라도 임대하려 한다.

이런 노력이 베블렌이 정의한 '과시적 소비'〔Veblen, 1899(1985)〕에 해당되며, 그 동기가 막스 베버가 말한 '라이프스타일에 기반한 신분 집단(status)으로의 편입'〔Weber, 1922(2003)〕이라는 점은 의심의 여지가 없다. 북미 캐나다 지역의 콰키우틀(Kwakiutl) 인디언을 연구한 인류학자들은 이들 중에서 추장이나 높은 지위를 가진 사람이 자신이 소유한 많은 음식과 재산을 주변 사람들에게 나눠주고 남는 것은 파괴함으로써 자신의 지위를 과시하는 현상인 포틀래치 (*Potlatch*) 가 있다고 보고했다〔Harris, 1975(2000)〕. 이처럼 신분과 지위를 향한 열망은 매우 오래된 것이다. 하지만 콰키우틀 인디언들의 포틀래치는 선물 경제의 일환으로서 재분배의 성격까지 갖는 반면, 한국에서의 과시적 소비와 외형에 대한 집착은 일종의 군비 경쟁처럼 자멸적 특성을 갖는다.

4. 사회적 거품의 결과

앞서 살펴본 교육, 일, 정치, 일상에서의 사회적 거품은 어떤 결과를 낳게 되는가? 이 글에서는 사회적 거품의 부정적 결과를 중심으로 주로 살펴본다. 사회적 거품이 언제나 부정적 결과만을 낳는 것은 아니다. 예컨대 한국의 엄청난 교육열은 우수한 인력을 양성해서 빠른 경제 성장을 이끈 원동력이 되었고, 상사에게 잘 보이기 위한 장시간의 노동이 결국 좋은 성과를 낳기도 한다. 하지만 현재 한국 사회에서 사회적 거품은 많은 부정적 문제점을 낳고 있다.

비효율과 낭비

사회적 거품은 사회적 상호작용을 통해서 과도한 기대와 열망이 끓어넘치는 것이며 그 귀결 중 하나는 개인적, 사회적 차원에서의 과

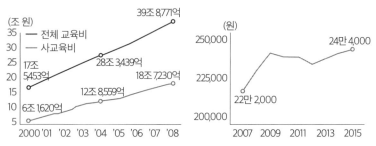

〈그림 5-8〉 사교육비의 증가 추이

〈우리나라 전체 교육비 및 사교육비 지출〉   〈1인당 월평균 명목 사교육비〉

도한 투자이다. 대표적 사례가 교육열과 사교육 붐이다. 한국의 교육열을 부정적으로 볼 것인가 긍정적으로 볼 것인가는 관점에 따라 다르다. 하지만 적어도 높은 교육열이 학부모들에게 상당한 경제적 부담을 안긴다는 점에는 대부분 동의한다.

〈그림 5-8〉에서 보듯이 2000년 이후 교육비와 사교육비 지출이 동시에 증가했으며 그 규모는 20조 원에 육박한다. 일인당 사교육비 지출 역시 2009년 이후 증가하지는 않지만 줄어들지도 않는다. 자녀들의 사교육비 지출이 늘면서 많은 학부모들이 경제적 부담에 힘들어 한다. 높은 교육비 부담은 저출산을 고착화한다. 한편으로는 사교육비 지출이 본인세대의 노후 준비 자금을 고갈시켜 노후의 경제적 불안정을 가져오기도 한다.

〈그림 5-9〉는 경제 규모와 교육비의 사적 투자 비중에 대한 국제 비교이다. 한국은 대만과 함께 경제 규모가 큰 사회들 중에서 교육비의 사적 투자 비중이 가장 높은 사회에 속한다. 일본, 미국, 유럽

대부분의 나라들이 교육비의 사적 투자 비중이 30% 아래인 반면, 한국은 대만과 함께 절반을 넘는 비중을 보여 준다.

사회적 거품으로 인해 발생하는 과잉 투자는 생산적 결과를 가져오지 못하는 경우가 많다. 한국 부모들의 자녀 교육비, 특히 사교육비 투자 역시 마찬가지이다. 그러면 왜 그것을 줄이지 못하는가? 그것은 사회적 상호작용, 즉 사회적 압력 때문이라고 볼 수 있다. 내 자식만 사교육을 안 시켰을 때 피해를 볼 수 있다는 불안감이 부모들로 하여금 어쩔 수 없이 사교육비 지출을 계속하도록 만드는 것이다. 최근 들어 사교육비 지출은 정체하거나 아주 조금씩 줄어드는 추세를 보이고 있다. 그것은 상당 부분 경제 침체 속에서 가계 경제가 어려워 전반적으로 지출을 줄여야 하는 상황 때문에 나타난 현상

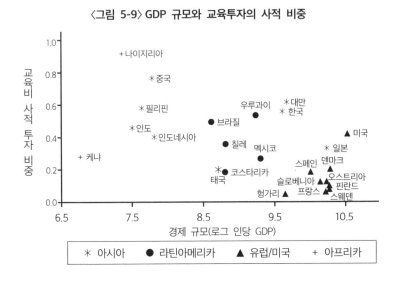

〈그림 5-9〉GDP 규모와 교육투자의 사적 비중

이라고 볼 수 있다.

사회적 거품으로 인해 나타나는 비효율과 낭비의 또 다른 대표 사례는 일과 학업에 대한 과도한 시간 활용이다. 한국은 대표적으로 노동시간이 긴 사회다. 물론 한국의 일하는 시간은 지난 20여 년 동안 꾸준히 감소했다. 하지만 여전히 한국은 OECD 국가들 중 일을 가장 오래 하는 나라들 중 하나다. 2014년 OECD 국가들의 연간 노동시간을 그래프로 나타낸 〈그림 5-10〉을 보면 한국은 멕시코 다음으로 가장 오래 일하는 사회다. 한국의 노동시간이 긴 데는 자영업의 비중이 높은 것도 한몫을 한다. 하지만 그것을 감안하더라도 한국의 직장인들은 매우 오랜 시간 일한다. 상사의 눈치를 보거나 직접적으로 업무와 관련되지 않은 일도 해야 하는 경우가 많기 때문이다. 요

〈그림 5-10〉 일과 학습에 찌든 우리 국민

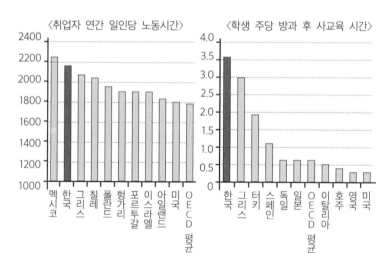

컨대 사회적 거품이 직장인들의 노동시간을 늘리는 것이다.

학생도 다르지 않음을 〈그림 5-10〉의 오른쪽에 제시된 학생들의 주당 방과 후 사교육 시간 비교에서 확인할 수 있다. 사회적 거품의 영향을 받은 부모들의 교육열로 인해 학생들은 많은 시간을 공부에 투자한다. 정규 수업시간 이외에 주당 얼마나 공부하는가를 살펴본 통계에서도 한국은 주당 19. 49시간으로 일본의 8. 46시간, 핀란드의 7. 07시간, 미국의 10. 80시간보다 월등히 많은 시간을 공부해야 하는 것으로 나타났다〔福田 誠治, 2006(2008)〕.

사회적 불안

사회적 거품은 일종의 군비 경쟁처럼 무한히 증폭되며, 각자 자신의 위치에서 만족하며 다양한 가치를 추구할 수 있는 가능성을 없애 버린다. 그 결과 사회적 거품은 승자 독점의 분위기를 사회적으로 만들고 실제 점점 격화되는 사회적 지위 경쟁에서 탈락한 이들은 심리적으로 모멸감과 분노를 갖게 된다. 일등시민과 이등시민, 그 이상으로 분화되어 일종의 새로운 신분제가 등장하게 되는 것이다. 그러한 예는 학교에서도 쉽게 찾아볼 수 있다. 특정 브랜드의 아웃도어 점퍼를 입지 않은 학생을 따돌리고, 그 학생 스스로도 열등감과 수치심을 느끼는 것이 그 예이다. 어른들 사이에서도 자동차의 크기와 브랜드에 따라서 차별이 이뤄진다. 경차는 많은 곳에서 자주 무시를 당한다. 아파트 평수에 따라 아이들의 친구관계가 맺어지거나 단절

되기도 하고, 고급아파트에 사는 임대아파트 주민은 다른 출입구를 이용하도록 강제당하기도 한다.

한국 사회는 2000년대 이후 복지정책을 실시하고 기초생활보장제도를 도입해서 절대적 빈곤을 줄이는 데 많은 노력을 기울였다. 그 결과 2003년부터 2013년 사이 절대적 빈곤율은 6~7% 수준을 유지하고 있으며 중위소득의 50% 이하로 정의되는 상대적 빈곤율 역시 2003년 11.4%에서 2009년 13%까지 높아졌다가 다시 2013년에는 11.7%로 내려왔다(최근의 상대적 빈곤율). 하지만 이러한 객관적 통계지표와 달리 주관적 의식 측면에서는 박탈감이 높은 것으로 나타난다. 2015년 통계청의 사회조사 결과에 따르면 스스로 사회계층을 하층이라고 인지하는 비율이 44.6%인 것으로 나타났다. 하층에서도 하(下)에 속한다고 인지하는 비율도 19.5%나 됐다.

이처럼 자신의 지위나 상태를 객관적 수준보다 더 낮게 보는 것을 상대적 박탈(relative deprivation)이라고 부른다. 물론 상대적 박탈감은 어떤 집단이나 수준을 비교대상으로 삼느냐에 따라서 달라진다. 앞에서 살펴본 바와 같이 한국은 다른 사회에 비해 비교성향이 높은 편이고 또한 많은 사람이 하향비교보다는 상향비교의 성향이 강하다. 그렇다 보니 상대적 박탈을 느낄 가능성도 높다.

자신의 현재 처지와 비교대상이 되는 집단, 즉 준거집단의 수준에 따라 본인이 기대하는 욕망의 수준이 결정된다. 그리고 이러한 기대 수준과 현실에는 간극이 존재하기 때문에 불만과 박탈감이 존재한다. 그러면 이러한 기대와 현실의 간극은 어떤 변화와 역동을

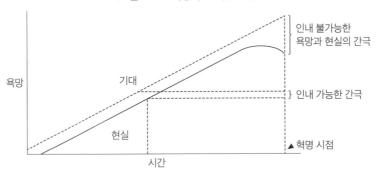

〈그림 5-11〉 혁명의 J-곡선 이론

거치게 되는가? 사회의 혁명적 변화를 연구한 사회학자 데이비스(Davis, 1962)는 J-곡선 이론이라는 사회운동에 대한 고전적 이론을 제시했다. 이때 J라는 명칭은 〈그림 5-11〉에서 보듯 현실의 욕망 충족 수준이 J자 모양으로 생긴 것에서 유래했다. 데이비스는 대개의 경우 사람들이 기대하는 욕구의 수준은 현실에서 충족되는 것보다 높기 때문에 불만이 언제나 존재할 수 있지만, 현실의 충족 수준이 상승하다 정체되는 순간에도 기대는 계속 상승해 간극이 벌어지면서 사람들의 불만이 집단적으로 표출된다고 주장했다.

이 이론을 적용하면 상향적 비교성향이 높은 한국은 기본적으로 기대 수준도 현실 상황에 비해 높은 편에 속한다. 또한 그동안의 압축적 발전 경험 때문에 현실이 계속 좋아질 것이라는 기대도 지속적으로 상승했다. 그런데 최근 전 세계적 경기 침체와 한국 경제의 저성장 국면 돌입, 그리고 앞으로 다가올 저출산·고령화에 따른 인구 오너스(onus)[1]의 영향으로 인해 현실이 기대를 충족할 수 있는 가능성은 점점 낮아진다. 따라서 현실과 기대의 간극도 점점 벌어질 것이다. 경제적 버블이 터지면 시장에서 많은 경제주체들이 빠져나오듯이, 사회적 버블이 감당하기 어려운 상황이 되면 사회적 불안정이 심화된다. 많은 사람이 한국 사회에 대한 실망과 불만, 불안을 경험하는 것이다.

냉소주의와 불신

경제적 거품이 시장의 경제주체들을 끌어들여 스스로 확대되는 메커니즘을 갖는 것처럼, 사회적 거품 역시 사회주체들을 서로 비교하고 경쟁하도록 부추긴다. 욕망은 끊임없이 상승하고 사람들은 기대와 희망의 고문을 받는다. 그런데 일단 이러한 고문이 지속되어 사람들이 자신의 기대와 희망이 신기루 같은 것이었음을 깨닫게 되면, 사람들은 자신이 사는 현실에 대한 애착을 거두게 된다.

경제학자 허시먼(Hirschman, 1970)은 조직이나 국가가 쇠퇴할 때 불만을 가진 구성원이 취할 수 있는 행위적 반응으로서 탈출(*exit*), 요구(*voice*), 충성(*loyalty*)의 세 종류가 있다고 하였다. 탈출은 비교적 젊기 때문에 매몰비용(*sunk cost*)이 적은 사람들이 주로 택할 선

---

1) 인구보너스가 전체 인구 중 생산연령 인구(15~64세) 비중이 증가함으로써 풍부해진 노동력과 소비력 때문에 경제 성장에 도움이 되는 것이라면, 반대로 인구오너스는 생산연령 인구 비중이 감소하여 경제 성장이 둔화되는 현상이다. 이때 '오너스'는 '부담'이란 뜻이다.

택지이고, 요구는 자신의 주장과 요구를 관철시킬 수 있는 집단적 저항의 잠재력이 있는 사람들에게 더 매력적인 선택지일 것이다. 반면 이 두 가능성이 모두 적은 경우에 구성원들은 현실을 그대로 인정하고 따르는 수밖에 없다는 것이 그의 주장이다.

하지만 자신이 처한 상황에 불만을 가진 사람들이 취할 수 있는 행위적 반응이 이 세 가지 유형에만 국한되지 않을 수도 있다. 사회학자 머튼(Merton, 1938)은 아노미에 대한 고전적 논문에서 자신의 목표를 달성할 수 있는 제도화된 수단이 제공되지 않는 아노미 상황에서 사람들의 반응이 순응(conformity), 혁신(innovation), 의례주의(ritualism), 회피주의(retreatism), 반란(rebellion)으로 나뉜다고 주장했다.[2] 이때 주목할 점은 머튼이 회피주의 반응을 보이는 사람들을 "사회 안에(in) 있지만 사회에 속하지는(of) 않는다"고 표현한 것이다. 머튼은 이러한 사람들이 주로 사회적으로 주변화(周邊化)되고 보이지 않는 집단이며 사회적 소수라고 설명한다.[3] 회피주의의 밑바닥에 깔린 일반적 심리상태는 냉소주의(cynicism)라고 할 수 있다. 냉소주의는 모든 가치에 대한 회의에서 출발하며 이성과 합리성을 불신한다. 많은 교육을 받고 많은 욕망과 기대를 가졌지만 현

---

2) 머튼이 주장하는 순응과 의례주의가 허시먼의 충성에 가깝다면, 혁신과 반란은 요구에 가깝다. 하지만 그의 회피주의는 탈출과는 다르다. 허시먼은 경계가 분명한 조직을 대상으로 했기에 탈출이라는 선택지가 가능하지만 머튼은 경계가 모호한 사회를 대상으로 했기에 탈출이 아닌 회피주의를 제시한 듯하다.

3) 하지만 머튼이 생각한 회피주의는 극단적 형태이며 순응이나 의례주의 반응을 많이 보이는 사람들도 어느 정도는 회피주의 성향을 가질 것이다.

실이 허용하지 않는다는 것을 깨닫고 기대와 욕망, 현실에 대한 모든 미련을 거둔 상태이다.

냉소주의가 만연한 대표분야는 정치이다. 정치에서의 위선과 기만이 민주화를 통해 높아진 국민의 기대와 어긋나면서 냉소주의가 확산되는 것이다. 민주주의 정치에 대한 환상이 깨지고 정치에 대한 불신이 높아지는 것은 최근 서구와 여러 선진국에서 공통적으로 나타나는 현상이다(Nye, 1997(2001)).

하지만 앞서 살펴본 바와 같이 한국은 정부와 정치권에 대한 불신의 수준이 다른 나라에 비해 유난히 높다. 정부와 정치권에 대한 불신의 배경으로 중요한 것이 정부 및 정치권의 청렴성과 투명성에 대한 낮은 평가이다. 〈그림 5-12〉에서 정부의 투명성에 대한 국민의 평가는 2000년대 초반 상당히 개선되었지만 2000년대 후반 들어 계속 정체되고 있다.

〈그림 5-12〉 정부 투명성 평가의 변화

출처: 국제투명성기구, 각 연도

행복감 저하

사회적 거품으로 인해 한국 사회에서 나타나는 문제점을 종합적으로 보여 주는 것이 삶의 만족도와 행복감의 저하이다. 최근 모든 선진국에서 물질적 삶의 수준을 나타내는 GDP로 사회의 발전과 진보를 측정하는 것에서 벗어나 국민들이 체감하는 삶의 만족을 통해서 사회를 평가하자는 주장이 강하게 제기됐다. OECD는 2011년부터 '더나은 삶 지수'(Better Life Index)를 계산해 회원국의 삶의 질 수준을 비교하고 그 결과를 매년 공표한다. UN도 행복 전문가인 영국의 경제학자 레이어드(Layard)와 미국의 경제학자 삭스(Sachs) 등을 중심으로 2012년부터 세계행복보고서(〈World Happiness Report〉)를 매년 발간해 전 세계 156개국의 행복도를 비교하고 그에 기여하는 요인들을 분석한 결과들을 공표해 왔다.

〈그림 5-13〉은 최근 발간된 세계행복보고서에서 각 나라별 행복을 나타내는 주관적 웰빙의 수준과 내부 격차를 보여 준다. 한국은 전체적으로 중위권에 속하지만 경제적 규모가 10~20위권인 것에 비해 주관적 웰빙 수준은 50~60위권이어서 주관적 웰빙이 상대적으로 낮다. 게다가 주관적 웰빙의 표준편차까지 높은 편이어서 한국은 주관적 웰빙 수준도 낮고 그 격차도 큰 사회임을 알 수 있다.

그렇다면 한국의 삶의 질과 행복 수준이 이처럼 상대적으로 낮은 이유는 무엇일까? 많은 사람들이 꼽는 중요한 원인들 가운데 하나는 일과 삶의 균형이 없다는 것이다. 앞서 살펴본 바와 같이 한국은 일

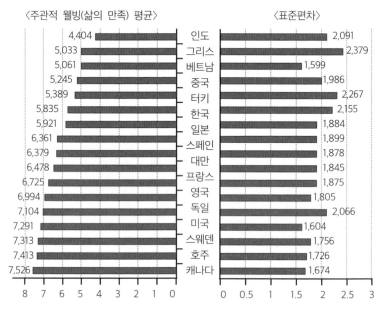

〈그림 5-13〉한국인의 행복도

〈주관적 웰빙(삶의 만족) 평균〉 〈표준편차〉

	주관적 웰빙(삶의 만족) 평균	국가	표준편차
	4,404	인도	2,091
	5,033	그리스	2,379
	5,061	베트남	1,599
	5,245	중국	1,986
	5,389	터키	2,267
	5,835	한국	2,155
	5,921	일본	1,884
	6,361	스페인	1,899
	6,379	대만	1,878
	6,478	프랑스	1,845
	6,725	영국	1,875
	6,994	독일	2,066
	7,104	미국	1,604
	7,291	스웨덴	1,756
	7,313	호주	1,726
	7,413	캐나다	1,674
	7,526		

출처: 세계행복보고서(2016)

하는 시간이 다른 사회들에 비해 긴 편이다. 또한 노동시간만이 아니라 유연 근무제 등 일과 삶의 조화와 균형을 맞출 수 있는 제도적 뒷받침도 부족한 편이다. 일과 삶의 불균형 외에도 삶의 질을 낮추는 요인으로는 사회적 자본의 부족을 들 수 있다. 한국 사회에는 주변 사람들과 도움을 주고받거나 협력하면서 신뢰가 형성되는 사회적 관계가 부족하다.

삶의 질을 해치는 사회경제적 요인들 못지않게 중요한 주관적·의식적 요인이 바로 사회적 거품이다. 주관적 웰빙 전문가인 에드 디너 외(Ed Diener et al., 2010)에 따르면 한국의 주관적 웰빙이 상대적으로 낮은 것은 지나친 경쟁과 비교, 외모에 대한 집착과 물질주의 때문이다. 한국인의 비교성향이 삶의 주관적 만족을 낮추는 작용을 한다는 것은 김희삼(2014)과 한준 외(2014)의 연구에서도 확인됐다. 비교성향이 높은 사람들은 타인과의 비교를 통해서 본인의 삶에 대한 만족의 기준을 높게 잡는 성향이 있고 본인의 성취에 대해서도 가볍게 보는 경향이 있다.

5. 사회적 거품의 극복

사회적 비효율과 낭비를 낳고, 사회적 불안정을 야기하며, 냉소주의와 불신을 가져옴으로써 삶의 질을 저하시키는 사회적 거품을 어떻게 걷어 낼 것인가? 사회적 거품을 줄여 가는 것은 현재 한국 사회가 직면한 갈등의 문제, 새로운 발전 동력의 문제, 그리고 행복 증진의 문제 해결에 중요한 계기가 될 것이다.

능력/성과주의를 통한 형식주의로부터의 탈출

사회적 거품을 줄이고자 한다면 한국 사람들의 사고와 의식구조에 깔린 형식주의적 사고에서 탈피할 필요가 있다. 한국은 과거 유교사상의 영향으로 명분론을 중시하는 전통이 이어져 내려왔다. 과거 시대의 명분은 오늘날에는 형식으로 변모되어 지속되고 있다. 당면한 문제의 해결을 위해 실질적인 것에 집중해야 할 때에 형식과 외양을 중시하는 것은 비효율을 낳을 뿐만 아니라 사람들로 하여금 불필요한 문제들에 사로잡히게 한다.

개인적 차원에서는 자신의 상황에 맞게 기대하고 노력해야 한다. 허황된 요구나 기대는 접어야 한다. 결혼을 하려면 이 정도는 갖추고 해야 한다든지, 취업을 하려면 이 정도 수준의 직장에는 가야 한다든지, 주택과 자동차 등 재산은 어느 정도가 되어야 한다든지 하는 외형적 기준에 대한 집착은 형식주의적 사고의 잔재이다. 정작 중요한 것은 내가 잘살기 위해 꼭 필요한 무엇에 집중하는 태도이다. 보다 많은 사람들이 형식주의를 벗어나 실질주의 혹은 실용주의 (*pragmatism*) 사고방식을 갖게 될 때 사회적 거품이 줄어들 수 있다.

형식주의는 개인보다 조직에서 더욱 강하게 작용한다. 한국의 많은 조직에서 형식주의를 줄이는 것은 개혁의 매우 중요한 과제이다. 외부에 보이기 위해서, 윗사람에게 보이기 위해서, 그리고 예전부터 해왔던 것이기 때문에 그렇게 해야 한다는 생각은 형식주의를 지속하는 기반이 된다. 형식주의의 잔재를 극복할 때 조직의 효율성이 높아지고 구성원들의 만족과 행복도 함께 늘어날 것이다.

형식주의를 벗어나는 보다 구체적이고 현실적인 변화와 혁신의 방향은 평가 제도와 방법을 바꾸는 것이다. 그동안 공정성과 효율성에 대한 집착은 수많은 평가 제도를 낳았다. 하지만 형식화된 평가는 오히려 평가 대상이 되는 사람들로 하여금 실질적인 능력과 업무 성과를 높이도록 하기보다는 평가를 위한 노력만 하게 만들 뿐이다.

따라서 형식화된 평가를 과감하게 줄여야 거품을 줄일 수 있다. 또한 평가 방법에서 과도하게 형식화된 수치들에만 매달리기보다는 실제 업무 효율과 효과성을 제고할 수 있도록 평가의 타당성과 실효성을 높일 수 있는 방안을 강구해야 한다. 결국 평가는 능력과 업무 성과를 높이는 데 도움이 될 때에만 의미가 있기 때문이다. 과도한 평가를 줄이고 형식화된 평가 방법을 바꾸는 것은 평가를 받아야 하는 많은 사람들(학생부터 직장인, 관료에 이르기까지)의 행복도 역시 높일 것이다.

그렇다면 평가와 선발을 구체적으로 어떤 방향으로 바꾸어야 하는가? 능력주의와 성과주의를 높일 수 있는 방향으로 바꾸어야 한다. 이러한 변화는 형식주의를 줄이고 사람들의 실질적 행복을 높이며 불안을 낮출 뿐 아니라 냉소와 불신 역시 줄일 수 있다. 한국 사회에서 냉소와 불신이 늘어나는 이유는 사회적 공정성과 투명성에 대한 회의가 높기 때문이다. 과도한 경쟁 과정에서 능력이 아니라 다른 기준들이 개입되지 않았나 하는 의구심이 계속 제기되는 것이다. 한국 사회에서 스펙 쌓기와 사교육이 지속되는 중요한 요인은 평가와 선발을 위한 경쟁에서 능력주의가 제대로 지켜지지 못하기 때문이다. 능력주의가 제대로 지켜지지 못하는 빈틈을 타서 사회적 거품이 형성되는 것이다.

능력에 따라 제대로 선발되고 성과에 따라 보상이 주어진다면 사회적 거품은 크게 줄어들 것이다. 조직에서도 능력과 성과를 가장 중요한 기준으로 삼아 선발과 승진, 보상이 이뤄진다면 과도하게 윗

사람의 눈치를 보며 불필요한 일까지 해야 할 필요가 줄어들 것이다. 한국 경제와 사회는 저성장과 인구오너스로 접어들었다. 이제는 과도한 투자와 지나친 기대로 커져 버린 사회적 거품을 빼야 한다. 합리적 기대에 근거해서 건강하고 만족스러운 삶을 살아갈 수 있는 사회적 분위기, 개개인의 의식과 태도가 절실하다.

다원주의와 다양성을 통한 주체성과 개인주의 확립

한국에서 사회적 거품을 지속적으로 확대하는 중요한 메커니즘은 경쟁과 비교이다. 경쟁을 줄이는 것은 비효율을 가져올 가능성이 있지만 과도한 경쟁 또한 비효율을 낳을 수 있다. 따라서 경쟁은 필요에 따라 적절하게 이뤄져야 하며 공정하게 진행돼야 한다. 비교성향이 높은 사람들이 비교를 덜 하려면 사고방식의 변화가 필요하다. 비교성향은 나의 기준에 따라 판단·평가하지 않고 남의 기준을 따르게 한다. 이로부터 벗어나려면 주체성을 가지고 나만의 기준을 세울 수 있도록 노력해야 한다. 이를 위해 여론과 매체 역시 사람들이 타인의 기준을 따르지 않도록 노력해야 한다.

사람들을 서로 비교하게 만들고 경쟁을 부추겨서 사회적 거품을 낳는 문화적 배경에는 집단적 획일주의가 존재한다. 모든 개인이 자유롭게 자신의 선호와 취향, 가치와 신념에 따라 살아가도록 하는 것이 아니라 모두가 공통으로 믿는 일종의 집단적 의식에 이끌려 획일적으로 살아가도록 만드는 것이 집단적 획일주의이다. 집단적 획일주의 문화에서는 개인의 독립적 판단과 기준을 유지하기 힘들다. 집단의 기준에서 벗어나면 집단적 제재와 따돌림을 받는다.

세계행복보고서의 주관적 웰빙에 대한 결정요인 분석 결과를 보면 한국에서 주관적 웰빙의 수준을 낮추는 데 기여한 요인으로 '자신의 삶에서 스스로 결정할 수 있는 자유'가 낮은 점이 꼽혔다. 남들의 이목이나 시선을 신경 써야 하는 경우, 자신의 삶을 스스로 결정하는 경우보다 같은 결과라도 만족도가 낮게 나타난다. 한국 사회에서 개인주의는 집단의 유대를 해치는 이기적인 태도로 매도되는 경우가 많다. 이기주의가 다른 사람에게 폐가 되는 경우는 있지만 집단주의 역시 많은 사람을 옭아매어 행복도를 떨어뜨린다. 이기주의가 아닌 개인주의를 통해 삶의 질과 행복을 높여 가야 한다.

개인주의를 높이고 주체성을 살리려면 획일주의에서 다원주의로 변화해야 한다. 나와 생각, 취향, 습성이 다른 사람을 인정할 수 있는 관용과 배려가 생활화되어야 한다. 각자 자신이 지향하는 삶을 추구하면서 다른 사람에게 폐를 끼치지 않고 살아갈 때 우리 사회에는 다양성과 다원주의가 뿌리를 내리게 된다.

집단이라는 이름으로 보이지 않는 상징적 폭력을 행사하며 같은 가치와 기준에 복종하게 만드는 집단적 획일주의가 사라지면 평가와 선발의 혁신에도 도움이 된다. 한국에서는 많은 평가가 상대평가 방식이다. 상대평가는 언제나 경쟁과 비교를 낳고, 그 결과 무한경쟁과 불안을 가져온다. 학생들은 대부분 자신이 배우고 익힌 것이 아니라 동료들보다 앞섰다는 사실에 만족한다. 직장인들은 자신의 업무에 대한 성취감보다 남들을 앞질렀다는 승리감 혹은 남들에게 뒤졌다는 패배감에 좌우된다. 평가 방법을 바꾸려는 노력이 형식주의뿐만 아니라 비교성향도 줄임으로써 사회적 거품을 줄이는 데 기여할 것이다.

제 6 장

———

북핵 위기와 G2시대의 외교안보전략

박인휘

안민정책연구원 외교통일분과위원장

이화여대 국제학부 교수

요약

현재 한국은 외교안보적으로 커다란 위기에 직면했다. 중국의 부상으로 미중 갈등구조가 심화되는 가운데, 한미동맹과 한중관계 모두를 포기할 수 없는 한국의 입장에서, G2시대를 맞이해 어떤 외교적 선택을 해야 할 것인지는 국가적 차원의 과제가 아닐 수 없다. 그뿐 아니라 한반도 차원에서도 안보와 평화가 크게 위협받고 있다. 북한의 핵 능력과 미사일 능력은 시간이 갈수록 고도화되고 있다. 1993년 북핵 문제가 불거진 이후 역대 정부는 20년 넘게 비핵화 정책을 추진했지만 북한의 변화를 이끌어 내는 데에는 실패했다. 따라서 지금은 그 어느 때보다도 우리를 둘러싼 동북아 지역 안보환경 및 북한의 비핵화를 위해 모든 국가적 지혜를 모아야 할 때이다.

미중관계의 경우 미국과 중국 중 어느 일방을 선택하는 이분법적 접근이 아니라 양 강대국 사이에서 실용적인 균형정책이 필요하다. 여기서 균형은 거리적 개념의 균형이 아니라, 미국과 중국에서 취할 수 있는 국가이익을 차별화하면서 한미중 소통 및 협력구도를 만들어 내는 균형을 의미한다. 또한 북핵 문제 역시, 비핵화를 위한 관여정책 혹은 원칙론적 강경정책 사이에서 어느 한 방향을 선택하는 단선적인 접근에서 벗어나 원칙론적 입장을 통해 북한에게 분명한 메시지를 전달해야 한다. 이와 병행해 북한 주민들이 다양한 외부 요인들과 접촉할 기회를 갖도록 하여 어떻게든 변화의 모멘텀이 확보될 수 있도록 노력해야 한다.

1. 외교가 강한 대한민국을 지향하자

인류 역사가 근대에 진입한 이후 국가는 가장 중요하고 효율적인 정치제도로서 인정받게 되었다. 특히 국가는 독점적인 지배권을 가지는 대내적 및 대외적 절대 주권 개념을 바탕으로 국제관계에서 유일무이한 핵심 행위자로 기능하게 된다. 근대 이후 지금에 이르기까지 국제 사회에서 강대국의 지위를 확보했거나 혹은 국제 사회에서 커다란 영향력을 행사하는 국가들은 예외 없이 두 가지 핵심 국가과제를 성공적으로 이룩했다. 그것은 바로 '산업화'와 '민주화'라는 국가과제이다. 흥미로운 점은 경제 발전을 대표하는 '산업화'와 정치 발전을 대표하는 '민주화'를 넘어선 국가들이 설정하는 다음 목표는 대부분 '외교강국'이라는 사실이다. 우리의 유일한 동맹 파트너인 미국은 물론 서유럽 국가 대부분이 그렇다. 아시아로 눈을 돌리면 조금 예외적인 경로를 거치긴 했지만 일본 역시 마찬가지이다.

일찍이 한국은 국가 집권세력이 자기 세력만의 안위와 부의 축적에 관심을 가지기보다는, 국가 차원의 경제 성장을 제일 목표로 삼았던 연성권위주의(soft authoritarianism)를 경험했다. 이러한 경제 발전 경험을 토대로 성장한 시민 사회는 아시아에서 가장 모범적인 민주주의를 정착시켰다.[1] 만약 한국 역시 대부분의 서구 강대국이

---

[1] 박정희 정권으로 대표되는 한국의 권위주의 리더십은 남미, 중동, 아프리카 등지에서 발견되는 권위주의 리더십과 차별성을 갖는다. 가장 대표적으로 그들 권위주의는 자기 세력의 지속적인 권력 유지를 최우선 과제로 삼았던 반면, 박정희

지향한 길과 크게 다르지 않은 길을 가게 된다면 우리의 다음 목표 역시 '외교강국'이 될 것이다. 이러한 관점과 맥락에서 현재 한국 정부는 G20 정상회의, 한국형 ODA, 통일공공외교, 중견국가(middle power) 등과 같은 국가과제를 중요하게 다루는 것으로 판단된다.

그런데 안타깝게도 우리 앞에는 자력만으로는 좀처럼 넘기 어려운 외교안보 과제들이 산재해 있다. 이 중에서도 특히 '북핵 문제'와 '미중경쟁'이라는 두 개의 과제는 우리가 쉽게 넘을 수 없는 거대한 산처럼 자리 잡고 있다.[2] 외교강국을 지향하는 우리에게 숙명처럼 주어진 버거운 과제인 것이다. 냉전 종식 이후 25년이 넘어가고 있다. 그 기간 동안 이뤄진 한국 정부와 국제 사회의 모든 정책 수단에도 불구하고 북한 비핵화의 길은 점점 더 멀어져만 가고 있다. 또한 중국이 글로벌 강대국으로서의 위상을 강화하면 할수록 미중경쟁은 심화될 것이다. 두 강대국 사이에서 한국은 세계 어느 나라보다도 외교적으로 어려운 선택을 해야 하는 상황에 놓이게 될 것이다.

산업화와 민주화라는 두 마리 토끼를 거머쥔 우리에게 외교강국으로 가는 길은 험하고 멀어 보인다. 이 글은 이러한 문제의식에서

를 포함한 국제 사회의 몇몇 권위주의는 국가 발전을 최우선 목표로 설정하였던 특징을 보였다.

[2] 참고로, 북한 문제가 '외교정책영역'의 대상인가에 대해서는 논쟁의 소지가 있다. 남북관계는 보편적인 국가 대 국가 관계로 보기 어렵기 때문이다. 하지만 이 글에서는 북한 문제가 우리만의 문제가 아닌 국제 사회와의 긴밀한 협조 등이 필요한 사안이라는 관점에서 보편적인 의미의 '외교안보' 대상으로 설정하고 있을 뿐임을 밝히는 바이다.

'북한'과 '미중경쟁'이라는 지난한 과제를 해결하는 해법에 대해서 독자들과 함께 생각해 보고자 한다.

2. 북핵 문제의 해결 전망은?

북핵 문제를 둘러싼 현황

북한은 2016년에 들어 4차 핵 실험과 5차 핵 실험을 불과 8개월 간격으로 전격적으로 감행했다. 여기에 그치지 않고 2007년 무수단 2호로 알려진 첫 장거리 미사일 발사 실험을 한 이후 꾸준히 기술 개선에 성공하여, 2016년에는 북한 나름대로 상당히 높은 기술적 완성도를 얻은 것으로 평가된다. 완벽하게 확인할 방법은 없지만, 전 세계에서 6개 국가만 보유한 것으로 알려진 잠수함 발사 탄도 미사일(SLBM) 능력도 대략 70% 수준까지 성공한 것으로 알려졌다. 한마디로 서방 과학자들마저 깜짝 놀랄 정도의 속도로 핵과 미사일 능력을 높여 가는 현실이다.

한국과 미국은 매우 강한 어조로 부정하고 있지만, 만에 하나 북한의 핵 보유가 공공연한 사실이 된다면 북한은 미국, 중국, 러시아, 영국, 프랑스로 알려진 NPT 체제하의 공인된 5개 핵 보유국과, NPT에 가입하지 않은 불법적 핵 보유국인 이스라엘, 인도, 파키스탄을 포함하면 9번째 핵 보유국이 되는 것이다. 특히 1970년 국제 사회가 핵무기 확산을 방지하고, 전 인류의 평화적인 핵 기술 사용만을 보장하고자 수립한 NPT(Non-Proliferation Treaty) 체제가 생겨난 이후, 회원국의 신분이었다가 이를 파기하고 핵 개발에 성공한 사례는 북한이 유일하다.

2016년 1월 6일 4차 핵 실험 이후 국제 사회는 유엔을 중심으로 매우 효율적으로 대북제재 방안을 준비했다. 또 유엔 안보리는 3월 2일 역사상 전례가 없을 정도로 촘촘하고 강력한 대북제재법안 2270호를 만장일치로 채택했다. 주민들의 생활에는 영향을 미치지 않는다는 조건을 전제로 경제적 타격과 외교적 고립을 디자인했지만, 북한에 치명적인 타격을 주는가에 대해서는 논란이 있다. 이런 와중에 북한은 2016년 9월 9일 또다시 5차 핵 실험을 감행했다. 한국은 물론 국제 사회 전체를 우롱하고 비웃는 것처럼 보인다. 어쩌다가 한반도와 동북아가 이렇게까지 심각한 안보 불안과 위협에 빠지게 된 것일까? 북한의 비핵화는 정말 불가능할까? 그렇다면 한국 정부가 쏟아붓는 모든 대책이 무의미하단 말일까? 중국은 왜 결정적인 순간에 우리의 편을 들어주지 않을까? 이제 한반도 통일은 물 건너간 것일까? 이러한 질문들을 자연스럽게 떠올리게 되는데, 한마디로 시원한 답변을 기대하기는 어려워 보인다.

북한 김정은은 2012년 공식 집권 이후 과거 김정일 시대에 유지되던 핵전략에 관한 이른바 '전략적 모호성'을 폐기하고, 핵을 국가 핵심 발전전략으로 대내외에 천명한 바 있다. 김정일은 은밀하게 핵 개발에 전념하면서도 남북 정상회담, 6자회담 개최, 9·19공동성

명, 2·13북미합의 등 수차례에 걸쳐 한국과 국제 사회를 상대로 비핵화에 합의했다. 그러나 김정은은 아버지와 다른 길을 선택한 것으로 판단된다. 핵 개발을 둘러싼 과학기술 발달에 북한은 모든 국가 에너지를 결집하고 있다고 해도 과언이 아니다.

한국 정부는 이에 대해 강력한 외교적 스탠스를 견지하면서, 과거와 동일한 방법으로는 북핵 문제가 해결될 수 없다는 점을 국내외에 분명하게 천명하고 있다. 과거보다는 더욱 효과적인 국제공조체제 형성을 강조하고 있는데, 금번 대북제재 국면의 경우 한국 중심의 단독제재, 주요국과 파트너십을 이룬 양자제재, 마지막으로 유엔 중심의 다자제재가 함께 맞물리는 다층성이 유지된다는 점에서 특히 차별적인 특징을 보이고 있다. 하지만 대다수 국민과 국제 사회는 제재가 북한에게 일정 수준의 고통을 줄 수는 있겠지만, 그렇다고 북한이 핵을 포기하고 국제 사회가 요구하는 변화의 길로 순순히 들어서지는 않을 것이라 본다.

많은 사람은 무엇보다도 북한 문제에 관한 중국의 역할에 대해서 문제를 제기하곤 한다. 중국 정부가 우리 주도의 국제제재에 참여는 하고 있지만 북한의 숨통을 조일 정도의 옵션은 결코 채택하지 않을 것이라는 의구심을 좀처럼 거두기 어렵다. 미국 역시 현재 적극적인 제재정책을 추진하고는 있지만, 북한에 치명타를 안겨다 줄 선택까지 할 것인지는 의문이다. '세컨더리 보이콧'을 포함한 결정적 타격은 중국과의 일전을 불사하겠다는 의지가 필요하기 때문이다. 물론 현시점에서는 미국이 북한을 상대로 전례 없이 강력한 제재 방안을 구사하고 있다. 다만 2017년 미국에 새로운 행정부가 들어선다는 사실을 고려해야 한다. 미국의 신정부는 관례대로 약 6개월 동안, 즉 내년 8월 정도까지 외교정책 전반에 걸친 리뷰 작업이 진행할 텐데, 북한은 이러한 상황을 적극 활용하여 올해와 내년을 핵 능력 완성의 적기로 삼은 것으로 판단된다.

그런데 북한 문제에 대한 미국과 중국의 인식이라는 관점에서, 한 가지 생각해 봐야 할 대목이 있다. 우리 관점에서 북한의 추가 핵 도발은 한반도 및 동북아 안보상황의 악화라는 측면이 강하지만, 국제 사회 관점에서 미국과 중국은 북한 핵 도발을 일정 부분 현상유지적 차원에서 이해하는 경향이 있음을 직시해야 한다. 이 부분과 관련해서는 의도치 않은 오해의 소지가 있지만, 미국과 중국이 북한 문제를 한반도 차원에 머물지 않고 동북아는 물론 아시아 전체 및 글로벌 안보질서 차원에서 보다 큰 그림을 그리고 있다는 사실을 고려할 때, 우리의 전략적 자율성은 매우 제한적일 수밖에 없다. 이러한 배경에서 다음으로는, 한반도 문제에서 우리의 정책적 자율성을 제한하는 구조적 딜레마 현상부터 살펴보기로 하겠다.

북한 문제 접근의 딜레마

냉전 종식 이후 지금까지 약 25년 동안의 대북정책을 돌이켜 볼 때, 아래와 같은 세 가지 내용의 딜레마가 발생하고 있음을 발견하게 된다. 이러한 딜레마 현상은 우리가 추진하는 다양한 대북정책의 효과를 저하시킴은 물론 미국과 중국 사이에서 한국 정부가 북한 문제를 다루는 데에 자율성을 대폭 상실하게 만든다. 이와 관련한 정확한 이해가 필요하다.

첫째, 북핵 문제와 같은 한반도 차원의 문제들이 미중 간 게임 차원의 문제들로 전환되는 특징이 발견되는데, 이러한 특징은 우리의 국력 및 의지를 넘어서는 경우가 많으므로 우리에게는 일종의 딜레마가 아닐 수 없다. 이는 동북아 지역의 고유한 안보질서 특성에서 비롯된다. 특히 한반도는 다른 지역과 달리 강대국 정치의 반영이 매우 뚜렷한 관계로 남북관계 차원에서 발생하는 정책옵션과 안보 상황이 강대국, 즉 미중 간의 문제로 해석되는 경우가 자주 발생한다. 즉, 미국과 중국은 한반도 문제를 있는 그대로 받아들이기보다는 서로를 어떻게 상대하고 견제할 것인가의 문제로 확대 해석하는 경향이 강하다는 의미이다. 사드(THAAD) 배치가 갖는 한반도 차원의 의미에도 불구하고, 또한 이와 관련한 한국 정부의 지속적인 설명에도 불구하고, 중국이 사드 배치 문제를 미국의 대중국 봉쇄정책의 차원에서 이해하는 것도 같은 맥락이다. 3)

다수의 국제안보 전문가는 미중 간 신권력관계를 의미하는 이른

---

3) 이와 관련하여, 한국 정부는 '사드 배치' 문제가 야기할 다양한 사후 문제점들을 충분히 예상하고 전략적 자세를 취해야 했지만 돌이켜 보면 아쉬운 점이 남는다. 향후 유사한 성격의 정책옵션을 공론화할 경우 어젠다 세팅 방식, 미국 및 중국의 예상 반응, 대국민 홍보 및 설득과정 등 다양한 문제점들을 충분히 고려한 다음에 추진하는 자세가 필요해 보인다.

바 G2시대에는 갈등과 협력이 공존할 것으로 예측하는데, 한반도 안보는 미중 양국 간 대표적인 갈등 유발 이슈로 평가된다. 한반도 차원의 이슈가 미중 간 차원의 이슈로 전환되는 데에는, 이러한 구조적 배경과 맞물린 것으로 볼 수 있다. 즉, 미국과 중국이 한반도 문제를 놓고서 충돌한다면, 그래서 한반도 문제를 미국의 '대중국 관리정책', 중국의 '대미 도전정책'의 차원에서 이해한다면, 우리의 입지는 더욱 좁아지고 북한 문제는 더욱 복잡해질 것이다.

둘째, 북한을 상대로 한 관여정책과 압박정책 모두 실효성을 거두기 어려운 현실이라는 점이다. 북한 체제의 특성상 관여정책의 결과로 개방지향적인 새로운 정치그룹이 등장하는 것도 아니고, 또한 압박정책의 결과로 지배계층에게 가해지는 정치적 압박이 증대하지도 않기 때문이다. 4) 이른바 당근정책과 채찍정책이 모두 실효성을 거두기 어렵다는 점은 우리 입장에서 딜레마가 아닐 수 없다.

1990년대 이후 지금까지의 대북정책은 다양한 내용과 전개방식을 취했지만, 거시적인 관점에서 보자면 모든 대북정책은 하나의 공통점을 갖는다. 그것은 한국과 국제 사회의 '지원'이 북한의 '포기'를 전제로 한 일종의 교환(*trade-off*)이라는 의미를 띤다는 점이다. 그러나 현재 박근혜 정부의 스탠스는 이러한 교환에 기반한 기능주의적 접근(*functionalist options*)이 무의미하다고 인식한 결과로 판단된

---

4) 주한미국 대사를 역임한 크리스토퍼 힐은 바로 이 점을 잘 지적했다. Hill, C. R. (2013). The elusive vision of a non-nuclear North Korea. *Washington Quarterly*, 36(2) 참고.

다. 즉, 우리가 뭘 지원해도 북한은 포기하지 않을 것이기 때문에 대북 접근의 틀 자체를 바꿔야 한다는 입장인 것이다. 그렇다면 문제의 핵심은 교환이나 관여를 대체한 제재정책이 효과를 가져다 줄 것인가에 있는데, 앞서 언급한 북한 사회의 특성상, 당근과 채찍 모두 북한의 전략적 선택을 변화시키기는 어려울 것으로 보인다.

이 문제를 조금 다른 각도에서 생각해 보자. 과거 우리 사회는 왜 햇볕정책이 북한의 변화를 유도하는 데에 한계가 있었나 하는 문제를 놓고서 심각한 논쟁에 빠진 적이 있다. 햇볕정책으로 북한은 분명히 따뜻함을 느끼겠지만, 그렇다고 핵을 포기하거나 개혁개방의 길로 들어서지 않는다는 설명이다. 왜 그럴까? 한두 가지 요인으로 쉽게 설명할 수는 없겠지만, 한마디로 북한 사회 내부의 특수성 때문이다. 지금 우리의 대북정책은 햇볕을 주면서 제재로 고통과 외로움도 주자는 것이지만, 그 역시 북한 내부의 특수성으로 인해 핵을 포기하게 하지는 못할 가능성이 크다. 즉, 외부에서 가해지는 압박이 햇볕이든 경제제재든 결국은 북한 사회 내부의 메커니즘으로 인해 북한을 변화의 길로 이끌기는 어렵다는 논리인 것이다.

셋째, 북한 사회의 특성상 국가 안보와 리더십 안보가 동일하게 받아들여지는 비정상적인 현상이 발생하고 있다. 사실 북한의 핵 개발이 국가 안보가 아닌 리더십 안보에만 도움이 됨에도 불구하고, 북한 주민들이 핵무기 보유를 국가 안보 차원에서 생존의 전제조건으로 생각하는 비이성적 상황이 전개되는 것이다. 이러한 현상 역시 우리의 정책 실효성을 제한하는 딜레마로 작동한다. 국가 안보는 구성원들 사이의 다양한 합의와 가치(value)들 간 경쟁에 의한 사회적 구성(social construction)을 의미하지만, 북한의 경우 리더십의 유지가 국가 안보와 동일시되어 외부 행위자의 정책적 자율성을 침해하고 있다. 특히 대북정책 실현과 관련하여 의도하든 의도치 않든 우리 관점에서는 북한의 정권과 주민을 적절한 수준에서 분리하는 전략이 필요한데, 북한의 현실은 이 분리 전략을 매우 어렵게 만든다. 3대에 걸친 김씨 일가의 억압과 폭정으로 경제가 피폐해졌으며 주민들의 삶의 질은 말할 수 없이 악화되었음이 밝혀져야 하는데, 김정은 정권의 유지를 북한 국가 전체의 안보로 받아들이는 주민들의 생각이 바뀌지 않아 우리의 여하한 정책도 실효성을 갖기 어렵다.

대북정책 실패의 원인과 분석: 억지와 강요의 혼돈

사실 앞에서 언급한 세 가지 유형의 딜레마 현상은 지금까지 다양한 전문가에 의해서 지적되었다. 이러한 현상의 배경으로는 북한이 우리에게 주는 상반된 의미가 자리 잡고 있었다. 다시 말해 북한은 우리에게 심각한 안보 위협을 제공하는 적대세력이지만 또한 동시에 타협과 대화를 통해 평화통일을 이뤄내야 하는 동반자라는 이중성이 세 가지 딜레마의 배경으로 인식되었다. 그 때문에 군사적 수단 혹은 대규모의 극단적인 개입 같은 적극적인 대북정책을 고려하기 어렵다는 설명이다. 그런데 이에 대해 과거보다 좀더 과학적이고 객관적인 설명이 필요하다고 판단된다.

지금까지 북한 문제와 북핵 문제를 정교하게 결합 및 분리하지 못하면서, 북한이 억지(deterrence)의 대상인지 혹은 강요(compellence)의 대상인지에 대한 분명한 인식과 전략이 모두 부재했다. 국제 정치 이론적으로 보자면 억지의 목적은 특정대상이 군사적 행동을 하지 못하도록 만드는 것이다. 다시 말해 기본적으로 억지는 예방적인 성격을 갖는데, 상대 행동을 적절한 차원에서 사전에 제어하는 것을 의미한다. 반면, 강요는 이미 발생한 사건이나 행동에 대해서 상대방의 의도를 꺾고 다른 선택을 하도록 만드는 것을 의미한다. 즉, 상대방이 이미 선택해 버린 이익구조와 행동패턴을 다른 방향과 방식으로 전환시키기 위한 노력을 의미한다.[5] 간략하게 요약하면, 억지는 아직 발생하지 않은 미래 행동에 대한 방향 전환이고, 강요는 이미 발생한 과거 행동에 대한 방향 전환을 의미한다.

　　그런데 북한 문제의 경우, 한국전쟁 이후 유지되는 한미동맹의 근원적인 목적은 북한 군사행동의 억지였다. 이렇게 보면 동맹의 목적이 성공적으로 이행 중이라고 볼 수도 있다. 그러나 북핵 문제만을 분리해서 보자면 핵 개발과 핵 실험을 중단시키거나 혹은 그와 관련한 북한의 국가적 이익구조(interest structure)를 변환시켜야 하

---

5) 군사행동은 거시적인 관점에서 '전투', '억지', '강요' 이렇게 세 가지 영역으로 세분화되는데, 이와 관련한 군사행동의 진략적 범위(scope)에 대한 자세한 설명은 Byman, D. & Waxman, M. (2002). *The Dynamics of Coercion: American Foreign Policy and the Limits of Military Might*. New York: Cambridge University Press 참고.

는, 두 가지 차원의 정책영역이 혼재한 상황이다. 다시 말해, 북한 문제와 북핵 문제가 혼재하여 억지와 강요 사이의 전략적 구분이 성공적으로 이뤄지지 않았던 것이다. 현실적인 표현으로, 미세한 국지도발과 대대적인 남침을 사전에 차단하고 예방해야 하는 한미동맹의 목표를 어느 한 관점에서만 보자면 억지 기능은 성공적으로 수행되는 것으로 평가된다. 하지만 북핵 문제만을 떼어 내어 생각해 보면, 2006년 1차 핵 실험 이후(혹은 1993년이나 2002년 이후) 북한은 프로그램에 따라 지속적으로 핵 개발을 추진해 왔으므로 핵 개발을 저지하기 위한 한미동맹의 억지 기능은 실패했다고 봐야 한다. 따라서 핵 개발 이후의 북한은 더 이상 '억지'의 대상이 아니라 '강요'의 대상이다. 결과적으로 핵무기 개발이라는 북한 행동의 변경을 목적으로 하는 대북정책이 수립됐어야 하는 것이다. 하지만 우리는 그러지 못했다.

현실적으로 대치 상태인 두 세력 사이에서 '억지'는 상대방이 도발(provocation)을 선택할 때까지 지속되지만, 일단 도발이 발생하면 그다음부터는 목표 국가(target state)를 향한 정책은 '강요'로 전환되어야 한다. 여기서 명심해야 할 점은 억지와 강요는 서로 다른 시그널을 상대방, 즉 북한에 명백하게 전달할 수 있어야 한다는 것이다. 즉, '억지'가 전달하는 시그널은 북한이 도발하지 않는 한 우리가 먼저 북한에 손해를 끼칠 의사는 없다는 내용이어야 하고, '강요'가 전달하는 시그널은 이미 발생한 행동을 변경하지 않으면 더 큰 손해를 입을 수 있다, 그러나 발생한 행동을 변경하면 더 큰 경제적 혜택을

입을 것이다 라는 내용이어야 한다. 6)

논의를 몇 단계 건너뛰어서 얘기해 보자. 지금 우리는 북한에 메시지를 분명하게 전달하고 있는가? 즉, 핵 문제에 관한 한 억지가 아닌 강요의 대상인 북한을 향해 핵을 포기하지 않으면 국가 존립의 큰 위기를 맞이할 수도 있다는 메시지를 분명하게 전달하고 있는가? 이와 동시에 만약 우리에게 협조한다면 북한이 진정으로 바라는 큰 혜택을 누릴 수도 있다는 메시지를 분명하게 전달하고 있는가? 좀더 현실적인 표현으로 옮겨보자면, 북한은 한미동맹군이 북한 영토를 타격할 수 있다는 두려움을 느끼고 있는가? 그리고 경제제재가 궁극적으로 북한을 붕괴시킬 수도 있다는 두려움에 싸여 있는가? 또 다른 차원에서, 우리는 북한이 행동을 변화시켜 우리와 국제 사회에 협조할 수 있는 카드를 북한에 제시하고 있는가? 이 모두가 쉽게 답하기 어려운 질문들이다.

북한이 억지 대상인 상황이었을 때 우리는 한미동맹이라는 전략 자산을 적극 활용하면서, 북한에 나름대로 성공적인 메시지를 전달한 것으로 평가된다. 그런데 여기서 유념해야 할 점은, 돌이켜 보면 북한이 핵 실험을 선택하는 순간은 우리 관점에서 북한이 억지의 대상에서 강요의 대상으로 전환되는 순간이었다는 사실이다. 우리는 이 시점에 북한을 강요의 대상으로 신속하게 전환시키지 못했다. 극

---

6) 이와 관련한 이론적인 설명은 Nincic, M. (2011). *The Logic of Positive Engagement*. Ithaca, NY: Cornell University Press 참고.

복의 대상이면서 동시에 포용의 대상인 북한이기 때문에, 강요정책에 해당하는 정책옵션들을 적극적으로 구사하지 못했던 것이다. 한마디로 북한의 핵 개발 시도를 지켜보면서 이러지도 저러지도 못하고 시간을 보냈던 것이다. 물론 여기에는 북한 나름의 정교하고 영리한 외교전술이 일정 부분 성공을 거둔 측면도 있다.

이와 관련해 한 가지 더 생각해 봐야 할 점은, 핵 개발을 본격적으로 시작하기로 결정한 북한이 한국과 국제 사회가 '군사적 보복 및 포괄적 압박'과 '관여적(경제적) 혜택'이라는 두 가지 강요 옵션 중 현실적으로 군사적 보복은 채택할 수 없다고 판단했을 것이라는 사실이다. 북한은 또 경제적 보복 역시 일정 부분 두렵기는 하지만 그래도 그럭저럭 버틸 수 있다는 내부적 판단을 동시에 했을 것이다. 후술하겠지만, 북한은 미국이 한국전쟁 이후 동북아에서 유지되는 지역 안정과 경제 성장을 포기할 수도 있는 도박을 할 수 없을 것이라고 판단했을 것이다. 북한은 또 국제 사회와의 경제적 의존도가 워낙 낮은 관계로 경제제재가 가져올 파급효과를 견뎌낼 수 있을 것이라고 계산했을 것이다.

실제로 한국 정부와 국제 사회는 북한의 핵 도발이 시작됐을 때 군사적 행동을 실천 가능한 정책옵션 범주에 포함시켜야 했지만, 이는 현실적으로 불가능했다. 이러한 판단에는 중국의 군사 개입을 막을 수 있는 보장이 없다는 점, 북한의 2차 반격을 사전에 확실히 제압할 수 없다는 점, 일본의 보통국가화 논리가 의도치 않은 방향으로 발전할 수 있다는 점 등이 종합적으로 고려된 것으로 볼 수 있다.

돌이켜 보면 지금까지 한국 정부 혹은 국제 사회는 북핵 문제 발생 이후 북한의 행동을 변경시키는, 즉 미래에 발생할 행동을 방지하는 억지의 차원을 넘어 이미 발생한 행동을 포기 및 변경시키는 강요 차원의 전략적 진화를 이뤄야 했음에도 불구하고 그러한 노력은 구체적으로 추진되지 못했다. 구체적 노력이란, ① 북핵 문제를 북한 문제로부터 정교하게 분리하고 1차 핵 실험이 진행됐을 때 군사적 수단 사용까지 포함하면서 '억지'에서 '강요'로 대북정책의 목표를 신속하게 전환하는 방법, 혹은 ② 북한이 도저히 거부하기 어려울 정도로 기존 관여정책보다 한층 포괄적인 대북 평화공세를 선택하는 방법이다. 이 글에서 설명하는 바와 같이 만약 정책옵션 ①의 사용이 현실적으로 불가하다면, 정책옵션 ②에 관한 진지한 고려와 관련 정책이 준비됐어야 한다고 본다. 하지만 매우 안타깝게도 지금까지 우리는 그 어떤 정책 대안도 정교하게 준비하지 못했음을 시인할 수밖에 없다.

대북정책 실패를 반복하지 말자

지금이라도 늦지 않았다는 심정으로 앞서 설명한 대북정책의 억지와 강요 간의 혼돈을 초래하는 요인을 좀더 구체적으로 설명하면 다음과 같다. 이렇게 우리 스스로를 점검하는 노력들로 인해 향후의 대북정책들이 또다시 실패하지 않기를 간절히 바란다.

첫째, 한국과 국제행위자 사이의 인식 및 전략옵션의 차이가 존재한다. 앞부분에서 잠시 언급한 바와 같이, 이것은 한마디로 북핵 개발과 추가 핵 실험이 한국 입장에서는 명백한 현상악화로 인식되지만, 미국과 중국 입장에서는 현상악화와 동시에 일정 부분 현상유지적인 측면으로 인식되기도 한다는 사실을 의미한다. 즉, 북한의 핵 물질, 핵 기술, 그리고 핵 관련 시설이 국제 테러리스트 등 외부 세계로 이전될 가능성이 없고, 중국이 언젠가는 북한이 야기할 최악의 선택을 적절한 수준에서 제어해 줄 수 있는 한 미국은 북한의 추가 핵 실험도 현상유지로 볼 수 있다. 또한 미국과 중국 모두 지금 당장은 북한의 붕괴나 통일 등으로 인한 동북아 세력구조의 급격한 변화를 원하지 않는다는 의미에서도 북한의 핵 게임은 현상유지적인 성격을 갖는다.[7] 결과적으로 현상악화적 인식에서 정책옵션을 수립하는 한국과 현상유지적 측면을 함께 인식하면서 정책옵션을 고려하는 미중 사이에 간극이 발생할 수밖에 없는 것이다. 물론 미국이 한국의 통일정책을 적극 지지하고 있으며 중국 역시 한반도의 안정을 전제로 한 한반도 통일을 지지하고 있지만, 세부적인 통일 시나리오 및 프로세스와 관련해서는 미중이 상이한 로드맵을 희망할 것이라는 짐작은 자연스럽다. 따라서 우리 스스로 주도하고자 하

---

7) 이러한 맥락에서 구체적으로 북한의 4차 핵 실험(수소탄 관련 주장), 장거리탄도미사일 기술력 주장 등은 지금까지의 북한 입장과는 논리적 정합성이 떨어지는 측면이 있다. 최근 들어 국제 사회에서도 유사한 부분을 지적하고 있는데, 관련하여 Nelson, A. J. (2016. 01. 12). The logic of North Korea's nuclear ambitions. *CFR Interview*; Snyder, S. (2016. 01. 18). North Korea's H-bomb and the costs of American indifference. *Washington Examiner* 참고.

는 의지, 역량, 그리고 노력이 없다면, 북한 문제는 앞으로도 강대국의 논리를 벗어나지 못할 것이다.

둘째, 과거 김정일 시대를 돌이켜 보면 핵 보유 관련 전략적 모호성이 어떤 의미에서건 유효한 부분이 있었음을 발견하게 된다. 김정일 정권의 북한은 국제 사회와 다양한 외교적 타협을 성사시켰는데, 6자회담의 출범, 2005년의 9·19합의, 2007년의 2·13합의 등을 구체적 사례로 꼽을 수 있다. 즉, 핵 개발을 지속하면서도 전략적 모호성을 견지해 국제 사회의 즉각적인 대처를 지연시키는 데에 성공한 것으로 볼 수 있다. 북한 핵 능력의 고도화가 시작됐을 때부터 국제 사회가 핵 문제 해결을 위한 '강요'의 단계로 시급하게 전환할 필요성이 있었지만, 김정일 정권은 스스로 이러한 필요성을 사전에 제거하는 외교전술을 구사한 것이다. 한마디로 북한 입장에서는 일종의 시간 벌기가 성공했다. 결과적으로 북한이라는 행위자와 비핵화를 이뤄 내야 하는 한국 및 외부행위자 사이에 심각한 간극이 발생했다고 볼 수 있다. 김정은 시대의 북한이 핵 개발을 절대로 포기하지 않을 것이라는 판단은 어떻게 보면 우리가 정책을 개발 및 수립하는 데 있어 이러한 모호성을 제거한 측면이 있다.

셋째, 5차 핵 실험까지 성공적으로 마쳤다고 자평하는 북한은 향후 한국과 미국 및 국제 사회를 상대로 적극적인 평화공세를 펼칠 것이다. 이는 중국의 대 한반도 전략 논리와도 맞아떨어진다. 북한 문제의 근원적 해결을 가로막는 구조적 장애와 관련한 논의들은 9·19합의 등에 이미 등장한 바 있다. 물론 평화협정과 평화체제는 우리 내부에서도 다양한 정치적 해석과 논쟁을 야기한다. 8) 즉, 평화협정과 평화체제는 북한만이 관심을 가지는 사안으로 인식되는 경향이 있다. 궁극적으로 비핵화가 선행될 수만 있다면, 한국 정부의 논리를 존중하면서 동시에 정전체제로 상징되는 구조적 장애물의 제거를 함께 고민하는 접근법 역시 이제는 함께 고민할 때가 다가오고 있는 것으로 보인다.

비핵화라는 매우 위중하고 험난한 과제가 일정한 수준에서 진정성을 가지고 선행될 수만 있다면, 북한 문제의 완전한 해결과 평화통일의 달성을 위해서 평화협정과 평화체제는 어떤 형태로든 반드시 거쳐 가야 할 단계임을 부인할 수는 없을 것이다. 이미 오래전부터 북한이 평화협정 관련 문제를 외교적 수사로 전환해서, 북한에 가해지는 외교적 고립감을 벗어나기 위한 수단으로 사용했다는 데에 문제의 핵심이 있다. 비핵화와 평화체제 논의가 서로 선순환적 구조를 가질 수 있도록 보다 정교한 정책 수립을 준비할 때이다.

물론 지금 북한을 상대로 공개적으로 평화체제를 논할 때는 아니라고 생각한다. 한국은 물론 국제 사회 전체를 상대로 반인륜적이고 비윤리적인 만행을 저지른 북한은 어떤 형태로든 합당한 대가를 치러야 한다. 정부가 국제 사회와 긴밀하고 효율적인 공조체제를 맺고 비핵화를 유도해 내고자 노력하는 사실 역시 이러한 맥락에서 이해될 수 있다. 하지만 현시점에서 북한의 비핵화에 대한 회의론이 점

---

8) 이 글에서는 '평화협정'과 '평화체제'를 엄격하게 구분하지 않는다.

증하는 상황을 고려할 때, 궁극적으로 미중 간 한반도 문제를 둘러싼 이해관계가 맞아떨어질 가능성이 커지고 있다. 한반도 및 동북아 문제의 상황악화를 꺼린다는 차원에서 미국과 중국은 공감대를 형성하고 있다. 미국이 북한을 선제공격하지 않는 한, 북한 역시 중국, 일본 등 주변국은 물론 미국 본토를 상대로 군사적 공격을 감행할 가능성은 거의 존재하지 않는다. 결과적으로 평화체제와 같은 새로운 접근법에 대한 관심이 점차 높아질 것으로 예상된다.

3. 대북정책 및 통일정책의 방향성 정립

1990년대 초반 전 세계적인 수준에서 냉전질서가 붕괴했다. 극도의 고립감과 두려움을 느낀 북한은 핵 개발을 통한 생존전략을 매우 치밀하고 장기간에 걸쳐 준비한 것으로 알려졌다. 지금까지 한국 정부는 물론 국제 사회에서 다양한 정책을 전개했지만 북한의 핵 개발은 지금 이 순간까지도 계속되고 있다. 이 글에서 북핵 문제를 일거에 해결할 수 있는 결정적인 혜안을 제시하지는 않는다. 다만 북핵 문제의 완전한 해결을 위해서는 새롭고 창의적인 생각을 시도해 볼 필요가 있다. 이와 관련해 향후 한국 정부가 취해야 할 새로운 정책옵션의 방향성에 대해 몇 가지 제안하고자 한다.

대북제재로는 한계 있어

이제 우리는 대북정책의 방향성을 다시금 정립해야 할 시점에 와 있다. 이 글은 대북제재 중심의 현 정책이 불가피함을 인정하면서도, 대화 모멘텀 포착 등 이른바 제재의 최초 효과가 발생하는 순간을 계기로 평화 정착 노력을 구체적으로 전개해야 한다는 당위성의 입장에서 설명을 전개한다.

북한의 4차 및 5차 핵 실험을 계기로 대북정책을 다시 한 번 점검해야 한다는 차원에서 우리가 선택할 수 있는 비핵화 방안의 하나는, 현재 유지되는 대북 제재정책의 효과를 신뢰하면서 더욱 강력하고 효율적인 정책을 추구하는 것이다. 이와 관련해 이미 다양한 방안들이 제시됐지만, 큰 틀에서는 세 가지 구체적인 방법을 중심으로 논의가 전개되고 있음을 알 수 있다.

첫 번째 방법은 미국이 중심이 된 '돈줄을 조이는' 전략으로 이른바 '세컨더리 보이콧'으로 알려졌다. 두 번째 방법은 중국에 더 많은 역할을 주문하는 방안이다. 결정적으로는 북한에 공급하는 원유를 제재대상으로 포함한다든지 혹은 북중 접경지역에서 진행되는 다양한 소규모 무역까지 철저히 관리하는, 이른바 미세한 제재정책을 추진해야 한다는 주장이다. 이러한 주장의 핵심 배경으로는 현재 무기 개발에 도용되는 자금만을 대상으로 삼는 제재를 일반 민간 경제까지 확대하자는 입장이 자리 잡고 있다. 마지막 세 번째로는 군사적인 정책을 강화하는 방안으로서 이른바 한국의 자체적인 핵무기 개발을 포함해 북한 지휘부의 선제 타격론 등 매우 다양한 스펙트럼에 걸친 아이디어들이다.

그런데 이러한 제재강화 정책들의 실효성 및 실천 가능성에 대해서 잠시 살펴볼 필요가 있다. 먼저 '세컨더리 보이콧'은 국제금융질서에 강력한 영향력을 행사할 수 있는 미국이 아니고서는 고려할 수 없는 정책이다. 추진과정에서 다양한 영세 규모의 중국 기업들을 타깃으로 해야 한다는 점에서 중국과의 직접적인 무역 마찰이 불가피하다.[9] 지금 전개되는 중국과의 다양한 경쟁구도 역시 해결이 쉽지 않은 입장에서, 자국에 사활적인 이해가 걸리지 않은 문제를 놓고 미국이 중국과 일전을 벌일 각오가 되어 있을지 의문이다. 오바마 행정부가 임기 종료를 목전에 뒀다는 점과 2017년 새롭게 들어서는 행정부가 통상 수개월에 걸쳐 외교전략 전반을 점검한다는 점을 고려할 때, 세컨더리 보이콧이 선택될 가능성은 높지 않다. 더욱이 미국 차기 행정부가 북한의 핵 능력이 미국을 선제적으로 타격하여 전쟁을 벌일 목적이라기보다는 생존 보장과 함께 외교적 담판을 목적으로 한 것이라고 판단한다면 세컨더리 보이콧의 실시는 현실적으로 더 어려워진다.

두 번째 방안인 북한의 경제활동 전체를 제재대상으로 삼는 미세

---

9) 동북 3성에 위치한 소규모 회사들이 가장 큰 피해를 볼 것으로 짐작된다. 시진핑 정부는 지역 간 균등성장을 핵심 국가정책의 하나로 삼고 있다. 현재 동북 3성은 중국 내에서 가장 낙후된 지역으로 알려졌고, 이들 지역에 경제적 타격이 가해지는 상황은 균등성장 실현에 더욱 큰 부담이 될 것이다.

하고 촘촘한 압박은, 한마디로 중국에 보다 강력하게 역할을 주문하는 것이다. 혹자는 원유 공급 중단을 주장하기도 하고, 혹자는 해외 노동자 수출과 지하자원은 물론 섬유산업의 수출까지 원천 차단하자고 주장하기도 한다. 또 일부에서는 중국에서 북한으로 흘러들어가는 모든 송금을 공개적으로 관리해야 한다는 주장이 제기되기도 한다. 만약 이러한 조치들이 실제로 채택될 수 있다면 북한에 심각한 경제적 타격을 줄 것이 분명하다. 하지만 문제는 중국이 이러한 주장에 얼마나 호응할 것인지 미지수라는 점이다. 이는 중국으로 하여금 북한에 대한 전략적 인식 및 국가이익 차원의 가치를 완전히 바꾸라는 주문이기 때문이다. 지금까지의 중국 외교전략의 전개를 근거로 가늠하건대, 중국이 북한을 포기하기는 어려울 것이다.

마지막으로 각종 군사적인 옵션들의 경우는 더욱 실현 가능성이 없어 보인다. 예를 들어 자위적인 핵무기 개발의 경우, 가령 2014년 완료된 한미 원자력협정 갱신과정에서 노출됐던 양국 간 입장 차이와 협상과정을 조금이라도 이해하는 사람들에게, 핵무기 개발 주장은 한마디로 실현 가능성이 거의 없는 주장이 아닐 수 없다. 이외에도 평양 지휘부를 선제 타격하자는 주장이나, 혹은 미국의 각종 전략무기 자산이 한반도에 빈번히 출현하는 등의 옵션들은 우리 국민의 마음을 일시적으로 안도시킬 수는 있겠지만, 실제로 북한을 선제 공격하겠다는 옵션이 실천 가능하지 않다면 북핵 문제의 근본적인 해결에는 별 도움이 되지 않을 것이다.

보다 강력한 대북제재 방안들이 무의미하다는 뜻은 아니다. 현실적인 실천 가능성만 있다면 이 역시 효과적이고 의미 있는 대안이 될 수 있다는 데에 동의한다. 다만 북한을 둘러싸고 미중이 일전을 불사해야 한다는 점, 한국의 자체 핵 개발을 위해 미국 정부를 설득해야 하는 게 불가능하다는 점, 북한에 대한 중국의 전략적 인식을 우리와 동일한 수준으로 맞추도록 요구해야 한다는 점, 또 무엇보다도 만에 하나 있을 수 있는 북한의 군사적 반발을 100% 억지하지 못할 경우 그 피해는 고스란히 한국에 돌아온다는 점 등을 근거로 추가 제재 방안의 가능성에 근본적인 의문을 제기하고자 할 따름이다.

대북제재와 평화 정착을 동시 모색해야

대북제재의 대안으로 생각해 볼 수 있는 방안은 위에서 소개한 정책 접근과는 반대 방향의 정책옵션이다. 한마디로 새로운 관여정책을 위해서 북한이 오랫동안 주장한 평화체제 방안을 우리도 사전에 미리 고민해 보자는 내용이다. 우리 사회 내부에서는 평화체제에 대한 개념 규정도 아직 합의를 이루지 못했다. 무엇보다도 한국은 물론 국제 사회 전체를 대상으로 반인류적인 '벼랑끝게임'을 벌인 북한에 면죄부를 줄 수는 없는 노릇이다. 그렇지만 한반도 및 동북아 평화체제는 언젠가 우리가 고민하고 선택해야 할 과제가 아닐 수 없고, 한편으로는 불가피한 민족적 여정이다. 어차피 다가올 사안을 더 이상 미루기보다는 우리의 관점에서 미리 논리를 준비해 나가자는 주장을 펴고자 한다.

이러한 주장의 바탕에는 두 가지 판단이 자리 잡고 있다. 우선은 무엇보다도 시간이 흐를수록 북한이 핵 개발을 포기할 가능성은 점점 희박해진다는 점이다. 김정은과 북한 정권의 의지는 국제 사회의 여론과 외부의 제재에 영향을 받지 않고 있다. 대부분의 역사적인 사례가 보여주듯이, 한 국가의 의지는 능력에 기반하기 마련이다. 핵 프로그램에 대한 능력이 향상될수록 핵무기를 보유하고자 하는 북한의 의지가 강화될 것은 불문가지이다. 또 하나는, 북핵 문제가 최악의 상황에 이르러 북미중 사이에 일종의 이해관계의 접점이 이뤄질 가능성에 대비하자는 것이다. 역사적으로 미국과 중국은 한반도 문제를 놓고서 수차례에 걸쳐 담판과 합의를 이룬 바 있다. 10) 매우 흥미롭게도 북한 문제는 중동, 우크라이나, 남중국해, 일본 문제 등과 비교하여 다른 문제들과 층위가 다르고, 결과적으로 미중 간 접점 모색이 훨씬 쉬운 대상이다. 따라서 한국 정부와 국제 사회의 대북제재 국면을 일관되게 유지하면서, 내부적으로는 북한과 중국이 공동으로 제기할 평화공세에 대한 전략적 준비 차원에서 한반도 및 동북아 평화체제 관련 프로세스도 준비해야 할 시점에 이르렀음을 밝히는 바이다.

학문적 논의를 전제로 한 발짝 더 논의를 전개해 보면, 비핵화와

---

10) 한국전쟁 종전과정이 대표적으로 그랬다. 1970년대 초 데탕트 국면에서 미국과 중국이 입장을 교환할 때 역시 한국 정부의 이해관계가 한반도 문제에 온전히 대변되지 못했다. 탈냉전 이후에도 1994년 제네바합의는 한국의 역할이 철저히 배제된 상태의 북미 간 협상결과라고 볼 수 있다.

북미관계의 교환을 핵심으로 하는 한반도 평화체제에 대해서 진지하게 고민할 때가 되었다. 평화체제 관련 논의는 워낙 논쟁적이고 우리 사회 내부의 합의과정이 매우 복잡한 사안이므로, 이 글에서는 상세히 다루지 않기로 한다. 다만 한 가지 지적하고 싶다. 비핵화와 북미관계 개선이 등가성을 가지는지에 대해서는 국내외적 합의에 맡기기로 하고, 대신 우리가 중심을 잡고 통일 관련 전반의 프로세스를 관리할 능력과 비전이 있다면 완전한 비핵화를 대가로 북미관계 개선 혹은 정상화에 더 이상 소극적으로 접근할 필요가 없다는 열린 사고 역시 필요하다.

물론 북핵에서 비롯되는 우리의 국가 안보 위협과 불안은 모든 방법을 동원해서라도 철저히 관리돼야 한다. 한미동맹이 우리가 가장 신뢰할 만한 외교안보 수단이라는 점은 엄연한 사실이다. 아시아 지역에 배치된 미국의 각종 전략자산을 적극 활용하기 위해 우리는 모든 외교적 노력을 다해야 한다. 북한 역시 한미동맹이 보유한 연합자산을 감당할 수 없다는 사실을 너무도 잘 알고 있을 것이다. 이 과정에서 중국 및 일본을 상대로 한 군사외교를 적극 활용하면서 이들 국가로부터 지지도 확보하고, 다양한 외교채널을 동원하여 설명도 하면서 북한의 핵 도발을 엄중하게 관리해야 할 것이다.

그런데 한미동맹 중심의 군사력은 북한 핵을 억지 및 관리할 수는 있어도 북한 체제의 DNA를 바꿀 수는 없다. 여기서 우리가 구사할 수 있는 하드옵션과 소프트옵션 사이의 적절한 균형이 요구되는 것이다. 이런 맥락에서, 북한 문제 및 북핵 문제 해결을 위한 하드옵션과 소프트옵션 사이의 분업구조(*division of labor*)의 필요성을 지적하고자 한다. 사드 배치를 포함한 군사적 옵션을 중심으로 북한의 핵 게임을 관리하는 노력을 최우선으로 삼되, 이와 동시에 북한 주민이 관심을 가지고 북한 내 일부 엘리트가 동요할 수 있는 다양한 소프트옵션, 예를 들어 우리 버전의 평화체제 논리, 북한 내 대규모 인프라 개발 프로젝트 비전, 남북중·남북러 등 접경지역 중심의 대규모 투자사업, 세계은행 등과 같은 국제금융 기구의 대북 투자 비전 등과 같은 방안을 적극적으로 준비해야 할 것이다.

대북정책에 대한 실천적 제언들

향후 대북정책과 관련하여 몇 가지 실천방안을 제안하고자 한다. 첫째, 위기관리 중심의 접근법에서 탈피하고 정책영역별 전문화를 이뤄야 한다. 주지하는 바와 같이, 지금까지 우리의 대북 및 통일정책은 북핵 문제와 연동되는 경우가 많았다. 그 결과 우리의 정책은 위기관리에 급급할 수밖에 없었다. 북한정책의 내용은 군사, 안보, 경제, 사회, 문화, 체육 등 매우 다양한 정책영역에 걸쳐 전개될 수 있는 포괄적인 성격을 가졌지만, 북핵 문제는 여타 영역의 정책 논의들을 모두 흡수하면서 우리의 정책적 대응이 가지는 포괄성을 스스로 포기하게 만들었다. 그 결과 북핵 문제는 단순화됐다.

　향후 대북정책은 더 이상 북한의 핵전략이 우리의 정책옵션을 지배하는 중심 변수(*commanding variable*)가 되지 못하게 해야 한다.

이를 위해서는 외교·경제·군사전략 그리고 우리 버전의 평화공세로 구분하여, 정책영역별 전문화를 시도할 필요가 있다. 이러한 접근은 북핵 문제가 위중하지 않아서가 아니라, 우리가 핵 문제에 몰두하면 할수록 핵 개발을 중심으로 한반도 문제의 이니셔티브를 쥐고자 하는 북한의 전략에 말려드는 결과만 빚어질 뿐이기 때문이다. 북핵 문제는 우리 내부적으로 한미동맹 등을 이용하여 만반의 준비를 하면 되는 것이라고 생각한다. 북한이 짜는 핵무기의 판을 뛰어넘기 위해서 우리가 가진 '비대칭적' 무기인 창의성, 역동성, 민간부문의 역량을 극대화해야 할 것이다.

둘째, 국내정치와의 단절을 확보해야 한다. 북한 문제의 특성상 대북정책 및 통일정책은 국가 최고 리더십의 역량과 비전에 종속적인 경우가 많다. 즉, 한국에서 북한 문제는 대통령의 고유 어젠다가 되었다. 이러한 속성을 이해 못 하는 바는 아니다. 지금까지 국가 리더십과 밀접하게 연동된 대북정책의 속성으로 인해 남북관계에 성과가 있었던 것도 사실이다. 한편 이러한 속성 때문에 북한 문제를 다룰 때 국내정치적 고려가 과다하게 작용했던 것도 사실이다. 따라서 북한 문제와 국내정치 사이에 적절한 거리가 유지될 수 있도록 북한 문제와 관련한 다양한 제도화가 진행돼야 한다.

또한 북한 문제를 해결하는 과정에서, 국가 리더십의 역할이 두드러지는 특징은 한반도 안보와 관련한 대외관계에서도 마찬가지이다. 즉, 대외관계에서는 정책의 방향성과 내용이 국가 간 리더십 관계에 종속적이라는 특징으로 전환되는데, 많은 경우 특정 국가 정상의 리더십 성향에 따라 통일정책의 방향성 및 내용이 달라져 정책 추진에 비일관성이 존재했던 것이 사실이기 때문이다. 11)

셋째, 통일정책자산의 확보가 필요하다. 한반도의 지정학적 특성상, 특히 통일문제에서 한국은 정책자원이 월등히 풍부한 국가들을 상대로 외교를 전개해야 하는 한계에 부딪치게 된다. 따라서 한국만이 특화할 수 있는 정책자원을 개발하여 현재보다 확충된 '정책자산'을 상시적으로 확보할 필요가 있음을 강조하고자 한다. 대표적으로 외교관 등 인적자원의 활용, 효율적이고 강력한 국가 리더십 확보, 지식 & 정보 인프라 구축, 전문화되고 역동적인 정부 혹은 비정부 분야의 글로벌 네트워크 구축, 한류 등 문화자원의 활용, 국가 이미지 및 브랜드 관리 등을 들 수 있다.

좋은 음식은 좋은 재료가 8할이라는 말이 있듯이, 좋은 정책은 건강하고 유익한 아이디어, 발전적 논쟁 등을 포함한 다양한 자원에 기반하고 있음을 명심하자. 이러한 자원들이 대북 및 통일정책에 산발적으로 참여하고 있는 현실을 적극적으로 극복하여, 국가 차원의 전문화된 대북 통일정책자산 확보 노력이 추진돼야 할 것이다. 12)

---

11) 특히 한미관계의 경우 국가 리더십 간 관계설정이 국가 간 보편적인 관계설정으로 전환되는 경우가 많은데, 이와 관련한 대표적인 연구는 박인휘(2010). 박정희, 김대중의 국가이익과 한미관계: 동맹-자주의 분절 혹은 통합. 〈세계지역연구논총〉, 28집 1호, 25~30 참고. 국가지도자의 심리적 요인들이 정책 결정의 핵심 변수들로 작용하는 사례 연구와 관련해서는 조동준(2005). 외교정책결정자 심리분석의 유용성 검토. 〈한국정치외교사논총〉, 26집 1호, 197~222 참고.
12) 이와 관련한 대표적인 연구는 Baston, R. P. (2013). *Modern Diplomacy*.

이 과정에서 한 가지 유념해야 할 점은 북한 문제를 해결하는 과정을 한국의 국제 정치적 지위 향상의 기회로 삼는 역발상의 노력이 필요하다는 사실이다. 북핵 문제로 안보위협이 증대함에도, 북한 문제는 'Korea Discount'라는 부정적인 접근에서 탈피해야 한다.

넷째, 미국, 중국 등 주요관여자의 통일 관련 국제분업구조를 설정해야 한다. 북한의 4차 핵 실험 이후 형성된 최근의 대북제재 국면에서 발견되듯이, 북한 문제 해결과정에서 미국과 중국 그리고 국제 사회의 역할에 대해서 우리 스스로 혼란스러운 모습을 보이는 경향이 있었다. 물론 이들 사이의 역할이 명확하게 구분되는 것은 아니다. 예를 들어 대북제재정책을 전개하는 과정에서 여러 가지 요소를 종합적으로 고려할 때 미국과 중국의 대응방식이 동일하기를 기대할 수는 없는 상황이다. 우리가 중국을 상대로 왜 미국과 동일한 방식으로 북한을 대하지 않는지 하소연할 수는 없다.

한미동맹이라는 외교자산이 북한 문제 해결과정에서 필요에 따라 즉각적으로 투입할 수 있는 전략자원이라면, 한중관계는 큰 그림에서는 한중 간 정책공조를 이루면서 세부적인 액션에서는 중국의 자율성을 인정해 주는 차원에서 외교적 합의를 이뤄야 할 것이다. 조금 더 넓게 보자면 ASEAN 및 EU처럼 북한의 입장에서 정치적 민감성이 떨어지는 국제행위자들 역시 적극적으로 활용할 필요가 있

Oxford: Routledge; Morgan, P. (2006). *International Security: Problems and Solutions.* New York: CQ Press 참고.

다. 그들의 대북 접촉 방식의 자율성을 인정하면서 그들 간의 다양한 역할분담을 꾀할 필요가 있다. 이러한 큰 그림은 궁극적으로 북한의 변화를 자극하는 다양한 인자가 될 것이다. 이러한 배경에서 대북 핵심 관여자인 미국과 중국이 한반도 통일을 위한 국제분업구조를 이룰 수 있도록 우리의 전략적 준비가 필요하다.

4. 미국과 중국 사이에서 이익 극대화

북핵 문제와 함께 현재 가장 중요한 외교안보 사안은 바로 미중경쟁시대에 우리의 외교 좌표를 어떻게 설정하느냐의 문제이다. 우려하는 바는 미중경쟁시대로 대표되는 국제환경에서 우리의 외교적 입지가 좁아질 가능성이 매우 높다는 사실이다. 이 글의 최초 문제인식처럼 산업화와 민주화를 넘어서 외교강국으로 나아가기 위해 미중시대의 생존전략을 모색해야 함은 피할 수 없는 국가과제다. 이와 관련해 객관적으로 어떠한 사안들을 점검해야 하는지 그리고 어떠한 정책 방향성에 입각한 옵션들을 개발해야 하는지 살펴보겠다.

한미, 한중관계의 중요성

동맹관계는 타자의 세력을 적극적으로 활용해 자국의 안보를 확보하는 전략적 선택이다. 무정부적 국제질서에서 이론적으로는 모든 국가가 동일한 지위를 갖지만 국력의 차이로 인해 항상 안보위협을 느끼게 되는 현실을 극복하기 위한 방안이다. 한국의 유일한 동맹파트너인 미국은 한국 입장에서 가장 소중한 외교안보 자산이다. 한반도가 처한 안보현실을 고려할 때 한미동맹을 어떻게 활용하느냐의 문제는 한국의 대외관계는 물론, 정치·경제·사회 등 모든 정책분야에 커다란 영향을 미치게 된다. 21세기 국제질서에서 글로벌 및 동북아 안보환경이 급변하고 있고, 그 핵심에는 중국의 경제 성장과 그와 연동된 중국의 강대국 프로젝트가 자리 잡고 있다. 이른바 G2로 알려진 미국과 중국 사이의 새로운 권력관계가 한반도 안보환경에 많은 변화를 미칠 것이라는 예측은 이미 수년 전부터 다양한 내용을 중심으로 강조되어 온 바 있다.

특히 현 정부 들어 한미동맹과 한중관계의 병행 발전이 더욱 강조됐다. 미국과 중국을 동시에 우방으로 확보해 한반도의 동북아적 이익은 물론 북한 문제 해결 및 통일과정에서 한국의 외교안보적 이익을 극대화하려는 노력이 핵심 과제의 하나로 추진된 것이다.[13] 외교적 실리를 추구하고자 한 정부의 합당한 의도와 문제의식에도 불구하고 한미-한중관계의 병행 발전은 현실 외교관계에서 구현되기

---

13) 박근혜 정부는 2013년 5월 28일 개최된 국무회의를 통해 '140개 국정과제'를 최종 확정한 바 있다. 5번째 국정목표인 "행복한 통일시대의 기반 구축"은 3개의 국정전략과 17개의 국정과제로 구성되는데, 특히 이 중에서 "한미동맹과 한중동반자 관계의 조화 발전 및 한일관계 안정화"라는 '국정과제 128번'은 한미동맹과 한중관계의 안정적인 병행 발전의 목표를 핵심내용으로 하고 있다.

쉽지 않았다. 특히 금년에만 두 차례에 걸친 핵 실험이 전격적으로 단행된 이후 한미동맹과 한중관계의 양립이 과연 가능한 것인가 하는 의구심마저 제기되고 있는 실정이다.

미래지향적인 한미동맹의 구축과 실용적 균형외교라는 관점에서, 정부가 추진하고 있는 한미-한중관계 병행 발전의 성과를 평가하고 또한 개선해야 할 문제점이 무엇인가를 분석하는 일은 한국 사회의 오피니언 리더들에게 매우 중요한 책무이다. 이러한 문제의식에서, 한미동맹은 국가 전략적 차원에서 핵심적으로 두 가지 과제에 직면해 있다.

첫째, 미중 간 세력관계가 새로운 국면에 접어들면서, 양국은 의도하든 의도하지 않든 상대방을 견제하는 수단으로 한미동맹을 활용하려는 의지를 키워 나가고 있다. 즉, 중국에 한미동맹은 한반도 안보에 적실성만을 가지기보다는 미중관계의 차원으로 해석되고, 미국에도 한미동맹은 한반도 차원을 넘어서서 미중관계의 차원으로 이해되는 부분이 발생하고 있다. 결과적으로 중국이 한반도 및 아시아 안보질서에서 영향력을 확장함에 따라, 한미동맹의 목표와 정체성 또한 크게 영향 받을 수밖에 없다. 특히 중국은 북한 문제 해결에 매우 중요한 관여자라는 점을 고려할 때, 한미동맹과 한중관계 사이의 균형을 어떻게 정립하느냐의 문제는 우리 국가전략의 핵심 과제가 아닐 수 없다.

둘째, 주지하는바 한미동맹은 궁극적으로 한반도에서의 안보 확보는 물론 남북한의 평화통일을 달성하는 데에 기여할 것을 목적으로 한다. 그런데 최근 북핵 문제로 불거진 한중관계의 불협화음에서 보듯이, 북한은 미국의 적대시 정책을 핵무기 개발의 근거로 삼으며, 나아가 한반도 평화체제 수립이 북핵 및 북한 변화의 핵심 전제 조건인 것처럼 일관되게 주장한다. 북한이 이러한 주장을 펴온 것은 이미 오래된 일이다. 스스로 핵무기 보유를 전제로 한 채 평화협정을 거론하는 자체가 정당성이 부족하다. 국제 사회의 대화 제의는 전혀 수용하지 않으면서 자기 방식의 평화공세를 주장하는 논리에는 그 진정성이 의문시된다.

북핵 문제 해결이 불가능한 것이 아닌가 하는 의구심이 확산되고 있다. 현재의 제재국면을 넘어 일정 시간이 지나면 중국 역시 북한에 동조하면서 이른바 평화공세를 펼 것으로 예상된다. 한미-한중 관계의 조화로운 발전이 목표인 한국 정부에게, 중국이 북한과 협력해서 평화협정을 포함한 평화공세를 전개하는 것은 큰 외교적 부담이 아닐 수 없다. 국가전략적인 차원에서 평화체제를 북한의 논리가 아니라 우리의 논리로 고민해 볼 필요가 있다. 한미동맹의 궁극적인 목표가 한반도 통일이라는 사실을 상기할 때, 한미동맹의 정체성에 변화가 불가피한 부분이 있는지를 분석하는 시도가 필요하다.

미국의 한반도 관련 이해관계와 전략

미국과 중국을 모두 우리의 전략적 파트너로 묶어 두기 위해서는, 미중의 이해관계와 그것을 실천하기 위한 전략이 무엇인지를 알아야만 한다. 임기 종료를 목전에 둔 오바마 행정부와 새로 들어설 행정부 모두 당장은 동북아 정책에서 커다란 변화를 꾀하지는 않을 것이다. 글로벌 차원에서 중동지역의 IS 및 시리아 문제에 대해서는 현 국제 질서의 변화를 야기하는 어떠한 세력의 등장도 반대한다는 입장을 유지할 것이다. 러시아의 대외정책에 대한 고민이 계속 커지기는 하지만 푸틴이 현재처럼 자국민으로부터 매우 견고한 지지를 얻는 한 미국은 섣부르게 대러 압박정책을 펼 수 없을 것이다. 대신 러시아가 시간이 갈수록 유럽국가로서의 정체성을 강화하고 있다는 점에 착안해, 독일을 포함한 유럽 주요국들이 러시아에 대한 관여정책을 확산시켜 나가도록 우회전략을 취할 가능성이 높다.

동북아에 대해서는 북한의 4차 및 5차 핵 실험 이후 제재국면이 약간의 변수로 작용하지만 미국의 동북아정책은 미중관계의 안정적 운영을 중심으로 전개되는 특징을 이어 갈 것이다. 미국은 미중관계를 안정적으로 유지하는 것이 동북아에서 얻을 수 있는 최대의 이익이라고 생각한다. 이에 따라 중국을 동아시아에 묶어 두는 전략을 통해 중국의 미국 '밀어내기' 전략에 대응하면서 지속적인 세력권 확장을 도모할 것으로 예상된다.

이러한 모습은 '신형대국관계'(*a new type of major power relationship*)라는 동진전략과 일대일로(一帶一路) 및 AIIB(아시아인프라투자은행)에 기초한 서진전략이 결합된 중국의 외교정책에 대한 미국의 본격적인 대응전략으로 이해될 수 있다. 미국의 아시아 재균형 정책과 중국의 신형대국관계의 리더십이 서로 갈등하는 경쟁구도가 미국 신

행정부 등장 이후 본격적으로 진행될 가능성이 매우 크다. 이와 관련하여 최근 동중국해와 남중국해에서 벌어지는 중국의 해양 영유권 주장에 대한 미국의 적극적 대응이 미국의 동북아 전략 성공 여부에 대한 중요한 테스트 케이스가 될 수 있을 것이다.

한반도 문제로 좁혀 보면, 미국은 북한에 대한 국제 사회의 제재 이행과정에서 중국을 견제하고 동북아에서 대북정책 관련 리더십을 유지하며, 이 과정에서 미국의 동아시아적 이해관계의 확장을 위해 한국과 일본을 적극적으로 활용하려 할 것이 자명하다. 이러한 맥락에서 미국의 동북아 전략은 재균형(rebalancing) 정책에 바탕을 두고 한미동맹과 미일동맹을 결합한 삼각 협력체제를 구축하는 것이다. 일단 2015년 12월의 한일 위안부 합의 및 북한 핵 실험에 대한 한미일 간 대북제재 협력으로 미국에 유리한 환경이 조성되었다고 평가된다. 현재 미국은 최근까지 진행한 미일 방위협력지침 재개정, 일본의 집단적 자위권 활용 및 사드 배치 논의를 통해 미일동맹을 강화하면서 자국의 영향력을 높이고자 하고 있다.

논의를 좀더 구체화하여, 미국은 2016년도에 한미동맹 강화 및 대북제재 문제를 제외하고는 한국 문제에 대해 큰 정책적 변화를 보이지 않고 있다. 2015년 가을 이후 불거졌던 한국의 중국 경사론도 북핵 실험 및 대북제재로 상당 부분 해소됐다. 동아시아 MD 구축을 위한 주한미군 사드 도입 역시 미국 입장에서는 순조롭게 논의 중인 것으로 받아들이고 있다. 대북제재과정에서 한미동맹과 미일동맹에 기반한 협력을 강화하면서 미국은 동아시아 재균형 전략에서 한반도를 적극 활용하고 있는 것으로 판단된다. 예를 들어 남중국해 문제는 한반도에서 상대적으로 멀리 떨어진 이슈이지만, 미중의 이해관계가 첨예하게 충돌하는 변수이기 때문에 미국의 대응과정은 사드, 대북제재 등 한반도 관련 부분에 상당한 영향을 미칠 것으로 예상된다.14)

기본적으로 미국은 2016년 이후의 북핵국면에서 대북제재에 적극적인 모습을 보이지만, 기존의 북한에 대한 전략적 인내가 큰 틀에서 유지될 것으로 보인다. 미얀마, 쿠바, 이란 등의 사례를 통해 대 불량국가 정책에서 충분한 외교적 업적을 쌓은 미국이, 북한같이 외교적 성과를 내기 쉽지 않은 국가를 상대로 군사적·외교적 자원을 낭비하고 싶지는 않을 것이기 때문이다. 쉽사리 해결이 보이지 않는 핵 문제보다는 차라리 이를 우회해서, 북한의 인권 문제, 사이버 테러 문제, 대북정보 유입 문제 등에 집중하는 경향을 보인다.

결론적으로 미국이 북한 문제로 인해 미중관계의 리스크를 부담할 것이냐가 핵심 관건인데, 이와 관련하여 한미 간에 다양한 정책 영역과 정책 결정 차원에서 인식 차가 발생할 수 있다. 미국이 진정으로 북한 핵과 미사일로 인해 본토가 공격받을 위협을 느낀다면 미

14) 사드와 관련한 다양한 논쟁을 편의상 구분하면 크게 두 가지 범주로 요약되는데, 사드가 가지는 한반도적 적실성에 초점을 맞춘 논의와 사드를 미중 간 게임으로 관점을 확장시켜서 이해하려는 논의가 있다. 두 가지 논점 모두 장단점을 갖는데, 이와 관련한 핵심적인 두 개 글은 각각 다음과 같다. 박휘락(2015). 사드의 한국 배치 논란에 드러난 오인식과 집단사고. 〈국가정책연구〉, 29권 3호; 서재정(2015). 사드와 한반도 군비 경쟁의 질적 전환. 〈창작과 비평〉, 168호.

중관계에 일정한 부담이 되더라도 세컨더리 보이콧을 적극적으로 추진하겠지만, 현재는 유엔 결의에 의한 다자제재에 중점을 두는 것으로 보아 중국을 설득하여 대북제재의 효과를 보려는 대응전략을 가진 것으로 해석된다. 미국은 대북제재과정에서 중국 견제를 통해 재균형 정책을 강화할 수 있고, 주한미군의 사드 도입 논의로 동아시아에서 MD를 강화할 수 있다. 미국은 또 대북제재과정에서 한국의 중국 경사론을 불식시키면서 한미일 동맹을 강화하고, 북중관계의 간극을 확대하는 효과를 기대하고 있다. 당장은 대북제재에 초점을 두지만, 미중관계를 고려해 일정 기간 이후 북한과 미국 사이에서 협상의 가능성을 배제할 수는 없는 현실이다.

중국의 한반도 관련 이해관계와 전략

다음으로 중국의 대 동북아 및 한반도 이해관계와 관련해서 살펴보자. 중국 지도부는 2050년을 국가현대화 목표의 달성 시점으로 보고 있기 때문에 2020년까지는 국내 발전에 전력투구하겠다는 입장을 강조하고 있다. 따라서 중국은 주변의 안보환경을 안정적으로 관리하는 것, 특히 한반도의 평화와 안정을 유지하는 것이 가장 중요하다고 인식한다. 이런 기조하에서 중국은 이른바 한반도 3대 기조인 한반도의 평화와 안정, 북한 체제 유지, 북한 비핵화를 강조하는 것이다.

중국의 대미전략 측면에서도, 한반도에서 발생할 수 있는 분쟁은 한반도 내 미국 군사력의 영향력을 증대시키게 되어 중국 안보에 상당히 부정적 영향을 미칠 수 있으므로, 이러한 사태를 사전에 방지할 수 있는 한반도의 평화와 안정은 매우 중요하다. 북한 체제가 변하거나 남한 주도의 통일이 이뤄질 경우 한반도에 들어설 유일 정부는 미국의 영향력하에 편입될 가능성이 크기 때문에, 중국은 최소한 현 상황에서는 북한 체제의 유지가 자국의 국가이익에 더 부합한다고 판단한다. 특히 북핵을 빌미로 한국과 미국이 북한에 무력을 사용하거나 한국이 미국의 미사일 방어체제에 완전히 편입되는 것을 경계하고 있다.

한반도는 지정학적으로 대륙세력(중국, 러시아)과 해양세력(미국, 일본)의 교차점에 위치함으로써 전략적 완충지대 역할을 담당한다. 한반도를 영향권 내에 둘 경우 해양 진출이 용이하다. 향후 중미 혹은 중일경쟁이 격화될 경우를 감안하면 한반도가 중국에 전략적 가치가 높은 것은 당연한 이치이다. 무엇보다도 미국, 일본, 한국은 중국의 핵심 경제 교역국인데 한반도의 분쟁은 이들 국가와의 정상적 교류를 어렵게 하여 경제적 타격을 입을 수 있다. 이는 경제 성장에 정치적 정당성을 둔 중국 공산당에 큰 부정적 영향을 미치는 것으로 계산된다.

또한 중국은 단기적으로는 한반도의 안정적 국면의 유지를 전략적 목표로 삼고 있지만, 중장기적으로는 안정적 국면의 경영으로 전환할 것이다. 중국이 추구하는 구체적인 이익으로는, 다층적 소통창구 및 메커니즘 구축, 경제 등의 공통이익 형성, 상호타협 촉진,

안보이익 충돌 관리 등을 들 수 있다. 중국은 한반도 평화와 안정을 유지하고, 비핵화를 위해 한국과의 관계를 확대 및 심화해 가면서 6자회담의 틀 안에서 북핵 문제를 해결해야 한다는 입장을 고수할 것이다. 2016년 2월 중국의 외교부장 왕이가 주장한 이른바 '왕이 이니셔티브'가 이를 잘 증명해 주고 있다. 북한의 4차 핵 실험 이후 현재 전개되는 제재국면이 일단락된 다음에는, 북한과 함께 협력하여 대미 및 대 한반도 평화공세를 적극적으로 전개할 것으로 예상된다.

한중관계는 경제적 호혜협력 수준을 넘어 외교, 안보적 협력을 지향하는 관계로 발전했다. 김대중 정부 시기 협력적 동반자 관계였던 한중 간 협력관계가 박근혜 정부에 들어서는 전략적 협력 동반자 관계로 높아졌다. 시진핑 체제 등장 이후 중국 정부는 북한과의 관계를 기존의 특수관계에서 다루지 않고 정상적인 국가 대 국가 간의 관계로 정의하고 있다. 다시 말해 북한을 전략적 동업자에서 강대국 중국의 이익을 침해할 수 있는 약소국으로 인식하는 경향이 강화되고, 북한의 외교에 중국이 불필요하게 연루되고 이용되지 않겠다는 의지를 보이는 것이다.

이러한 맥락에서 시진핑 정부 등장 이후 북한을 상대로 한 비핵화 의지가 전례 없이 강화되고 있다. 이는 핵 문제에 대한 북한의 전향적 조치를 북중 정상회담의 핵심 전제조건으로 삼고 북핵 관련 대북 제재 조치 목록을 확대하는 등을 통해 구현되고 있다. 지난 수년간 시진핑 정부에 들어서는, 북중관계를 중심으로 한반도 문제에 접근하던 시각에서 벗어나 한중관계를 북중관계와는 독립적인 것으로 인식하는 등 균형적 접근법으로 전환하고 있는 것이다. 이는 미국과 전략적 경쟁이 격화되는 상황에서 일종의 한국의 중립화를 추동하려는 노력으로 보이며, 이러한 의도는 시진핑 정부 출범 후 이례적으로 한국을 먼저 방문한 것에서도 잘 나타난 바 있다. 그렇다 하더라도 시진핑의 중국은 남북한 사이에서 균형 잡힌 외교를 구사하겠다는 의지를 표방하는 것이고, 북한 문제이건 혹은 한반도 문제이건 중국의 일관된 외교정책을 고수하겠다는 것이지 우리가 의도하는 바대로 북한 문제를 다뤄줄 것이라고 기대할 수는 없다.

다만 중국은 북핵 문제가 중국의 안보를 해치는 요인이 될 수 있다고 생각한다는 점에서 북한의 비핵화에 대해 미국과 일정 부분 이해를 같이하는 측면이 있다. 오바마 대통령과 시진핑 주석 모두 북한을 핵 보유국으로 절대 용인하지 않을 것이며 핵무기 개발도 용인하지 않는다는 데에 인식을 같이하고 있다는 해석이 무방할 것이다. 물론 북한의 4차 및 5차 핵 실험에도 불구하고 중국의 대북정책이 근본적으로 변화할 가능성은 여전히 크지 않다. 중국은 북핵 문제를 6자회담 틀 안에서 해결해야 한다는 입장을 고수할 것이다. 비록 과거보다는 일정 부분 제재 강도를 높일 것이지만 원유와 식량같이 북한 정권 안정에 직접적인 위협이 될 수 있는 강경한 대북제재에는 반대 입장을 분명히 보였다.

한미동맹-한중관계의 병행 발전

그렇다면 한국 정부가 추진하는 대미 및 대중관계의 병행 발전은 잘 진행되는가? 박근혜 정부가 지난 3년여 동안 추진한 핵심 외교안보 과제 중 하나는 한미-한중관계의 병행 발전이다. 미국과 중국을 모두 우리의 대북정책 및 통일정책의 지원 세력으로 확보하고자 하는 박근혜 정부의 노력은 2015년 9월 중국에서 개최된 전승절 행사 참석으로 정점을 찍었다. 15) 한반도 문제에 핵심적인 이해관계를 가진 미국과 중국의 대 한반도 전략이 우리의 대북 및 통일정책에 우호적으로 전개될 수 있도록 이들 국가를 상대로 한 외교전략은 한국의 사활적인 문제가 아닐 수 없다. 사실 과거 정부는 우리의 의도와는 달리 한국 정부의 정책옵션에 따라서 미국과 중국 중 어느 한 나라를 선택하는 것처럼 비칠 때가 많았는데, 박근혜 정부는 외교적으로 이러한 구조적 한계를 극복하고자 시도한 것으로 평가된다.

미국과 중국에 비해 매우 제한적인 가용 외교자원을 가졌음에도, 한국 정부의 이러한 의도는 제법 성공을 거뒀다. 유일한 동맹 파트너국가인 미국과는 지속적으로 한미동맹의 견고함을 높이고 있으

---

15) 중국 전승절 행사 참석과 관련하여 국내에 다양한 의견이 있었고 미국 조야에서는 일부 한국의 중국 경사론도 제기됐지만, 대체로 한국이 균형외교 이익을 극대화하면서 대미 및 대중 외교 모두 안정적으로 관리한 것으로 평가되고 있다. 이와 관련한 포괄적인 설명으로는 신정승(2015). 박근혜 대통령의 중국 방문과 전승절 70주년 열병식 참석. 〈외교〉, 115호 참고.

며, 경제관계는 물론 북한 문제에서도 매우 중요한 파트너국가인 중국과는 과거 어느 때보다도 협력적인 관계를 유지하고 있다. 대표적인 성과로 한미 미래지향적 동맹관계의 새로운 비전 확립(2013년), 한중 FTA 발표(2015년), 중국이 창립한 AIIB 가입(2015년), 미국 주도의 TTP(환태평양경제동반자협정) 적극 검토(2014년 이후), 한중 인문교류사업(2013년 이후) 등을 꼽을 수 있다.

다만 미국과 중국을 상대로 한 실용적 균형외교가 제도적 차원으로까지는 발전하지 못한 것으로 평가된다. 특히 한중관계의 경우 양 정부 간 협력관계가 다양한 영역 및 차원에서 제도적으로 정착되었다기보다는 양국 정상 간 개인적인 차원에서 강화된 측면이 있기 때문에, 새로운 정부가 들어설 경우 지속적으로 이어지지 못할 가능성이 있다. 또한 한중관계는 박근혜 정부 이후 지속적으로 발전하고 외교관계가 심화됐지만, 특정 위기가 발생했을 때 외교적으로 유연하게 대처하지 못하고 그 위기에 타격을 입는 상황이 드러나곤 하였다. 예를 들어 4차 북핵 실험 이후 한중 양 정부가 일시적으로 보인 외교적 마찰은, 지난 3년간 쌓아 온 한중외교관계의 성과가 근본적으로 침해되는 것이 아닌가 하는 우려를 낳기도 하였다. 한마디로 한미동맹과 한중관계 사이의 실용적 균형외교가 완전히 구현되지 못하고 있다. 특히 한중관계의 경우 개별 정책영역에서 자율성을 가지고 국가이익을 확보해 나가는 것이 아니라 정책영역 간 횡적으로 서로 보이지 않게 연관되어 있어서 특정 사건의 발생이 다른 영역으로 전파되어 과거 외교성과를 침해하는 결과로 이어진다.

그렇다면 지난 4년간 이룩한 한미 및 한중 간 균형외교의 성과에
도 불구하고, 향후 우려되는 한미-한중 실용적 균형외교의 핵심 문
제는 무엇인가? 가장 대표적으로 북한 문제를 다룰 때 한미 및 한중
간 협력체제가 쉽게 조화를 이루지 못한다는 문제가 있다. 이는 무
엇보다도 미국과 중국이 대 한반도 이해관계 및 한반도 평화통일에
대해 차별적인 접근법을 가졌기 때문이다. 미국과 중국은 한반도 문
제에 서로 개별적인 이익구조(interest structure)에 기반한 국가이익
을 가졌는데, 이 둘 사이의 간극을 좁히는 일은 매우 어려워 보인
다. 영토, 군사력, 경제 규모, 외교적 영향력, 동맹관계 등 우리와
는 비교가 되지 않을 만큼 풍부한 외교자원을 가진 미국과 중국을
상대로 우리가 희망하는 대로 대 한반도 관점을 조정해 달라고 요구
할 수는 없는 노릇이다. 결국 우리 스스로 대미 및 대중관계에 투입
가능한 외교자원을 개발하고 또한 지속적으로 확장시키는 노력이
필요하다.

　　한미동맹은 명백히 우리의 사활이 걸린 핵심 외교안보 자산이다.
하지만 우리가 활용하고 의지할 외교안보 자산이 한미동맹뿐이어서
는 안 된다. 한미동맹을 활용하여 우리 국민의 안보 불안을 불식시
키는 노력은 중요하다. 하지만 만일 그러한 노력이 대중관계에서 불
가피하게 외교적 마찰을 야기한다면 한미동맹의 효용성과는 별도로
또 다른 차원에서 사용할 수 있는 외교자산을 확보해야 한다. 기본
적으로 북한 핵 개발 등은 우리 관점에서는 명백히 한반도 안보상황
의 악화로 받아들여지지만, 경우에 따라서 미국과 중국에게는 현상

유지적인 측면도 있다는 점을 이해하여야 한다. 미국과 중국이라는 핵심 당사자국가를 대상으로 한반도 평화통일의 당위성을 설명하는 통일외교는 이러한 관점에서 매우 중요한 정책 목표가 아닐 수 없다. 이를 위해 한반도적 게임과 미중 간 게임의 경계를 우리가 효과적으로 설정하여 미중 양국에 설명하는 노력 역시 매우 중요하다.

한미중관계의 방향성 재정립

이상에서 살펴본 바와 같이 한미동맹과 한중관계의 병행 발전이라는 목표의 추진은 한국의 국가이익에 더 이상 강조할 필요가 없을 만큼 중요한 실천과제이다. 최근 나타난 일시적인 어려움은 물론 아직 한국의 미중 양 강대국 관계가 제도적으로 정착되지 못했다는 어려움에도 불구하고, 향후 지속적으로 추진해야 할 한국 외교의 핵심 목표임에는 틀림이 없다. 지금까지 드러난 문제점을 전제로 새로운 실천전략을 추진하기 위해서는 우선 현시점에서 한국 외교안보 목표의 내용이 재정립되어야 한다. 대체로 두 가지 정도의 큰 방향성을 제시하고자 한다.

첫째, 미국과 중국은 통일친화적인 동북아 안보환경의 조성을 위해 더 이상 강조가 필요 없는 파트너들이고, 동북아 차원은 물론 전 세계적인 차원에서도 우리의 통일정책을 지지해 주어야 할 협력대상자이다. 북핵 문제의 심각성이 최고조에 다다른 지금부터 향후 10여 년간은 한반도 통일을 둘러싼 논의와 협상의 역동성이 그 어느 때보다도 높을 것으로 예상한다. 미중시대를 맞이하여 미국과 중국의 갈등의 골이 깊으면 깊을수록 우리의 전략적 입지는 좁아지고, 결과적으로 통일 환경의 조성은 더욱 어려워질 것이다.

논의를 좀더 진행하면, 미-중-일-러에 둘러싸인 한국은 동북아 국가로서의 정체성으로 인해 자칫 잘못하면 동북아 지역논리에 함몰될 가능성이 매우 크다. 기우이기를 바라지만, 현재 우리의 외교 자원은 한중 간 사드 배치 신경전, 한일 간 역사논쟁, 북핵 위기 갈등 등 대부분 동북아 지역에 투입되고 있다고 해도 과언은 아니다. 동북아 갈등에 함몰돼 도저히 맞설 수 없는 외교강국들을 상대로 외교전을 벌일수록 우리의 국익은 침해된다.

이런 관점에서 미국은 우리가 탈동북아적 차원에서 세계 최고 민주주의와 자본시장으로의 연결성을 상시적으로 보장해 줄 협력 대상자이다. 그리고 지난 20년 동안 한중 경제관계가 한국 경제 성장의 버팀목이자 핵심 발판이었듯이, 앞으로도 상당 기간 동안 중국의 성장으로부터 비롯되는 혜택을 극대화하도록 노력해야 한다. 이러한 관점에서 세계 패권국 미국과 아시아 성장의 핵인 중국을 통일친화적인 논리로 우리의 응원세력으로 자리매김할 수 있도록 외교방향성을 정립해야만 한다.

지금부터 10여 년 동안, 남북한 사이는 물론 한반도와 국제 사회 사이의 다양한 통일 관련 논쟁과 프로세스가 진행될 것이다. 과거 분단과정에서 국제적인 요인들이 중요한 변수로 작용했듯이 통일과정에서도 국제적인 요인들이 중요한 변수로 작용할 것이다. 따라서 한반도를 둘러싼 안보환경이 우리의 통일을 지지하는 방향으로 전개될 수 있도록 노력해야 한다. 구체적으로는 통일과정에 핵심적인 영향을 미칠 미국과 중국이 우리의 대북정책 및 통일정책을 지속적으로 지지할 수 있도록 외교안보관계를 구축해야 한다.

그러기 위해서는 무엇보다도 한반도 통일편익의 국제적인 버전, 즉 미국과 중국의 입장에서 한반도 통일이 어떠한 이익으로 다가오는가가 상세히 소개돼야 하고, 또한 이를 상대국에서 설명하는 적극적인 통일외교가 추진돼야 한다. 즉, 한반도에 이해관계를 갖는 국가들의 개별 이익구조와 한반도 통일이 구체적인 연계성을 갖는다는 입장이 지속적으로 강조돼야 한다. 특히 한반도 통일에 대한 이해관계의 교집합이 미국과 중국 사이에 필연적으로 형성돼야 한다.

두 번째 방향성은, 북한 비핵화 문제에 좀더 초점을 맞춰서, 한미중 협조체제를 통한 비핵화과정의 도출이다. 북한의 4차 및 5차 핵실험 이후 북한 비핵화에 대한 회의감이 더욱 확산되는 것은 사실이지만, 한반도 평화통일을 위해서 비핵화는 반드시 달성해야 할 궁극적인 목표가 아닐 수 없다. 한국 정부와 국제 사회의 지속적인 노력의 결과로 언젠가는 북한이 핵폐기 합의에 원칙적으로 동의하는 수준까지는 다다를 수 있을 것이다. 이와 관련한 다양한 국내외적 실천방안들도 추진될 것이다. 구체적으로 〈민족공동체 통일방안〉에 소개된 평화 정착-경제통합-정치통합으로 이어지는 단계지향적인 통일 로드맵의 첫 단계인 북핵의 비대칭적 위협 해소는 우리 외교안보의 핵심 목표다. 16)

장기간에 걸친 비핵화 프로세스, 궁극적인 북미관계 개선, 한반도 및 동북아 평화체제 등의 과정에서 한미중의 이견은 커다란 장애물이 아닐 수 없다. 돌이켜 보면, 한국전쟁 이후 오늘날까지 한미중 삼국이 북한 문제를 놓고 합의를 이뤘던 적이 별로 없었음을 깨닫게 된다. 2005년 9·19공동선언 정도가 유일한 경험이 아닌가 싶을 정도이다. 미국과 중국은 북한 문제 해결의 핵심 관여자인 동시에 우리의 동반자라는 사실에 입각하여, '한-미-중'으로 대표되는 국제협력체제의 유지는 우리의 외교안보전략의 핵심 전제조건이라는 점을 명심해야 한다.

한미중관계, 새로운 실천전략의 제시

이상과 같은 거시적인 방향성을 전제로 몇 가지 실천전략을 제시하고자 한다. 첫째, 통일역량 강화를 위한 안보 유지와 통일역량 사이의 시너지효과를 달성해야 한다. 돌이켜 보건대, 우리 사회에는 안보 확보라는 목표와 통일 실현이라는 목표가 서로 상충적인 것으로 이해하는 경향이 있었다. 이러한 문제점은 반드시 개선돼야 한다.

---

16) 잘 알려진 바와 같이, 1989년 노태우 정부 시절 국민 각계각층의 중지를 모아서 마련된 〈한민족공동체 통일방안〉은 현재까지 한국 정부의 유일한 통일방안이다. 김영삼 대통령 당시 1994년 8·15 경축사에서 〈민족공동체 통일방안〉으로 명명하기로 합의했지만, 그 기본 골격이나 핵심 내용에는 큰 변화가 없이 지금까지 이어지고 있다.

안보 유지와 통일역량의 동시 확보는 서로 충돌하는 두 개의 가치가 아니라 궁극적으로 시너지효과를 내는 협력적인 목표라는 인식의 전환이 필요한 시점이다. 의도하든 의도치 않든 우리 사회에는 안보를 유지하는 노력은 한반도 통일을 저해하는 결과로 이어질 수 있다는, 안보-통일 사이의 이분법적 사고가 자리 잡고 있다. 그러나 남북한 관계에서 안보가 유지돼야만, 대북정책은 물론이고 동북아 지역을 상대로 한 지역안보정책의 일관된 추진이 가능할 것이다. 또한 그래야만 향후 통일과정에서 발생 가능한 다양한 위기를 극복할 전략과 능력을 갖출 수 있음을 명심해야 한다.

둘째, 한반도-동북아 안보의 연계성을 이해하는 한미동맹을 확립해야 한다. 한반도 안보는 동북아 안보와 밀접하게 연계되어 있다. 북한이 야기하는 안보 위협은 한반도는 물론 동북아 전체로 확산되며, 특히 핵 문제의 경우 한반도 수준을 넘어서는 국제안보 현안으로서의 특징을 갖는다. 또한 한국이 가진 가장 중요한 국가 정체성 중 하나는 바로 동북아 국가라는 사실이다. 지구상에 존재하는 그어떤 나라와 비교해 봐도, 한국처럼 동북아 국가로서의 정체성이 분명한 나라는 없다. 이러한 사실은 동북아 지역의 외교안보적 안정성이 한국의 국가이익에 가장 중요한 전제조건임을 의미한다.

따라서 한미동맹 역시 이러한 한반도 안보의 특징에 주목하면서, 한반도적 안보상황을 위한 정책옵션의 선택이 의도하지 않게 동북아 안보의 불안정성으로 연결되지 않도록 노력해야 할 것이다. 사드를 둘러싼 논쟁이 대표적인 사례인데, 사드의 효용성이 한반도적 적실성만을 가진다는 한국과 미국의 지속적인 입장 표명에도 불구하고 중국은 매우 심각한 우려를 표명한 바 있다. 따라서 차제에 사드 배치의 당위성, 대북 억지효과, 군사기술적 정밀성, 배치를 위한 논리 개발 등에 있어서 더욱 정교한 외교안보적 정당성이 확보돼야 할 것으로 생각한다. 아울러 궁극적으로는 유럽 지역과 같은 지역안보협의체가 등장해야만 하는데, 아직은 동북아 지역 내 안보현실이 복잡하기 그지없다. 미국의 참여를 전제로 한 동북아 안보협의체 창설을 위한 한국 정부의 주도적인 문제의식이 필요한 때이다.

셋째, 동북아 지역평화의 항상성 유지 및 역내 국가들과의 군사외교 강화가 필요하다. 향후에는 한반도를 둘러싼 동북아 지역의 안보가 더욱 안정적으로 유지될 것을 희망하면서, 한국은 지역안보 다자주의 출범을 통한 지역평화의 항상성 유지를 목표로 한다. 이 과정에서 미국과 중국의 건설적인 참여는 필연적인 성립요건이 아닐 수 없다. 유럽 등 다른 지역의 안보 다자주의와 차별성을 보이면서 동북아 안보의 특수성이 반영된 독창적인 방식의 다자주의의 출범을 예상해 볼 수 있을 것이다. 예를 들어 제도적 완결성 차원에서는 다소 느슨하게 유지되더라도, 다양한 레벨에서의 회의와 협의체가 상시적으로 보장되어 갈등을 해소하는 논의 구조가 확보되도록 노력해야 한다. 당연히 한국 정부의 주도적인 역할을 통한 지역안보의 유지가 기대된다. 그뿐 아니라 미국, 중국, 일본과의 군사외교 개선을 통해, 이들 삼국과의 안보관계가 더욱 안정적으로 관리될 수 있도록 정책을 추진해야 한다. 필요한 경우 국민적 이해와 동의를 토대로 중국 및 일본과 군사정보 보호협정을 추진해 이른바 한국형 군사외교 모델을 개발하고, 이를 통해 특수한 지정학적 환경에 놓인 한국의 안보환경이 개선될 수 있어야 한다.

넷째, 인류보편적 가치와 도덕성에 기반한 한국의 대미 및 대중 외교가 필요하다. 중국에 글로벌 표준 준수를 요구하려면 우리 스스로 글로벌 표준을 준수하는 모습을 보여 줘야 한다. 북한의 인권 문제를 지속적으로 제기하여 북한 변화의 계기로 삼고자 한다면, 우리 스스로 인권 선진국으로서의 자기 실천적 노력이 있어야 한다. 일본을 상대로 역사적 보편성과 균형 잡힌 세계관을 가지라고 목소리를 높이기 위해서는, 우리 스스로 균형 잡힌 세계관과 역사관으로 무장해야만 한다. 이러한 관점에서 미국과 중국을 상대로 한 우리의 외교는 스스로 평화를 지켜내기 위한 자기 실천적 노력의 기반 위에서 있어야 한다. 한마디로 북한 문제의 해결과 한반도 통일이 평화로운 방법을 통해서 이뤄지기를 희망한다면, 우리 스스로 먼저 평화를 실천하는 자기 실천적인 모습이 필요하다는 의미이다.

한국 사회 스스로 평화로운 방법을 통해 다양한 국내적 문제를 해결하고 국제 사회의 각종 현안을 평화롭게 해결하기 위해 적극적으로 참여해야만 한반도 평화통일에 대한 국제 사회의 지지를 확보할 수 있을 것이다. 이러한 원칙과 가치는 미국과 중국을 상대로 한 외교정책 추진과정에도 적극적으로 반영돼야 한다. 한국은 국제 사회에서 동아시아 국가 중 가장 앞선 민주주의를 이룩한 나라로 알려졌다. 상대적으로 짧은 현대사의 경험에도 불구하고 성공적인 민주화와 사회 다원화를 이룩한 데에는 한미동맹의 적극적인 기여가 있었다. 그렇다면 이러한 전통은 향후에도 지속적으로 이어져야 한다. 한미 간 포괄적 정책영역에 걸친 전략동맹은 지속적으로 인권, 민주주의, 다원주의 등과 같은 인류보편적인 가치를 실현하는 공동의 노력을 경주해야 한다. 중국 역시 마찬가지이다. 우리가 세계 최고의 민주주의적 가치를 실현하는 모습을 보여줄 때에만, 중국은 우리를 존중하고 두려워할 것이다.

다섯째, 특정 리더십과 정치적 이해관계를 넘어서는 한미중관계를 구축해야 한다. 외교안보영역은 다른 어떤 정책영역보다도 국가리더십의 역할이 두드러진다. 특히 북한 문제는 대통령의 고유 통치영역이라는 생각이 우리 국민들 인식 속에 자연스럽게 자리 잡았다. 그러다 보니까 단임제 대통령으로서 북한 문제에서 성공을 거둬야 한다는 조급함, 미국과 중국 같은 핵심 상대국은 대통령의 신념과 의지 하에서만 접근해야 한다는 과다한 책임감, 그리고 무엇보다도 대외관계가 국내정치적 계산에 의해서 설정되는 부작용들이 끊이지 않고 있다.

한미동맹의 역사와 탈냉전 이후의 한중관계의 역사를 되돌아보면, 특정 국가 지도자의 비전과 성향에 따라 한미 및 한중 간 양국관계가 발전과 정체를 거듭했다. 하지만 21세기 미래지향적인 실용적 균형외교를 추구하는 입장에서 한미가 합의한 동맹의 방향성 및 목표는 특정 리더십 및 정치집단에 의해서 수정되거나 조정되어서는 안 될 것이다. 과거 의도하지 않게 한미 양국의 특정 리더십 간 동맹이익을 정의하는 접근방식이 달라 양국관계에 부정적인 영향을 미쳤던 경험이 있다. 이러한 견해 차이가 한미동맹이 지향하는 거시적인 목표의식 및 이익을 훼손해서는 안 될 것이다. 한미동맹이 합의한 동맹이익은 특정 정치적 집단의 견해가 과도하게 개입하지 않는 보편성과 포괄성을 추진원칙으로 해야 한다.

한중관계 역시 마찬가지이다. 한국과 중국에서 박근혜 정부 초기 얼마 동안 한중관계가 역대 최고 상황이라는 평가가 나왔던 것은 사실이다. 하지만 북핵 위기 국면 이후 이러한 외교적 유대는 그 근거가 상당 부분 사라졌다. 앞으로는 특정 리더십 간 일시적인 외교관계의 부침을 국가 차원의 성과로 혼동해서는 안 될 것이다. 한미중관계는 외교관계의 단단한 제도적 기반 위에 놓여야만 한다.

5. 산업화와 민주화를 넘어서, 외교강국을 향해서

해방 이후 성공의 환경요인

앞서 산업화와 민주화를 이룩한 한국 현대사의 긍정적인 면을 부각시킨 바 있다. 결론을 대신해 이 점에 대해서 좀더 생각해 보기로 하자. 이른바 한국형 경제 성장의 요인과 관련해 다양한 주장과 이론들이 있지만, 남북한 간 체제경쟁과 냉전환경이 우리에게는 매우 중요한 경제 성장 동인이었다는 설명을 자주 듣게 된다. 1945년 이후 진행된 국가 형성과정에서 냉전질서의 정착 및 공고화과정이 비단 한국에만 나타난 현상은 아니다. 결국 냉전질서로 대표되는 국제 정치환경을 성장의 동인으로 삼은 건 다분히 한국에서 발견된 고유한 현상이었다는 점을 지적할 수 있다. 즉, 외부환경이 특정 국가에 어떠한 영향을 미치느냐의 문제는 해당국가가 위치한 지역의 역내 외교안보질서의 특징, 해당국가의 대내적 환경이 외부의 국제 정치적 요인을 어떤 과정을 통해 수용하는가 등의 요인에 의해 복합적으로 결정되었다.

우리는 과거 다른 개도국들과 비교해 냉전 및 그 이후 시기 동안 매우 성공적인 경제 발전 및 정치 발전을 경험했다. 이러한 사례를 분석하기 위해 지금까지 다양한 독립변수들이 다뤄졌다. 대부분의 경우 유교 사회적 특징, 지도자의 리더십, 분단대결에서 오는 위기감, 교육열 등의 요인들을 제시하곤 했다. 여기서 한 가지 지적하고 싶은 것은 흥미롭게도 한국엔 서구문명에 대한 거부감이 부재한다는 사실이다. 중국, 베트남의 경우 식민지배 혹은 그에 준하는 역사적 경험을 통해 전후질서 수립과정에서 서구문명에 대한 거부감이 상당했던 반면, 한국은 일본이라는 아시아 국가에 의한 식민지를 경험했다. 그 까닭에 전후질서에서 일본의 영향을 극복하고 또한 신속한 경제 성장을 이루기 위해 서구문명을 수용하는 데에 상대적으로 거부감이 적었다는 분석이 제기된다.

이러한 이유에서 한국은 냉전질서 수립을 주도한 미국과의 동맹관계를 국가 형성과정에서 핵심 국가자원으로 적극 활용하는 특징을 보이게 되었다. 또한 흥미로운 사실은, 이러한 동북아 및 한국적 상황의 변수들과 함께 공교롭게도 미국 역시 한국전쟁을 냉전질서 제도화를 구체적으로 정착시키는 모멘텀으로 활용했다는 점이다. 즉, 한국전쟁을 계기로 미국은 냉전구도를 제도적 완결성을 갖춘 차원에서 일종의 국가 운영원리로 정착시켰다는 점을 상기할 필요가 있다.

논의를 조금 더 확장시켜 독일, 베트남, 예멘, 중국 등 다른 분단 국가들과 비교하여, 당시 한국의 지도자였던 이승만 대통령이 보인 특유의 리더십도 잠시 생각해 볼 필요가 있다. 1949년 이후 독일의 아데나워 총리, 1949년 이후 대만의 장제스, 그리고 1955년 이후 베트남의 고딘디엠 등과 비교해 볼 때, 한국의 이승만은 상대적으로 매우 흥미로운 권한과 지위를 행사했다.[17] 그는 미국과의 관계에서 카리스마적 역량을 발휘했고 대미관계를 국내정치적 지도력의 자산으로 전환할 줄 알았다. 지금까지 잘 알려진 토지 개혁, 한국전쟁 과정에서의 북진통일 주장, 일본 및 대만 등과 같은 주변국들과의 외교관계 설정 등에서 이승만이 보인 리더십은 분단상황에 놓인 다른 국가의 지도자들과 비교해 상대적으로 우수했다. 물론 유럽 지역 전체에 영향을 미친 아데나워 수상의 평화지향적 리더십을 거론할 수 있지만, 미국 관점에서 독일 문제는 유럽 지역 전체의 안정성이라는 관점에서 접근해야 하는 특수성이 있다. 이 점을 고려할 때 한

---

17) 아데나워와 연합국과의 관계; 대만 정부 수립 이전부터 장제스와 미국의 외교적 불화(미국 무관 스틸웰 소환 등); 고딘디엠의 정치적 제약(베트남 내 다수 분파주의자들과의 갈등 등).

국의 경우는 이승만 개인 역량 자체에서 비롯되는 리더십의 의미가 더 중요하게 다뤄져야 한다.

해방 이후 성공의 정책요인

이상과 같은 한국적 경험의 특징들과 맞물려서 결과적으로 산업화와 민주화라는 두 개의 근대국가 핵심 과제를 성공적으로 수행할 수 있었다. '외교강국을 향하여'라는 새로운 비전을 제시하면서, 우리가 경험한 성공적인 수행의 핵심 요인 두 가지를 지적해 보겠다.

첫째, 국가 핵심 어젠다의 연계성과 성공적인 추진이다.[18] 신생 독립국가로서 분단상황을 맞은 한국에겐, 냉전적 국제 정치환경하에서 북한 및 거대 공산주의 코어 그룹들로부터 오는 안보위협을 해소하는 일이 다른 어떤 국가이익보다도 우선하는 국가 핵심 어젠다였다. 특히 한국전쟁이라는 현대사의 특수한 사건을 경험하면서, 주권의 안보적 측면은 다른 어떤 보편적 속성보다도 우선하는 핵심 가치로 자리 잡았다. 이 과정에서 흥미로운 사실은 국가 안보적 주권이라는 핵심 가치는 바로 한미동맹이라는 수단을 통해 해결됐다는 점이다. 동맹은 근대 국제질서에서 자력구제(*self-help*)의 정신을 본질적으로 훼손하지 않으면서, 타국의 힘을 빌려 자국의 안보적 이익을

---

18) 국가이익, 국가 핵심 어젠다 등의 용어들이 혼용되나, 본질적으로 근대국가 대부분의 국민적 합의인 '주권 확보', '산업화', '정치 발전'의 과제들을 뜻한다.

실현하는 타력구제(*other-help*)의 실천이다. 냉전 시기 두 개의 대규모 전쟁 중에 민족전쟁으로서의 성격이 강했던 베트남전쟁보다 냉전형 국제전으로서의 성격이 강했던 한국전쟁의 특성상 미국의 개입은 불가피한 측면이 있었다. 따라서 한미동맹은 당시 한국의 핵심 국가과제였던 주권의 안정적인 확보를 실현하는 데에 결정적인 역할을 담당하게 된다.

그런데 흥미로운 점은, 한미동맹의 유지로 인해 국가 안보라는 최초의 핵심 국가과제가 실현된 이후, 한국은 다음 국가과제인 산업화와 경제 성장, 그리고 민주화와 정치 발전으로 매우 신속하게 국민적 합의가 이동하게 되고, 일단 새로운 균형점을 찾은 국민적 합의는 다른 분단국가에서는 찾아볼 수 없는 매우 효과적인 실천수단을 확보하게 됐다는 점이다.

둘째, 외부환경 활용의 극대화와 국가전략이다. 제2차 세계대전 직후 수많은 개도국 중에서 한국만이 미국 등 국제 사회의 지원 수혜국이었던 것은 아니다. 중동이나 남미 지역 등에서는 훨씬 대규모적이고 집중적인 지원을 받았던 나라가 다수 존재한다. 하지만 한국은 다른 사례에서 찾아보기 어려울 정도로 국제 사회의 중심국가로 성장할 수 있었다. 그 배경은 무엇인가? 즉, 미국의 지원과 국제 사회의 관심이라는 조건은 모두에게 동일했음에도 한국이 국가 형성 및 성장과정에 더 성공적이었던 배경은 무엇일까?

앞서 잠시 언급한 바와 같이 중국과의 수천 년에 걸친 경험, 다시 말해 강대국 외교에서 어떻게 국가이익을 확보해야 할 것인가에 대한 국가 차원의 노하우가 작동했다는 연구가 있다. 19) 이러한 노하우가 전후질서에서 미국을 상대로 효과적으로 작동했을 수 있다는 설명이다. 물론 대 강대국 관계에서의 노하우는 사회과학적으로 엄밀성을 가지는 용어라고 보기는 어렵다. 따라서 향후 정교한 학문적 검증이 필요하다. 하지만 이승만의 반공주의적 리더십과 냉전질서를 활용한 정치적 자산의 축적, 박정희의 실용주의 외교노선과 경제성장의 필요성을 정당화하는 논리 등을 고려할 때, 남북관계 및 한미동맹이라는 냉전적 외교안보환경적 특징은 핵심적인 논리적 정당성을 제공한다.

외교강국을 위하여

〈표 6-1〉에 의하면 한국은 다음 핵심 국가과제로 세계화와 중견국 지위를 설정했다. 세계화의 경우, 국제 사회가 하나의 거대 경제권, 정치권, 문화권이 되는 역사적 추세에서 우리의 제도와 지식이 글로벌 표준으로 선점되도록 노력하거나 혹은 아직 우리가 확보하지 못

---

19) 관련 연구는 Branzinsky, G. (2006). *Nation-Building in South Korea: Koreans, Americans, and the Making of A Democracy.* Chapel Hill: The University of North Carolina Press; Armstrong, C. K. (2006). *Korean Society: Civil Society, Democracy, and the State.* New York: Routledge; Kim, S. (Ed.) (2004). *The International Relations of Northeast Asia.* Lanham, MD: The Rowman & Littlefield Publishing Group 참고.

〈표 6-1〉 한국의 핵심 국가과제와 실천적 경험

시대별 핵심 국가과제	실천 수단	국민적 합의
해방 후: 주권과 안보 확보	한미동맹	한국전쟁과 국가존립의 위기
1960~1980년대: 산업화 경제 성장	권위주의 리더십과 발전국가	연성권위주의, 경제와 생존담론
1980년대~현재: 민주화와 정치 발전	협의 민주주의와 한국형 시민	단계론적인 민주화 합의과정
향후: 세계화와 중견국 지위	참여와 기여의 글로벌 리더십	외교강국과 다양한 이유들의 조합

한 글로벌 표준을 적극적으로 우리의 제도 속에 녹아들게 하자는 의미를 가지므로 대체로 큰 이견은 없을 것으로 생각한다. 반면 중견국 지위에 대해서는 중견국의 개념 정의부터 그 달성 수단과 방법까지 여러 논쟁적 소지가 있다. 강대국이 기득권과 국제관계의 정치적 이해타산으로 인해 해결하지 못하는 문제들과, 약소국이 외교자산과 능력이 없어서 접근하지 못하는 문제들을 주도적으로 해결할 수 있는 의지와 능력을 가진 국가를 중견국으로 정의하자. 대다수 국민은 분단국가로서 지정학적 불리함을 가진 한국이 주변국 대비 국력의 상대적 열세를 딛고 중견국으로 발돋움할 것을 기대하고 있다고 생각한다.

물론 모든 나라가 산업화와 민주화를 이루고 외교강국으로 성장할 수 있는 것은 아니다. 이런 경험을 선점한 국가들의 경우 몇 가지 공통점이 발견되는데, 한마디로 요약하면 정치·경제적으로 지속적인 성장과 성숙, 문화적 풍부함, 그리고 제도적으로 고도화된 장치들이다. 이 각각의 요소가 어떤 의미를 가지는가에 대한 설명은 생략하기로 한다. 이 글에서 전달하고자 하는 분명한 하나의 메시지는 외교강국이라는 우리 사회의 다음 목표로 나아가기 위해서는 북핵 문제의 해결과 미중시대에서의 생존을 위한 전략이 핵심이라는 점이다. 위로부터 정교한 비전이 제시된 것도 아니고 또 아래로부터 폭넓고 리버럴하게 디자인된 투쟁 의지가 끓어오른 것도 아니지만, 우리는 너무나 지혜롭게도 산업화와 민주화라는 두 마리 토끼를 거머쥐었다. 외교강국의 비전도 우리나라의 운명과 조화롭게 맞닿아 있기를 희망해 본다.

제 7 장

국가 혁신, 성공하려면

박 진

안민정책연구원장

KDI 국제정책대학원 교수

요약

국가 혁신을 위해서는 정부의 근본적인 변화가 필요하다. 그러나 정부는 익숙한 현재 상태를 바꾸고 싶어 하지 않는다. 어떻게 하면 이러한 변화를 성공시킬 수 있을까. 근본적인 국가 혁신에는 타율적 개혁이 불가피하다. 먼저 대통령의 국가 혁신에 대한 강한 의지와 리더십이 중요하다. 그리고 그 의지를 실현할 개혁 주도 기구를 잘 설계해야 한다. 개혁 주도 기구는 김대중 정부의 기획예산처 정부개혁실, 노무현 정부의 정부혁신지방분권위원회, 이명박 정부의 국가경쟁력강화위원회 등이 모델이 될 수 있다. 대통령의 국가 혁신 노력에 여야 없이 지원을 보내야 성공을 담보할 수 있다. 그리고 정치권을 움직이는 것은 국민의 지원이어야 하며 전문가는 국민의 뜻을 모으는 데에 일익을 담당해야 한다. 국가 혁신의 성공은 결국 국민적 지지에 달렸다.

타율적 개혁과 함께 자율적 개혁을 유도하는 국가 운영시스템도 구상해야 한다. 그것은 지방분권을 통한 지방정부 간 경쟁이다. 지방정부가 자율성과 책무성을 가지기 위해서는 일정 규모가 돼야 하며 이를 위해 인구 400만~1,000만 정도로 광역자치단체를 2~3개씩 통합할 필요가 있다. 그리고 외교, 국방 등 중앙정부의 핵심 기능을 제외하고 나머지 행정력과 재정력을 과감히 지방에 이양하자. 대한민국은 이제 과거의 개발도상국이 아니며 어엿한 선진중견국가로 발돋움했다. 국가 운영도 이러한 대한민국의 성장에 맞추어 크게 바뀌어야 한다. 국가 혁신 없이는 우리의 미래도 없다.

들어가는 말

"개혁으로 손해를 보는 사람들은 격렬히 저항하지만 이득을 보는 사람들은 개혁에 미온적인 지지만을 보낼 뿐이다." 마키아벨리는 개혁에 대해 이렇게 갈파했다. 손해 보는 계층은 그 범위가 명확하고 잘 조직되어 있는 반면, 수혜 계층은 이득 보는 사실조차 모르는 경우가 대부분이기 때문이다. 이런 까닭에 개혁을 추진하는 사람은 적지에서 싸우는 것과 같다. 동지는 없고 적만 있기 때문이다. 원래 개혁이란 기존 질서를 바꾸는 것이라 매우 어려운 일인데, 더구나 저항만 있고 지지는 없으니 얼마나 어렵겠는가. [1]

공공부문은 개혁하기 가장 어려운 경우에 속한다. 공공부문은 대체로 신분이 보장되어 있다. 파산할 우려도 없고 상급자가 쉽게 해고시킬 수도 없다. 그러니 긴장감도 떨어진다. 긴장감이 없으니 굳이 기존 질서를 바꿀 생각을 하지 않는다. 그래도 장관이나 공기업 사장이 10년쯤 재직하면서 혁신을 이끈다면 많은 것을 바꿀 수 있을 것이다. 그러나 한국에서 공기업 사장은 임기가 3년, 장관은 1~2년이 보통이다. 대통령도 5년이면 바뀐다. 기관장이 혁신을 위해 노력하더라도 직원들은 시늉만 하면서 참고 버티며 기관장이 바뀌길 기다린다.

---

[1] 대표적인 것이 연금 개혁이다. 적자를 유발하는 연금을 개혁하려고 하면 기존의 가입자가 격렬히 반대편에 서게 되나 건전 재정의 혜택을 볼 아직 어린 미래세대는 찬성 편에 서는 것은 고사하고 개혁의 필요성을 알지도 못하는 경우가 많다.

기관장의 임기가 짧다고 해도 혁신에 동참하지 않는 직원이 쉽게 노출된다면 바로 불이익을 줄 수 있다. 그러나 공공부문은 민간에 비해 수치화된 개인별 성과지표를 만들기가 어렵다. 개인보다는 조직이 공동으로 하는 일이 많아 혁신 시늉만 하는 직원을 골라내기가 어렵다. 설사 성과를 측정할 수 있다 해도 혁신을 위해 노력한 사람에게 보상을 주기가 어렵다. 승진과 보수가 대부분 연공서열을 따르기 때문이다. 이렇게 많은 난관을 극복하고 개혁을 추진하려고 해도 손해 보는 계층이 정치권으로 달려가 결국 변화의 발목을 잡히는 경우도 허다하다. 공공부문 개혁은 차관회의, 국무회의, 국회 의결 등을 거쳐야 하는 경우가 많아 중단할 수 있는 기회도 많다. 이와 같이 공공부문 개혁은 아주 어렵다. 공공부문 개혁에 전략적인 사고가 더 요구되는 이유다.

이 책에서 설명한 개혁의 방향은 정부 역할의 변화를 요구한다. 정부는 지금 익숙한 방식을 바꾸고 싶어 하지 않는다. 또한 기존에 정부가 누리던 기득권과 권력을 내려놓고 싶지 않을 것이다. 어떻게 하면 이러한 정부 역할의 패러다임을 바꾸는 개혁을 성공시킬 수 있을까? 정부 개혁의 성공을 위한 조건은 크게 네 가지로 요약된다. 첫째, 대통령의 강력한 의지와 리더십은 정부 개혁의 기본요건이다. 둘째, 대통령의 명을 받아 정부 개혁을 주도할 기구가 필요하다. 셋째, 정부 개혁에 대한 국민적 뒷받침이 필요하다. 끝으로 정부 간 경쟁으로 개혁을 유도하는 전략도 구사해야 한다. 이하에서는 이러한 네 가지 전략을 살펴보기로 한다.

1. 대통령의 리더십

대통령의 리더십, 개혁의 시작 [2]

대통령이 밀어주지 않는 정부 개혁은 성공할 수 없다. 개혁 추진과 정에서 나오는 부처 간 갈등은 논리적인 토론으로 해결되지 않는데, 이를 해결하는 것이 대통령의 의지다. 대통령이 이러한 리더십을 발휘하기 위해서는 자신이 추진하는 개혁이 성공할 수 있는 환경을 만들어야 한다. 그렇다면 정부 개혁에 좋은 환경은 무엇일까?

첫째, 대통령에 대한 국민의 지지와 신뢰가 높아야 한다. 정부 개혁은 반대층을 양산하기 때문에 대통령에 대한 지지가 허약할 때에는 추진하기 어렵다. 김영삼 대통령은 1993년 2월 취임 이틀 만에 처음 연 국무회의에서 자신의 재산을 공개하여 공직자 재산 공개의 신호탄을 쏘아 올렸다. 국민적 지지를 얻은 김영삼 대통령은 그해 8월, 오랜 숙제였던 금융실명제를 도입했다. 임기 초반 강력한 개혁을 추진하던 김대중 정부는 1999년 중반 이후 조폐공사 노조에 대한 파업 유도 사건 등으로 개혁의 추진력을 크게 잃은 경험이 있다.

이명박 정부는 경제 회복의 기대를 안고 출범했고 시장 중심의 정부 개혁을 표방했다는 점에서 김대중 정부와 유사점이 많았다. 그러나 촛불시위를 겪으면서 국민적 지지를 상실했다. 국민적 지지를 유

---

2) 박진(2015), 231~233쪽에서 인용.

지했더라면 공공기관 선진화 개혁 드라이브는 더 큰 결실을 보았을 것이다. 또한 인천공항 지분 매각, 철도 운영 효율화를 위한 KTX 경쟁 도입 등의 개혁 과제도 특정인이나 기업에 특혜를 주기 위한 방편이라는 인식이 확산되는 바람에 실패로 끝나고 말았다. 정부로 서는 억울한 점도 없진 않을 것이나 정부에 대한 불신을 만들어 놓은 것은 결국 스스로의 책임이었다.

둘째, 국민의 공공부문 개혁에 대한 공감대를 만들어야 한다. 정부 개혁에 대한 국민의 공감은 대체로 공공부문에 대한 분노에서 시작한다. 정책의 실패, 관료들의 부정부패, 공기업의 방만경영 등이 국민을 분노시키는 단골 메뉴들이다. 1998년 김대중 정부는 공기업 개혁에 앞서 감사원에서 공기업 방만경영에 대한 감사결과를 쏟아내어 개혁 분위기를 조성하기도 했다. 2013년 말에도 공공기관의 방만경영이 국정감사에서 질타를 받고 나서 공공기관 개혁에 대한 국민적 공감대가 형성된 적이 있다. 그러나 개혁에 대한 국민적 공감은 시대에 따라 달라지므로 이를 잘 읽고 개혁을 추진해야 한다. 예컨대 경제위기 직후였던 1998~2002년에는 국민 여론이 민영화를 압도적으로 지지했지만, 2008년 이후 매우 부정적으로 바뀌었다. 이명박 정부가 인천공항 지분 매각, 철도 경쟁 도입에 실패한 이유는 국민의 인식변화를 인지하지 못하고 여론의 지지를 받을 것으로 쉽게 생각했기 때문이다. 개혁에 성공하려면 반드시 여론의 흐름을 살펴 공감대를 형성할 수 있어야 한다.

셋째, 대통령이 개혁의 중요성을 지속적으로 설파하고 국민과 소통해야 한다. 김대중 대통령은 1998년 6월 "지금은 어느 의미에서 '졸속'이 필요한 때"라며 개혁의 타이밍을 강조한 바 있다. 완벽을 기하다가 개혁의 타이밍을 놓치기보다는 신속성이 중요하다는 의미였다. 역대 대통령들 중에서 혁신을 가장 많이 강조한 대통령은 아마도 노무현 대통령이 아닐까 한다. 임기를 몇 달 앞둔 2007년 10월에도 정부혁신 토론회를 개최하여 "이번 토론회를 계기로 … 향후 해야 할 혁신 과제가 무엇인지 정확히 이해했기를 기대한다"고 강조할 정도였다. 박근혜 대통령도 2013년 11월 국회시정연설에서 "(공공기관의) 모든 경영 정보를 국민들에게 투명하게 공개하도록 해서 공공기관 스스로 개혁하도록 만드는 시스템을 구축하겠다"고 하여 개혁의 방향성에 의미 있는 시사점을 던졌다. 전반적으로 우리 대통령들은 개혁의 필요성을 설파하는 데 열심이었다고 판단된다.

국가 혁신의 방향을 설정해야 3)

우리는 어떤 대한민국을 지향해야 하는가? 이러한 국가 혁신의 방향 설정은 대통령 리더십의 핵심 사항이다. 대통령은 이러한 방향을 설정하고 그 방향에 대한 국민적 공감대를 모아야 한다. 우리의 국가 혁신이 더딘 것은 그 방향성에 대한 국민적 공감대가 부족한 탓이 크다. 초점을 좁혀, 어떤 시장 경제를 지향할지부터 생각해 보자.

---

3) 박진(2016. 02. 18)을 바탕으로 수정, 보완한 것임.

판단 기준은 두 가지다. 당사자는 무엇을 원하는가, 그리고 무엇이 옳은가. 두 기준이 같은 답을 줄 경우 선택은 쉽다. 그러나 당사자가 원하는 것이 옳지 않다면? 예컨대 명문대 추천 입학제가 제안되면 고3 수험생은 압도적으로 찬성할 게다. 그러나 옳아 보이진 않는다. 이런 문제의식 하에 우리의 미래를 결정하는 세 가지 핵심 질문을 던져 보자.

첫째, 개인과 정부 관계이다. 지금처럼 세금을 적게 내고 교육, 복지에서 국가 재정의 역할을 제한적인 상태로 유지할 것인가, 아니면 세금을 더 내고 정부 서비스를 더 받을 것인가? 지금 우리는 조세와 사회보장기여금을 더해 24.6%의 국민부담률을 보인다. 복지국가의 대표 격인 덴마크는 50.9%이고 경제협력개발기구(OECD) 중 멕시코와 칠레만 우리보다 국민부담률이 낮다. 지금보다 복지를 확대하려면 세금을 더 내야 한다. 정부가 못 미더워 세금을 더 내기 싫으면 지금의 복지 수준에 만족해야 한다. 현시점에서 우리는 낮은 세금, 낮은 복지를 선택하고 있다. 이것이 옳은지는 판단키 어렵다. 전적으로 우리의 선택이기 때문이다.

둘째, 개인과 기업 관계이다. 우리는 연공급(年功給)을 유지할 것인가, 아니면 역량과 성과에 의해 보수를 결정해야 하는가? 연공급에선 나이 들수록 임금이 생산성을 초과하게 된다. 이에 따라 기업은 연공급 적용을 받지 않는 비정규직을 선호하고, 채용된 정규직도 일찍 내보내려 한다. 그러다 보니 서울 시민의 평균 퇴직연령이 남성 53세, 여성 48세라고 한다. 반면 노동자로서는 연공급이 편한 점이 많다. 나이 들며 씀씀이가 커지는데 보수가 자동으로 올라 좋고 특히 경쟁 부담을 피할 수 있어 좋다. 장기근속을 유도하는 효과가 있어 성장기의 기업도 연공급을 반겼다. 그러나 시대가 바뀌어 연공급은 생산성과 고용창출에 불리해졌고 조기퇴직의 원인이 되고 있다. 우리는 여전히 연공급을 선택하고 있고 많은 노조가 목하 성과급제 저지 투쟁 중이다. 연공급이 아직도 옳은 선택인가?

셋째, 기업과 정부 관계이다. 지금처럼 기업 지원과 규제가 넘치는 대한민국을 유지해야 하는가, 아니면 지원과 규제를 크게 줄여야 하는가? 한국 정부는 GDP의 5%가 넘는 정책금융에 각종 보조금, 조세 감면 등 과도하게 기업을 지원하고 있다. 퇴출될 기업마저 살려 주어 좀비기업을 양산하는 지경이다. 반면 정부는 각종 규제로 기업 활동에 제약을 가한다. 작년 정부는 T본 스테이크 판매를 '허용'했다. 그동안엔 안심과 등심 부위를 따로 팔아야지 이 둘이 붙어 있는 T본 스테이크는 팔 수 없었다. 한편 고급형 고속버스를 도입한다는데 그 발표를 버스회사가 아니라 국토교통부가 했다. 장거리나 심야 운행에 한정한다는 제한도 있다. 민간의 창의는 무시되고 쇠고기든 고속버스든 금융이든 기업은 정부가 정해 준 상품을 팔아야 한다. 그 대신 정부는 기업이 망하지 않도록 보호해 준다. 이런 나라에선 활력을 기대하기 힘들다. 그러나 기업은 규제 받고 보호 받는 데에 익숙해 있으며 정부 역시 이 상황을 즐긴다. 당사자들의 이 선택이 옳은가?

우리의 선택은 한국 경제의 미래를 결정한다. 따라서 미래세대를 고려한 선택을 해야 한다. 미래세대는 혹시 복지국가를 선택해 주길 원하지 않을까? 정규직 고용을 늘릴 성과급제를 바라지 않을까? 그리고 정부 덕을 보지 않더라도 자유로운 기업 활동을 선호하지 않을까? 우리가 지향해야 할 미래에 대한 국민적 공감대 형성이 필요하다. 그러나 그 미래를 지금의 당사자끼리 결정하는 것은 곤란하며 건강한 국민이 당사자의 선택이 옳은가를 물어야 한다. 어린 세대의 눈이 기성세대를 지켜보고 있다. 그리고 대통령은 그 어린 세대의 눈까지 고려하여 국가 혁신의 방향을 설정해야 한다.

잦은 장관 교체 그만두어야 [4)]

장관이 자기 부처를 개혁하기 어렵다고 해도 오랫동안 재임하면 그래도 어느 정도는 바꿀 수 있다. 개혁적인 인사를 장관으로 임명하고 그 부처를 개혁하라는 명확한 미션을 부여하는 것은 대통령 리더십의 중요한 요소이다. 그러나 한국의 장관은 그러한 미션을 달성하기에는 임기가 너무 짧다. 김대중 정부의 C장관은 재임 중 뛰어난 업무능력을 발휘해 대통령에 대한 2000년 업무보고에서 "탁월한 리더십"이라는 극찬을 받는다. 그러나 몇 달 후 개각을 앞두고 언론은 "현 내각에선 장수에 속하는 C장관도 교체대상으로 거론된다"고 보도한다. 1년 2개월을 장수로 분류하는 것도 우습지만 장수했다는

---

4) 박진(2002. 09. 26; 2010. 08. 23; 2015. 10. 13)을 바탕으로 수정, 보완한 것임.

이유로 교체대상이라니 현대판 고려장인 셈이다. 실제로 C장관은 며칠 후 개각에서 교체된다.

우리나라 장관의 임기가 짧다는 것은 이미 잘 알려진 사실이다. 개각이 잦다 보니 장관들은 쫓기듯 당장 효과가 나오는 일, 내일 조간의 가판 내용에 더 신경을 쓰게 된다. 정부정책에 대하여 '땜질식 처방'이라는 비난이 많이 나오는데 이도 장관의 임기와 무관하지 않다. 아울러 장관의 전문성도 문제가 된다. C 전 경제부총리는 "업무 파악에만 꼬박 6개월이 걸렸다"며 "소신껏 경제정책을 펴보지도 못하고 물러났다"고 술회한 바 있다. 잦은 장관 교체에 따른 정책방향의 변경도 문제이며 신임 장관에 대한 업무보고 등 조직 내부에서 치르는 비용도 만만치는 않다.

이렇게 임기가 짧다 보니 장관은 정책의 성과로 평가받지 못한다. 예컨대 사업의 성과보다는 장관이 확보한 예산 자체가 업적으로 칭송받는다. 예산을 집행하면서 부처의 힘이 생기기 때문이다. 이러니 장관은 성과는 뒷전이고 무리를 해서라도 예산을 확보하려고 한다. 그러나 국무위원이라면 사업을 위해 예산을 더 투입해야 한다는 단순논리가 아니라 예산 대비 효과를 고려하는 시야를 가져야 한다. 예컨대 저출산 문제 해결을 위해 예산 증액을 주장하기 전에 돈을 써서 출산율이 얼마나 올라갈 것인지를 먼저 고민해야 한다. 예산의 효과를 따져 보아야 사업의 국가적 우선순위를 논할 수 있는 것이다.

반면 대표적인 대통령제 국가인 미국에서는 대부분의 장관들이 대통령과 임기를 같이한다. 물론 내각책임제를 채택한 나라에서는 개각을 국정쇄신의 수단으로 활용하기도 한다. 그들은 대신 인사권 등 부처 운영과 실질적인 정책결정권을 가진 강력한 사무차관에게 3~5년의 임기를 보장해 국정의 연속성을 이어 간다. 그러나 우리의 경우 장관 경질은 연쇄적으로 차관 인사, 1급 인사로 이어진다. 특별한 문제가 없는 한 장관에게 적절한 임기를 보장해야 한다. 5년 단임제를 고려할 때 2년 반 정도를 보장하고 성과가 좋은 장관은 연임시키는 방안이 좋을 것 같다. 장관의 임기가 충분히 보장되지 않으면 장관은 개혁의 추진세력이 아니라 저항세력이 된다.

공공기관 인사가 성공하려면 [5]

장관 인사 못지않게 중요한 것이 공기업, 준정부기관 등 공공기관의 기관장, 감사 등에 대한 인사권이다. 공공기관의 예산 총액은 중앙 정부 예산에 비해 많으며 종사 인력은 거의 30만 명에 육박한다. 더욱이 전력, 철도, 도로, 수도, 항공 등 국민생활과 밀접한 역할을 하고 있어 바람직한 개혁이 일어나면 그 성과를 국민들은 더 쉽게 체감할 수 있다. 따라서 공공기관에 대한 대통령의 인사권은 정부 개혁에 대한 대통령 리더십의 중요한 요소이다. 현행 공공기관 인사에 대한 지적은 청와대의 인사 독점과 무자격자 임명으로 요약된다. 대통령의 공공기관 인사 개혁이 성공하기 위한 조건은 무엇일까?

---

5) 박진(2012. 11. 12)을 바탕으로 수정하였음.

첫째, 대통령은 법률에 정해진 권한만을 행사해야 한다. 현행 법령은 대통령, 기획재정부, 소관 부처의 역할을 명확히 규정했다. 기관장의 경우 대체로 크고 상징성 있는 공공기관의 장은 대통령이 임명하나 그 외는 소관 부처 장관이 임명토록 되어 있다. 그 과정에서 임원추천위원회 등을 거쳐야 한다. 감사 역시 큰 기관의 경우 대통령이 임명하나 그 외는 기획재정부 장관이 임명한다. 부처 장관이 임명한 기관장에게는 공공기관을 총괄 관리하는 기획재정부 장관이 감사를 붙여 견제한다는 취지이다. 비상임 이사는 기획재정부 장관과 소관 부처 장관이 임명권을 나누어 가진다. 청와대 인사 독점론은 청와대가 법률이 정한 임명권 범위를 넘어 영향력을 행사한다는 지적이다. 이는 제왕적 대통령제, 측근 비리의 한 원천이라 할 수 있다. 청와대 인사 독점은 과거에도 있었으나 노무현 정부에서 인사수석실이 생기면서 부각되었다. 대통령은 자신의 인사권이 공공기관의 장과 감사에 국한된다는 점을 알아야 한다. 측근이 어떤 자리에 누구를 추천하면 대통령은 그 자리가 대통령이 임명하는 자리인지를 먼저 물어야 한다.

그러나 인사권을 장관에 돌려준다는 대통령의 의지만으로는 장관의 임명권이 보장되지 않는다. 6) 청와대 측근이나 실세가 영향력을 행사하는 경우도 많기 때문이다. 측근들이 임명권을 가진 장관에게 압력성 인사 청탁을 할 경우 대통령은 그것이 장관의 뜻인지 측근의

---

6) 2012년 당시 대통령 후보들은 모두 대통령의 인사권 축소를 공약한 바 있다.

뜻인지 확인할 길이 없어 따를 수밖에 없다. 결국 대통령의 인사 분권 시도는 실패로 돌아간다. 따라서 대통령은 측근들에게 인사 청탁 내지는 대통령 뜻을 빙자한 언질을 불허한다는 확고한 입장을 주지시키고, 장관들에게는 소신을 갖고 임명권을 행사하라는 독려를 해야 한다. 그리고 이러한 입장을 반복적, 공개적으로 표명해야 한다.

현행 인사제도의 또 다른 문제점은 무자격자 임명이다. 임원추천 위원회 등 대통령 임명권 견제를 위한 절차의 실효성이 낮아 결국은 청와대 의중대로 된다는 것이다. 간혹 무자격자 임명 논란이 있는 것을 보면 절차의 낮은 실효성을 부인하기는 어려울 것 같다. 그러나 대통령이 임명권을 갖는 경우 원하는 사람을 임명할 수 있어야 한다. 대통령제 하에서 대통령이 원하는 인물을 어떤 자리에 보낼 수 없다고 하는 것은 비현실적이다. 공기업 사장보다 더 중요한 장관은 모두 낙하산 아닌가? 현행 제도는 대통령이 임명하고 싶은 사람이 있어도 추천, 제청된 사람 중에서 임명해야 하므로 대통령의 임명권을 침해하는 점이 있다. 임명하고 싶은 사람이 있을 경우 그 사람이 제청되도록 미리 손을 쓸 수밖에 없으니 절차의 실효성이 떨어지는 것은 당연하다. 지금은 누가 추천했는지도 확실치 않은 인사가 공모 등 아름다운 절차로 포장돼 임명되므로 추천한 사람의 책임성이 없는 구조이다.

낙하산 실명제를 실시해야 한다. 장관을 임명할 때처럼 대통령이 공기업 사장을 지명토록 하고 이 인사에 대해 임원검증위원회를 여는 것이 낫다. [7] 물론 대통령의 추천을 거부하기는 어렵다 하더라도 이러한 절차가 임명권자를 더 신중하게 만드는 효과는 있을 것이다. 그러나 만약 대통령이 의중에 둔 사람이 없다면 현행 임원추천위원회 절차를 밟도록 하면 될 것이다. 그 대신 임원추천위원회의 투명성을 대폭 확대하여 사전 내정의 가능성을 철저하게 차단해야 한다.

또한 우리에게는 강력한 공공기관 경영평가 제도가 있다. 경영평가에서는 경영부실 등 D나 E를 받게 되면 해임 건의가 가능하도록 되어 있다. 대통령이 내정한 무자격 기관장 후보가 어렵게 임원검증위원회를 통과하여 임명된다고 해도 부실한 경영실적으로 낮은 평가를 받아 해임 건의된다면 임명권자는 인사권 행사에 더욱 신중하게 될 것이다. 지금도 매년 2~4명의 기관장이 평가 성적 부진을 이유로 해임 건의되고 있다. 대통령의 공공기관 인사 개혁이 성공하기 위한 조건은 인사 분권과 측근 단속, 사전검증과 사후적 경영평가를 통한 견제이다.

2. 개혁의 추진체계를 정비하자[8]

개혁의 방법은 크게 두 가지다. [9] 스스로 하는 자율적 개혁과 남이 시켜서 하는 타율적 개혁이다. 이 세상 대부분의 일들은 '자율적'으

---

7) 물론 장관이 임명하는 자리에도 이와 같은 임원검증위원회를 적용해야 한다.
8) 이 절은 박진(2015)의 내용을 수정, 보완하였음.
9) 박진(2015), 238쪽에서 인용.

로 하는 것이 좋은 경우가 많다. 정부 개혁도 그렇다. 스스로 하면 자신의 문제를 제대로 파악하여 적확한 해결책을 제시할 수 있다. 추진과정의 저항을 줄일 수 있고 개혁이 빠르게 정착되니 효과도 높다. 그러나 자율적 개혁만으로는 근본적 변화를 이끌어 내지 못한다. '중이 제 머리를 못 깎는다'는 말처럼 자신의 문제를 스스로 해결하기란 여간 어려운 일이 아니다. 이럴 땐 남의 손을 빌려야 한다. 근본적 변화를 위해서는 타율적 개혁이 불가피하다. 그러나 남이 시켜 억지로 하는 개혁에는 누구나 저항하게 된다. 개혁의 성과는 불확실한데 당장 고통스러우니 당연하다. 장기적인 성과는 고사하고 불이익을 감수해야 하는 경우라면 더욱 그러하다. [10] 만약 정부 개혁이 자율적으로 이뤄지기는 어려우며 부득이 타율적으로 추진될 수밖에 없다면 대통령의 명을 받아 정부 개혁을 추진할 체계는 어떠한 모습이어야 하는가?

---

10) 그러다 보니 이를 회피하기 위한 수단으로 '자율적 개혁'을 이용하기도 한다. 특히 정부 출범 초기에 개혁의 바람이 몰아칠 때 힘 있는 조직들이 이를 피하고자 자체 개혁을 추진하는 경향이 있다. 2013년 야당이 국정원 개혁을 위한 특위 구성을 추진하려고 하자 국정원이 자체 개혁안을 만들어 대통령에게 보고한 것이 한 예다. IMF 경제위기 직후인 1998년에는 검찰이 공공부문에 대한 개혁의 파고가 높아지자 검찰제도개혁위원회를 만들어 자체 개혁에 착수하기도 했다. 1993년 문민정부가 출범한 직후에도 대법원이 자체 개혁을 위한 사법제도발전위원회를 발족한 바 있다.

부처장관에게 맡길 수는 없다 [11]

1990년 8월 20일 아침, 당시 건설부 장관이 소집한 직원 조회에서 눈을 의심케 하는 일이 벌어진다. 4백여 명의 직원들이 장관을 앞에 두고 집단 퇴장한 것이다. 건설부의 일부 기능을 지자체와 산하기관에 이관하는 계획을 설명하려던 장관에 맞서 직원들이 조직적으로 반발한, 이른바 집단 항명사태였다. 소통 부족도 한 요인이었으나 당시 장관이 추진한 개혁이 건설부 이익에 배치된 것이 근본 원인이었다. 당시 장관은 한 달 후 경질된다. 장관이 부처 이익에 반하는 개혁을 하는 게 얼마나 어려운지 보여 주는 사례다. 보통 1~2년 머물다 가는 장관이 직업 공무원들의 지원을 얻지 못하면 한 걸음도 나가기 어렵다. 인심을 잃었다간 부하들의 입소문으로 여론도 나빠지며 심하면 이 건설부 장관처럼 불명예 퇴진할 수도 있다.

이러니 대부분의 장관들은 자기 부처 이익에 반하는 개혁을 시도하긴커녕 필요성도 인정하지 않는다. 장관을 하다 보면 자기 부처 이익이 가장 중요하게 생각되는 것도 한 요인이다. 부하 직원들에게 포획되는 것이다. 점차 장관은 자신이 국정 전반을 살펴야 할 국무위원이라는 사실을 잊게 된다. 나아가 부처 이익을 위해서라면 국가적으로 필요한 개혁이라도 앞장서 막게 된다. 투자개방형 영리 의료법인을 두고 기획재정부와 보건복지부가 충돌했을 때 정치인 출신

---

11) 박진(2010. 08. 23)을 바탕으로 수정, 보완하였음.

전직 복지부 장관의 활약을 떠올리면 될 것이다. 장관은 부처를 이끄는 기관장인 동시에 국무위원이다. 헌법은 이 두 가지 역할을 분리하여 설명한다. 이 두 역할이 충돌할 때 많은 장관이 "칸막이의 포로가 되어 국무위원의 역할은 망각한 채 부처의 이익만을 대표하는 사람이 되기가 쉽다". 이는 최근 행정안전부가 발간한 〈장관 직무 가이드〉에서 전임 장관들이 스스로 밝힌 내용이다.

대통령 임기 후반에도 국정 개혁이 계속되려면 장관들이 부처 이익을 지키는 골목대장이 아니라 국무위원의 시야를 가지고 일을 해줘야 한다. 이를 위해 청와대는 장관 직무 수행만이 아니라 국무위원의 역할 수행 여부도 평가하길 바란다. 그 평가에 중립적인 전문가와 언론도 가세해야 한다. 또한 국무회의에서 타 부처 소관에 대해서도 서로 적극 발언하는 풍토도 필요하다. 장관들은 골목대장을 벗어나 국무위원의 시야를 갖춰야 한다. 그러나 자신의 부처에 손해가 되는 개혁을 할 수 있는 장관을 기대하기는 현실적으로 어렵다. 그렇다면 결국 타 부처의 개혁을 리드하는 개혁주체가 필요하다. 그렇다면 누가 대한민국을 개혁해야 하는가?

4대 개혁도 셀프 개혁이 문제[12)]

꺼져 가는 한국의 성장 동력을 살리기 위한 정부의 노력은 공공, 노동, 교육, 금융 개혁으로 요약된다. 이 4대 개혁이 우리 미래에 긴요하다는 인식에 공감한다. 우리는 4대 개혁의 성공을 위한 적절한 개혁 추진체계를 가지고 있는가. 현재에는 4대 개혁을 추진하기 위한 협의체와 주무부처가 지정되어 있다. 공공 개혁을 위해서는 재정전략회의(주무부처, 기획재정부)가 그 역할을 하도록 되어 있고, 그 외 노사정위원회(노동부), 교육개혁추진협의회(교육부), 금융개혁회의(금융위원회)가 지정되어 있다. 그리고 경제관계장관회의에서 매달 그 진전을 점검하도록 되어 있다. 이 추진체계는 적절한가?

첫째, 추진체계는 근본적 개혁이 가능하도록 설계돼야 한다. 눈에 보이는 일각만 피하려다 보면 수면 밑의 거대한 빙산에 부딪히게 된다. 공공 개혁의 한 축인 공공기관 기능 조정이 이에 해당한다. 4대 개혁 중 가장 진전된 과제이나 핵심을 건드리지 못하는 아쉬움이 있다. 공공기관 기능 조정은 결국 해당부처의 기능 조정으로 연결되는데 현재의 추진체계로는 타 부처의 기능까지 건드리기 어렵기 때문이다. 기능 조정을 공공기관에 국한하지 말고 정부기능 조정의 큰 틀에서 보아야 한다. 재정전략회의를 보고회의 이상의 적극적인 자리로 활용할 것을 권한다.

---

12) 박진(2015. 09. 07) 내용을 바탕으로 수정, 보완하였음.

둘째, 개혁주체는 이해 상충에서 자유롭게 최선책을 도출해야 한다. 이해 상충은 개혁주체가 자신을 개혁해야 하는 경우에 발생한다. 변화는 모든 사람에게 두렵다. 특히 변화로 인한 이득이 불확실하거나 오히려 불리해지는 경우엔 더욱 그러하다. 그래서 '중이 제 머리 못 깎는다'는 말이 나온 것이다. 개혁에는 제3자인 이발사의 개입이 불가피하다.

교육은 교육부가, 금융은 금융위가 추진하는 것이 자연스러워 보일 것이다. 그러나 개혁 방향이 해당 부처의 역할 축소일 때에는 다르다. 누가 자신의 역할을 줄이고 싶겠는가? 교육, 금융 개혁이 상대적으로 더딘 느낌을 주는 것은 우연이 아니다. 이런 점에서 교육부와 금융위에 해당 개혁을 전담시키는 것은 적절치 않다. 경제장관 회의에서 점검한다고는 하나 어려워 보인다. 먼저 교육 개혁은 경제 이슈인지 논란거리이며 교육부 장관도 부총리이다. 금융 개혁 견제도 어려운 것이, 기재부와 금융위는 인사 교류를 하는 관계다. 초록은 동색이다. 현재의 추진체계로는 교육과 금융 개혁은 요원하다.

공공 개혁의 또 다른 축인 재정 지출 효율화도 여기에 해당한다. 재정 확대를 통한 경기 부양을 추구하는 기획재정부 입장에서 재정 지출 효율화를 얼마나 절박하게 추진할지 걱정이다. 이는 경제 활성화를 목표로 하는 재정경제부와 건전재정을 목표로 하는 기획예산처가 2008년 통합되면서 나타난 문제이다. 미래의 목표인 건전재정은 발등의 불인 경제 활성화 목표를 이기기 힘들다. 장관은 건전재정과 경제 활성화가 충돌할 경우 늘 경제 활성화의 손을 들어 줄 수밖에 없다. 기획재정부가 두 목표에 균형감을 가지기 어렵다면 장차 두 부처로의 재분리를 검토해야 한다.

셋째, 추진체계는 책임이 명확해야 한다. 해당 개혁의 최종 책임 기관이 명확해야 한다. 그 기관만이 개혁 반대의 공세를 초심을 유지하며 올곧게 돌파할 수 있다. 노동 개혁이 노사정위원회에서 추진되는 것은 당연하다. 그러나 노사정위는 위원회의 특성상 책임성이 모호하다. 노동 개혁이 실패하면 그것은 노사정위의 책임인가, 노동부의 책임인가, 아니면 기재부의 책임인가? 공동책임은 누구의 책임도 아니다.

넷째, 개혁주체는 개혁에 몰입해야 한다. 개혁 반대세력은 개혁이 부당하다며 공세에 나서기 마련이다. 개혁주체가 이를 방어하려면 개혁에 전념해야 한다. 다른 업무가 많으면 공세에 밀리면서 쉽게 타협하고 싶어진다. 외부전문가는 전문성을 도와줄 수는 있으나 공세를 막아 낼 책임성까지 주지는 못한다. 다른 업무 없이 개혁에만 전념하도록 추진주체에 인력 보강이 필요하다.

대통령의 리더십은 개혁의 열쇠이다. 박 대통령은 그간 기자회견, 대국민담화, 국무회의 등을 통해 4대 개혁의 중요성을 역설해 왔다. 그러나 추진체계를 제대로 세우지는 않았다. 누가 대한민국을 개혁할 것인가?

공기업 개혁도 추진체계에 달렸다[13]

우리는 세계에서 가장 발달한 공기업 경영평가 제도를 가졌다. 그럼에도 왜 공기업 부채가 그렇게 많은가? 그 이유는 경영평가 제도가 공기업이 현재 하는 일을 잘 하는지에 초점을 두기 때문이다. 반면 그 일이 꼭 해야 할 일인지엔 관심이 적다. 공기업 문제의 본질은 바로 이 평가 제도의 사각지대에 숨어 있다. 그것은 공기업 기능이 과잉이라는 사실이다. 공기업 기능 과잉에는 세 가지 유형이 있다.

첫째, 안 해야 할 일을 하는 유형이다. 예컨대 비핵심 사업 추진(수공 단지사업), 민간영역 침범(관광공사 면세점), 경기 진작용 저효율 SOC 투자(고속도로 건설)가 이에 속한다. 둘째, 할 일을 과도하게 하는 유형이다. 과도한 진흥기능(정책금융), 과잉투자(해외 자원개발), 공기업 간 중복업무(KOTRA와 중소기업진흥공단)가 그 예다. 셋째, 수행 방법이 잘못된 유형이다. 정부 예산으로 할 일을 공기업 부채로 수행(4대강), 민간 활용 가능분야에서 공기업이 직접 수행(임대주택), 경쟁 없이 독점 수행(철도와 가스), 담합 구조로 시행업체 결정(원전 비리) 등이 그 예다.

공기업 기능은 김대중 정부 초기에 축소된 이후 10여 년 동안 지속적으로 확대되어 왔다. 이명박 정부는 통폐합으로 기관 수만 줄였지 해외 자원개발에서 보듯이 기능은 오히려 늘었다. 이러한 기능

---

13) 박진(2014. 04. 15)을 바탕으로 수정하였음.

과잉은 공기업 부채를 초래할뿐더러 경제 활력을 저하시킨다. 시장이 할 일을 공기업이 하다 보면 낭비와 비효율, 담합이 발생하기 때문이다. 또 정책금융 등 과도하게 시혜적인 진흥 기능은 기업가 정신을 퇴화시킨다. 잠재성장률 제고는 규제 개혁과 함께 기능 과잉 해소에 달렸다 해도 과언이 아니다. 규제 개혁이 정부가 못하게 하는 일을 허용토록 하는 것이라면 반대로 정부와 공기업이 과잉으로 하는 일을 못하게 하는 개혁도 필요하지 않겠는가? 공기업 기능 과잉은 주무부처와 공기업 간 담합 때문이다. 공기업은 기능이 커지면 예산이 늘고 승진이 빨라지는 등 이득이 많다. 부채는 쌓이지만 그렇다고 개인이 손해 볼 일은 별로 없다. 주무부처 역시 공기업 기능을 키워야 자기 역할도 커지고 퇴임 후 갈 자리도 많아진다. 더구나 상당수 국민은 과잉 기능의 수혜자로서 인질이 되어 있다. 그 사이 경제 활력은 저하되고 공기업 부채는 쌓여 간다. 우리 아이들 미래로 폭탄이 돌아가는 것이다. 공기업 기능 과잉은 주무부처 기능 과잉 때문이다.

즉, 공기업 개혁은 결국 정부 개혁을 필요로 한다. 정부도 공기업 기능 점검을 위해 기획재정부, 민간 전문가, 주무부처, 해당 공기업으로 추진체계를 만들었다. 주무부처와 공기업의 동맹군이 제시하는 기능 조정안을 기획재정부와 전문가 연합군이 검토하는 구조다. 누가 자기 기능을 축소하고 싶겠는가? 부처와 공기업이 자율적으로 제시하는 기능 조정안은 방어 논리로 가득 차 있을 것이다.

기획재정부는 기존 공기업 관리 업무로도 일이 넘쳐나 그 방패를 뚫을 여력이 없다. 전문가그룹은 책임감이 없다. 이런 상황에서 과잉 기능 해소라는 승전보를 기대하기는 어려워 보인다. 현재 기획재정부는 공기업 정상화라는 이름으로 자산 매각, 방만경영 해소, 정보 공개, 기능 점검을 추진하고 있다. 앞의 세 개는 어느 정도 희망이 있으나 기능 점검은 위와 같은 이유로 성공이 의문시된다. 희망적인 세 가지로 공기업 개혁을 성공시킬 수 있을까? 좀 어려울 것 같다. 공기업 개혁의 목표는 부채 감축과 생산성 제고인데 과잉 기능 해소 없이는 어느 목표도 달성할 수 없기 때문이다. 공기업과 정부 기능을 검토하는 강력한 추진체계가 필요하다. 과잉 기능 해소는 부처별로 자율 추진할 사항이 아니라 청와대가 힘을 실어 추진할 일이다. 공기업 개혁은 정부 개혁과 별개가 아니다. 공기업과 정부를 동시에 개혁할 추진체계가 필요하다.

과거의 정부 개혁 추진체계

그렇다면 과거 정부는 정부 개혁을 주도하기 위해 어떤 추진체계를 구축하였는가? 김대중 정부는 출범과 함께 기획예산위원회(1998~1999)를 탄생시켰다. 재정경제원의 기획예산 기능에 정부 개혁 기능이 추가됐으며 대통령 직속 위원회로서 강력한 추진력을 가지고 있었다. 예산 편성의 기본방향을 설정하는 기능을 통해 실행력도 확보했다. 우리 정부 역사상 가장 강력한 정부 개혁 추진체계였다고 생각한다. 기획예산위원회는 예산의 기본방향 설정과 정부 개혁이라는 두 미션에 특화된 조직으로서 기관장(기획예산위원장)이 개혁에 몰입할 수 있는 구조였다. 대통령 직속이라는 위상으로 인해 기획예산위원회의 결정은 곧 대통령의 결정으로 해석되었다. 이는 반발이 심한 정부 개혁을 추진하는 데에 매우 중요한 힘이었다. 반면 기획예산위원장은 국무위원이 아니어서 관련 법령을 개정하려면 타 부처의 협조가 필요하다는 불편함이 있었다. 14) 기획예산위원회가 만든 예산 편성의 기본방향이 재정경제부 소속 예산청을 통해 구현되는 불편함도 있었다. 15)

기획예산위원회와 예산청은 1999년 통합되어 기획예산처(1999~2008)를 탄생시킨다. 예산청이라는 정책수단을 가지게 되어 예산권을 직접적으로 활용할 수 있다는 장점은 있었으나 대통령 직속 위원회였던 기획예산위원회가 총리실 소속의 처 단위로 격하된 점은 개혁 추진에 부정적이었다. 대통령 직속에서 부처로 격하된 한계를 극복하고자 당시 기획예산처는 상위의 의사 결정 기구로 정부혁신추진위원회(1999~2003)를 구성했다. 참여 위원으로는 주요 부처와 민간 전문가들이 위촉됐으며, 위원장은 민간에서 맡았으나 사무국 기능은 기획예산처 정부개혁실이 수행했다.

노무현 정부는 김대중 정부의 정부혁신추진위원회를 확대하여 정부혁신지방분권위원회(2003~2008)를 신설했다. 위원회에는 다양

---

14) 그러나 필요한 경우 국무회의에 출석하여 발언할 수 있었다.
15) 당시 예산청은 재정경제부 소속 청으로 되어 있었다. 우리 정부조직 체계에서 청 단위 조직은 부 단위 조직에 소속되도록 되어 있다.

한 실무위원회를 설치해 폭넓은 개혁의 권능을 부여했다. 16) 정부혁신추진위원회에는 기획예산처가 사무국 역할을 한 반면, 정부혁신지방분권위원회는 별도의 사무처를 설치했다. 두 위원회 모두 위원장은 비상임으로서 민간 전문가가 맡았다.

　노무현 정부 시절에는 위원회 멤버로 대통령 혁신수석비서관이 포함됐다. 사무처장은 수석비서관 밑의 1급 비서관이 맡았다. 이는 청와대의 의지를 위원회 운영에 반영하는 통로로서 위원회의 위상을 강화하는 효과가 있었다. 그러나 사무처 직원이 대부분 주무부처에서 파견 나왔으며 행정자치부가 파견 인력의 대부분을 차지했으므로 김대중 정부의 기획예산처 정부개혁실 체계에 비해 추진력은 약화되었다. 각 부처에서 파견 나온 사무처 직원은 자신이 돌아갈 부처의 개혁에 대해 협조적이지 않았다. 이 위원회의 사무처 조직이 대통령 임기가 끝나면 해체될 것이 확실시되는 상황에서 사무처 직원들이 정부혁신지방분권위원회의 이해관계보다 돌아갈 부처의 이해관계를 중시하는 것은 당연했다. 이런 점에서 노무현 정부의 정부혁신지방분권위 사무처는 김대중 정부의 정부혁신추진위 사무국(기획예산처 정부개혁실)에 비해 중립성과 개혁성이 약할 수밖에 없었다.

　반면 노무현 정부의 추진체계는 김대중 정부에 비해 훨씬 폭넓은 개혁을 추진할 수 있었다. 특히 김대중 정부의 기획예산처 체제에서

---

16) 정책 홍보, 행정 개혁, 인사 개혁, 지방분권, 재정세제, 전자정부, 기록 관리, 혁신분권 평가 등.

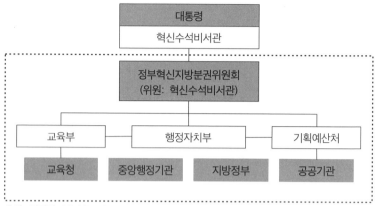

〈그림 7-1〉 정부혁신지방분권위원회 (2003~2008)

출처: 김진영·박진(2015)

는 기획예산처의 힘을 약화시키는 재정의 분권화 개혁이 추진되기 어려웠으나 노무현 정부에서는 하향식(*top-down*) 예산 편성 등 재정 개혁이 활발하게 추진되었다. 개혁 추진 주체가 고유업무를 가지고 있을 때 그 고유업무는 개혁대상에서 빠지게 된다는 점을 보여 준다. 마찬가지로 노무현 정부의 정부혁신지방분권위원회는 행정자치부의 권한을 약화시키는 분권화 개혁을 제대로 이뤄 내지 못했다.[17)]

이명박 정부의 초기 정부 개혁은 청와대가 직접 맡았으며 주공, 토공 통합 등 선진화정책으로 불리는 공공기관 개혁을 중심으로 검토되었다. 그러나 촛불시위 이후 개혁의 중심은 청와대에서 기획재

---

17) 여기에는 2006년 지방선거에서 당시 열린우리당이 크게 패배한 것도 한 요인이 있었다. 당시 여당으로서는 한나라당이 장악하게 된 지방자치단체에 권력을 나눠 주기는 어려웠던 것이다.

정부로 넘어갔다. 대통령직 인수위원회에서부터 시작된 국가경쟁력강화위원회(2008~2013)는 정부 개혁에만 특화된 추진체계는 아니었다. 그러나 국가경쟁력 강화를 위한 범부처적 개혁을 추진하기 위해 대통령 직속으로 만들어졌다는 점에서 위에서 설명한 김대중, 노무현 정부의 정부 개혁 추진체계에 비견할 만하다.

사무국은 규제 개혁, 산업경쟁력, 법 제도 선진화, 공공 개혁, 투자 유치 등을 담당하도록 구성되었다. 경쟁력강화위원회에서는 주무부처가 주도적으로 방안을 마련했다는 점에서 사무처가 타율 개혁을 주도하기보다는 각 부처의 자율 개혁을 압박하는 역할을 주로 수행했다. 이 위원회의 가장 큰 특징은 대통령이 직접 회의에 참석했으며 전 회의의 후속조치를 점검했다는 점이다.

끝으로 박근혜 대통령은 하나의 개혁 추진체계를 만들기보다는 앞서 본 바와 같이 4대 개혁별로 별도의 추진체계를 구성해 추진하고 있다. 이상에서 설명된 개혁 추진체계를 비교하면 〈표 7-1〉과 같다.

〈표 7-1〉 정부 개혁 추진체계 비교

	존속 기간	소속	위원장	사무국	강점	약점
기획예산 위원회	1998 ~1999	대통령 직속	장관급 (상임)	정부 개혁실	개혁에 집중 강력한 추진력	적은 인원
정부혁신 추진위원회	2000 ~2003	대통령 직속	비상임	정부 개혁실	개혁에 예산권 활용	개혁 범위 축소
정부혁신 지방분권위원회	2003 ~2008	대통령 직속	비상임	독자 사무국	청와대의 관여 넓은 개혁범위	사무처의 독립성
국가경쟁력 강화위원회	2008 ~2013	대통령 직속	비상임	독자 사무국	대통령 참석 점검을 중시	자율 개혁 중심

기획예산처를 부활시키자[18]

개혁이란 잘못된 질서를 바꾸는 일이므로 이익집단의 기득권을 침해하게 되는 경우가 많다. 이익집단은 기득권을 지키기 위해 관련 부처에 개혁의 문제점을 설명한다. 거의 모든 부처는 이익집단과 긴밀한 연계를 갖는다. 농림부와 농민단체, 복지부와 약사회/의사회, 산업부와 국토부의 각종 협회가 그 예다. 이익집단의 요구를 반영하기 위해 각 부처는 청와대에 개혁이 불가한 이유를 설명한다. 청와대는 부처의 반대논리에 대항하기 위해 교수 등 전문가들을 동원한다. 그러나 교수들의 현실 이해는 소관 부처에 비해 떨어지는 경우가 많다. 간혹 현실에 정통한 교수도 있으나 해당 부처와 긴밀한 관계를 형성하고 있어 그 부처와의 대결에 부담을 느낀다. 다시 말해 전문성과 중립성을 겸비한 사람을 찾기가 어렵다.

이렇게 부처의 반대논리 제압이 어려울 경우 청와대는 개혁 추진에 자신이 없어진다. 공연히 개혁을 추진했다가 문제가 발생하면 추진세력이 책임을 진다는 걱정도 들기 시작한다. 대부분의 국민은 개혁 필요성을 절감하지 못하므로 적당히 덮어 두어도 별 문제가 없다는 점에 청와대는 위안을 받는다. 이런 과정을 거치면서 많은 개혁이 용두사미로 끝나게 된다.

그렇다면 청와대를 도와 개혁을 선도할 수 있는 전문성과 중립성

---

18) 박진(2009. 12. 28)을 바탕으로 수정, 보완하였음.

을 갖춘 그룹은 없는가? 국무총리실의 역할 강화가 한 대안이다. 그러나 대통령제 하의 총리실은 타 부처의 논리를 뒤집을 역량을 갖추기 쉽지 않았다. 청와대의 강력한 위임 없이는 앞으로도 어려울 것이다. 결국 대안은 청와대로 귀결된다. 그러나 청와대는 이런 부담을 직접 지려고 하지 않는다. 결국 총리실은 힘이 없고 청와대는 의지가 없는 것이 우리의 현실이다. 과연 누가 이 나라의 개혁을 책임질 것인가?

정부에는 타 부처에 대한 기획·예산, 조직·인사, 조정·평가, 감사 등을 담당하는 중앙 관리 기관들이 있는데 바로 이들이 그 역할을 해줄 수 있다. 이들은 타 부처 업무를 잘 파악하고 있으며 이익집단으로부터 한발 떨어져 중립성도 확보하고 있다.

행정자치부는 직제상 정부에 대한 개혁업무를 맡아 부처 간 협업, 정보 공개, 전자정부 등의 업무에 집중하고 있다. 그러나 행정자치부는 기존의 기능을 부처 간 어떻게 나눌 것인지, 어떻게 더 잘할 것인지에만 관심이 있을 뿐 그 기능이 필요한지에 대한 근본적인 검토는 하지 못하고 있다. 기본적으로 행정자치부는 정부에 대한 관리조직이지, 개혁조직이라고 보기는 어렵다. 감사원도 많은 인력을 동원할 수 있고 각 부처에 대한 자료요구권을 가지고 있어 개혁에 적임자이다. 그러나 감사원은 문제를 발굴하여 개혁의 필요성을 제기할 수는 있어도 개혁방안을 만들어 이를 관철하고 실행에 이르는 일까지 하기는 어렵다.

개혁 추진 주체로 가장 적합한 것은 기획예산 기능이다. 예산은 타 부처 업무를 이해하는 데 가장 효과적인 수단이며 개혁을 실행에 옮기는 수단이기도 하다. 또 기획은 미래지향적, 종합적 시야를 키워 준다. 김대중 정부가 기획예산위원회(후에 기획예산처)를 두고 정부 개혁을 주도하는 힘을 부여한 것은 이런 점에서 일리가 있었다.

과거 경제개발 시대에는 경제기획원이 기획예산과 경제정책을 모두 가지고 있으면서 경제논리로 예산도 편성하고 사회정책까지도 조정했다. 그러나 이젠 경제 성장도 여러 국정목표 중 하나일 뿐, 경제논리만을 앞세우기 어려운 시대가 되었다. 따라서 기획예산 기능은 경제정책의 일부가 아니라 중앙 관리 기능으로서 국정의 총괄 역할을 해주어야 한다.

그러나 우리의 기획예산 기능은 2008년 기획예산처와 재정경제부의 통합으로 다시 경제부처의 범주로 돌아갔다. 지금은 미국의 관리예산처(OMB)처럼 기획예산 기능을 경제부처로부터 해방시켜야 할 때이다. 그래야 폭넓은 국정 개혁을 하는 데에 기획예산 기능을 활용할 수 있다. 경제부처인 기획재정부가 주도하는 개혁은 따를 수 없다는 사회부처의 논리를 제압하기 위해서는 개혁을 주도해야 할 기획예산 기능이 경제에서 독립돼 있어야 한다. 기획재정부는 경제부처이면서 예산, 미래전략, 공기업 관리 등 중앙 관리 기능도 수행한다. 경제부문을 대표하는 선수로 뛰면서 심판까지 보는 셈이다. 심판 권위가 서겠는가. 예산 등 중립적 심판 기능과 경제 기능은 분리되어야 한다. 현재의 기획재정부에서 예산, 미래전략, 공기업 관리 등을 분리해 과거의 기획예산처를 부활시켜 전반적인 국가 혁신의 핵심 기능을 부여할 것을 제안한다. 이때 남는 경제 기능에는 금융위원회의 금융정책 기능을 이관해야 한다. 다시 말해 노무현 정부의 기획예산처-재정경제부-금융감독위원회 체제로 돌아가야 한다. 그래야 기획예산처가 중립적인 위치에서 중립적인 개혁 주도 부처의 역할을 수행할 수 있다.

3. 국민의 뜻이 나라를 바꾼다

개혁의 성공은 대통령의 리더십과 추진체계의 확립으로만 이뤄지지 않는다. 이 두 가지는 필요조건이지 충분조건이 아니다. 국민적 지지를 더해야 충분한 조건이 완성된다.

국민의 응원 없는 정부 개혁은 불가능[19]

기도 폐쇄, 의식 소실, 청각 장애 …. 약국에서 파는 평범한 안약 설명서에 있는 주의사항이다. 평범한 안약에 이런 엄청난 부작용이 있을 수 있다니 …. 아는 의사를 만난 참에 물었더니 "부작용 없는 약은 없어요"란다. 하긴 그렇다. 세상의 모든 일에는 부작용(副作用)이 꼭 따라다닌다. 그렇다고 안약을 안 쓸 것인가?

---

19) 박진(2010. 03. 08)을 바탕으로 수정, 보완하였음.

부작용 없는 약이 없듯이 어떤 개혁이든 다소간의 부작용이 있게 마련이다. 반대론자들은 그 부작용을 내세우며 개혁을 저지하려 한다. 노무현 대통령이 추진한 한미 FTA 때도 그랬고 김대중 대통령의 의약분업, 공기업 민영화 때도 그랬다. 김영삼 대통령이 전격 도입한 금융실명제는 부작용을 우려하면서 10여 년을 끌었다. 아무런 육아 준비 없이 아이를 낳으면 되겠느냐는 비유도 많이 들었다. 그러나 육아 준비가 100% 완료된 상태에서 아기를 낳는 것은 아니다. 아이를 낳아 기르면서 필요한 육아 준비를 하는 것이다.

국정 개혁에 일정한 부작용이 예상될 경우 개혁을 추진해야 할지는 그 부작용의 가능성과 심각성에 달려 있다. 분명한 점은 일반 국민은 그 부작용에 더 관심을 두고 긍정적인 효과에 대해서는 별로 눈길을 안 준다는 점이다. 예컨대 공기업을 민영화하자고 하면 효과에 대한 논의는 사라지고 요금이 오를 수 있다는 우려만 난무한다. 개혁 반대론자는 이러한 분위기를 이용해 개혁을 중단해야 한다고 주장한다. 이런 분위기가 지배하는 사회에는 발전적인 변화가 찾아오기 어렵다. 일본의 침체가 냉전이 종식되고 세계화가 싹트는 1990년 전후 시작된 것은 우연이 아니다. 안정을 추구하고 변화를 두려워하는 일본의 보수적인 문화가 신속하고 유연한 적응을 요구하는 세계화 시대에 맞지 않았던 것이다. 우정사업 민영화에 오랜 시간을 쓴 것만 보아도 알 수 있다. [20]

---

20) 일본은 2002년 우정성을 우정공사로 개편하고 우정사업을 4개 회사로 분할하여

우리 사회가 갈수록 고령화해 국가적 활력이 저하될까 우려된다. 그러나 평균 연령은 높아도 변화를 적극 수용하는 사회는 여전히 활력 있다고 할 수 있지 않을까. 우리의 시장 경제와 민주주의는 아직 발전단계에 있다. 앞으로도 많은 개혁을 해야 한다. 물론 아무 개혁이나 무턱대고 시작해서는 안 된다. 또 정부는 개혁과정의 부작용을 예상하고 이를 해결하는 데 노력을 기울여야 한다. 그러나 100% 성숙된 여건에서 개혁을 추진하려다간 아무 일도 못 하게 된다.

개혁의 부작용은 개혁 회의론을 넘어 정책 관련자에 대한 질책까지 불러온다. 그러나 이것은 공무원의 복지부동이라는 심각한 문제를 초래한다. 개혁을 추진했다가 온갖 질책을 받게 된다면 누가 새로운 일을 하려 하겠는가? 개혁을 추진하는 사람은 외롭다. 군주론의 저자 마키아벨리는 "개혁자는 개혁의 피해자로부터 강력한 저항에 직면하지만 수혜자로부터의 지원은 거의 기대할 수 없다"고 갈파한 바 있다. 개혁하는 사람에게 동지는 없고 적들만 가득하기 마련이다. 그러나 대한민국의 발전을 위해서는 우리가 개혁하는 사람들을 응원해야 한다.

민영화한다는 계획을 수립하였다. 10여 년을 끌던 우정 민영화는 2015년 11월 모회사인 일본우정과 두 자회사를 상장하며 첫 걸음을 뗐다. 일본은 모기업인 일본우정 지분을 30% 남짓 남기고 2022년까지 두 자회사의 민영화를 완료할 예정이다.

선거는 개혁의 장애이자 기회[21]

어릴 적, 산타가 착한 아이에게 선물을 준다는 말에 성탄절이 다가오면 평소보다 부모님 말씀에 더 순종했던 기억이 있을 것이다. 평가를 앞두고 조심스러워지는 것은 정부도 예외는 아니다. 총선이나 대통령 선거를 앞두고는 개혁이 미뤄지는 것이 지금까지의 행태였다. 이렇게 보면 선거는 개혁의 장애요인이다. 그러나 거기에도 지켜야 할 선이 있다.

첫째, 지연 비용을 고려해야 한다. 단순히 몇 달 늦게 시작하는 것이라면 지연 비용이 크지 않다. 그러나 소요 예산이 늘어나거나 시기를 놓치게 된다면 이야기가 다르다. 그에 따른 비용을 국민에게 전가하면서 정치적 이득을 얻고자 하는 것은 곤란하다. 정부는 사안별로 정책 결정의 지연에 따른 비용을 검토해 주길 바란다.

둘째, 구체적인 정치적 부담이 있지도 않은데 무조건 논란을 피하고자 하는 것은 문제다. 논란이 될 만한 사안은 아예 피하자는 복지부동은 곤란하다. 이것은 선거 과민이다.

셋째, 너무 일찍부터 선거를 고려하는 것도 문제이다. 선거 두세 달 전부터 공직 사회의 복지부동이 나타난다면 민주주의 비용으로 참을 수 있다. 그러나 1년 전부터 이러한 현상이 나타나는 것은 문제가 있다. 대통령은 5년 임기 중 3~4차례 전국적 선거와 여러 번

---

21) 박진(2010. 04. 19)을 바탕으로 수정, 보완하였음.

의 보궐선거를 치러야 한다. 자칫하면 길지 않은 임기 중 거의 반을 선거 복지부동으로 보내야 하는 것이다. 예를 들어 지난 2002년은 지방선거와 대선으로 정부가 거의 일손을 놓고 있었던 한 해였다.

넷째, 개혁 과제의 경우 결정 지연으로 추진력이 꺼지지 않도록 관리하는 것도 중요하다. 개혁이란 자동차와 같아서 시동을 걸지 않고 미등만 켜 놓고 방치하면 배터리, 즉 추진력이 방전되어 다시 시동을 걸 수 없는 경우가 많다. 쇠뿔도 단김에 빼라는 말은 개혁에도 철칙이다. 지금이라도 향후 추진 일정을 명확히 하여 개혁의 불씨가 꺼지지 않도록 해야 한다. 이러한 원칙을 지킬 열쇠는 언론과 국민이 가지고 있다. 장기적인 국익과 원칙을 위해, 선거를 앞두고도 개혁을 추진하는 청와대에 큰 박수를 보내자.

그리고 국가 혁신의 의지와 청사진을 가진 대통령에게 한 표를 던지자. 선거, 특히 대통령 선거는 우리 국민이 우리의 미래를 바꿀 수 있는 직접적인 선택을 할 수 있는 기회다. 후보마다 국민의 마음을 살 각종 공약을 들고 나올 것이다. 대책 없는 돈 풀기로 환심을 사려는 후보보다는 미래를 생각하며 국가 혁신의 청사진을 보여 주는 후보에게 한 표를 행사하자.

어떤 대통령을 뽑을 것인가[22]

우리나라를 바꾸기 위해서는 대통령을 잘 뽑아야 한다. 유권자마다 자기 나름의 선택 기준이 있겠지만 한 번쯤은 기본으로 돌아가 대통령직을 가장 잘 수행할 사람, 즉 대통령으로서의 자질이 가장 높은 사람이 누구인지를 생각해 볼 필요가 있지 않을까 한다. 과거 전·현직 대통령 평가 작업에 참여한 적이 있는데 이때 오랜 토론과 조사과정을 거쳐 결정했던 평가 기준은 대통령 후보를 평가할 때에도 그대로 적용된다고 생각해 소개한다. 대통령에게 필요한 자질이야 수없이 많겠으나 가장 중요한 것을 다섯 가지로 요약하면 다음과 같다. 5대 항목 간 상대적 중요성은 유권자의 주관에 따라, 또 시대적 요구에 따라 달라질 것이다.

첫째, 비전 제시 능력이다. 이는 국가의 나아갈 방향을 설정, 이에 부합하는 전략과제를 제시하고 국민적 역량을 집결하는 능력이다. 박정희 대통령의 '잘살아 보세', 김영삼 대통령의 '세계화', 김대중 대통령의 '민주주의와 시장 경제' 등이 그러한 비전이었다. 과연 어떤 후보가 한국에 필요한 비전을 적절히 제시할 수 있으며 이를 구호에 그치지 않고 실행과제로 구체화할 수 있는지 생각해 보자. 특히 국가 혁신의 필요성을 느끼고 이를 국정 어젠다로 설정할 수

---

22) 박진(2002. 10. 25)을 바탕으로 수정, 보완하였음.

있는 대통령이어야 한다.

둘째, 민주적 정책 결정 및 실행능력이다. 민주적 절차에 따른 정책 결정은 오판 가능성을 최소화할 뿐 아니라 결정된 정책의 실행력을 강화한다. 민주화 이후 대통령의 이러한 능력은 그 중요성이 점차 강조되고 있어 이제 정책 수행능력은 민주적 조정능력에 달렸다고 해도 과언이 아니다. 과연 어떤 후보가 각 계층의 이해를 적절히 반영하여 합의된 정책 결정에 이르도록 하고 이를 결국 추진해 내는 조정능력을 가지고 있는지가 중요하다. 단 민주적 절차만 중시하다가 정작 실행을 못 해서는 안 된다. 절차적 민주성을 존중하면서도 강한 실행력을 가진 대통령이 필요하다.

셋째, 인사관리능력이다. 대통령이 직간접으로 내리는 결정은 본인이 임명한 사람들로부터 크게 영향을 받게 되므로 인사관리능력은 대통령이 이끄는 행정부의 성과에 크게 영향을 주게 된다. 과연 어떤 후보가 능력 있는 인물을 고루 발탁해 소신껏 일을 할 수 있도록 힘을 실어 주는 관리자로서의 역할을 잘 수행할 수 있을 것인가. 특히 대통령이 설정한 국가 혁신 프로그램을 잘 실행할 수 있는 인물을 발탁하고 그 성과를 평가할 수 있어야 한다.

넷째, 위기관리능력이다. 이는 남북 대치가 지속되고 경제적 대외의존도가 높은 우리 현실에 비춰 중요한 덕목이다. 과연 어떤 후보가 크고 작은 위기상황에 직면하여 의연함을 잃지 않으면서도 적절한 판단을 신속하게 내릴 수 있을 것인가. 국가 혁신과정에서도 이러한 위기상황은 언제든 발생할 수 있다. 예기치 않은 저항과 국정혼란이 일어날 수 있다. 이러한 상황에서도 끊임없이 국가 혁신을 위해 노력할 수 있는 위기관리능력이 대통령에게 필요하다.

다섯째, 도덕성이다. 대통령의 도덕성은 정부에 대한 국민적 신뢰에 영향을 준다. 과연 어떤 후보의 과거 및 현재의 행적이 국민에게 신뢰를 줄 만한가. 대통령이 국민에게 신뢰를 줄 수 있어야 국가 혁신을 이끌 수 있다. 다소간의 부작용이 있더라도 더 큰 국익을 위해 우리나라를 크게 바꿔야 한다는 점을 국민에게 설득할 수 있어야 하기 때문이다.

이상 5대 자질은 오랫동안 대통령제를 유지해 온 미국의 최근 연구결과와도 표현의 차이만 있을 뿐 크게 다르지 않다. 미국의 최근 연구는 대통령의 자질로서 설득능력, 조직관리능력, 정치역량, 비전, 인지능력, EQ 등 여섯 가지를 꼽았고, 또 한 연구는 개인적 성실성과 도덕성, 역사관, 설득력, 정치력, 추진력, 유능한 보좌관, 국민적 사기고양능력 등 일곱 가지를 꼽았다. 대선과정에서도 후보별 자질 규명에 더 초점을 맞추는 것이 유권자의 선택을 돕는 데 더 효과적일 것으로 생각한다. 대통령이 위의 다섯 가지 자질을 모두 가졌다고 해도 대통령이 국민의 지지를 얻지 못하면 아무 일도 할 수 없다. 좋은 대통령을 뽑고, 그 대통령에게 국가 혁신을 위해 국민적 지지를 보내 주어야 한다.

국가 예산의 곳간지기를 응원하자[23]

선거는 국가 혁신을 위한 중요한 정책이 준비되는 시기이기도 하지만 반대로 선심공약으로 국가 재정을 훼손할 정책이 준비되는 시기이기도 하다. 특히 대선을 앞두고 많은 선심공약이 쏟아져 나올 우려가 있다. 과연 이런 공약들은 관철될까? 정책 결정에 가장 중요한 역할을 하는 청와대, 행정부, 국회 그리고 여론형성층은 선심공약에 어떤 결정을 내릴 것인가?

이들 간 역학관계는 사안에 따라 달라진다. 여야의 이해가 충돌할 때에는 청와대와 행정부가 여당 편에 선다. 이에 따라 '청와대 + 행정부 + 여당' 대 '야당'의 일방적인 구도가 된다. 그러나 선거철이 가까워 오면 예산 수반 정책에 대해서는 양상이 달라진다. 여야가 담합하는 반면 행정부는 분열된다. 먼저 여야는 표를 얻기 위해 경쟁적으로 선심공약을 남발하며 예산 증액에 한목소리를 낸다. 각자의 목적 달성을 위해 서로 상대의 요구를 밀어주는 담합, 즉 로그롤링(log-rolling)이 발생한다. 반면 행정부는 예산을 쓰는 보건복지부, 국토해양부 등 소관 부처와 예산을 배정하는 기획재정부의 대립이 더 첨예해진다. 소관 부처가 여야의 선심공약을 은근히 즐기기 때문이다. 예산이 늘어나면 힘도 생기고 조직이 늘어나 승진도 빨라진다. 부처 장관도 예산의 효과보다는 확보한 예산 규모로 평가받는

---

23) 박진(2012. 03. 27)을 바탕으로 수정, 보완하였음.

경우가 많아 선심공약을 즐긴다. 결국 국회와 부처는 예산 확보라는 동일 목표 하에 암묵적인 담합을 이룬다.

이때 청와대의 입장이 중요하다. 만약 대통령이 국회 편에 선다면 기획재정부가 왕따가 될 것이다. 그러나 우리의 청와대는 다행히 재정부와 같은 입장에 서는 경우가 많았다. 이명박 정부 시절 청와대가 선심성 법안에 거부권 행사를 검토한 것이 그 예이다. 이 점은 단임제의 분명한 장점이라고 생각한다. 이런 경우 '여야 + 소관 부처' 대 '청와대 + 재정부'의 팽팽한 구도가 형성된다. 대통령 임기 초반에는 대체로 '청와대 + 재정부'가 우세를 보인다.

그러나 임기 후반에는 여당이 대통령의 영향력에서 벗어나고 부처 이기주의가 머리를 치켜들면서 '청와대 + 재정부'의 힘은 급격히 약화된다. 청와대는 레임덕 차단에 정신을 뺏겨 다음 정부가 쓸 내년도 예산에 신경 쓸 여유가 없어진다. 퇴임 이후를 생각하면 국회와 대립하는 것도 부담스럽다. 청와대가 흔들리면 재정부도 차기 정부에서의 입신양명을 바라며 여야의 눈치를 볼 유혹을 받는다. 결국 선심공약이 관철될 가능성이 커지는 것이다. 이를 막기 위해서는 무엇보다 청와대가 끝까지 재정부의 곳간지기 역할을 지원하는 것이 중요하다.

한편 국민이 '청와대 + 재정부'의 곳간지기 역할에 힘을 실어 주는 것은 의외로 만만치 않다. 선심공약의 수혜자가 많기 때문이다. 수혜자가 아니더라도 국민여론은 선심공약을 뒷받침할 세금 고민을 잊기 십상이다. 근로소득자 가운데 약 48%가 면세점 이하로서 소득세를 내지 않고 있기 때문이다. 게다가 시민단체는 선심공약의 대부분을 차지하는 사회복지 확대를 좇아 국회 편에 서게 된다. 또한 여야 중 한쪽 편을 들었던 학자들은 이제 와서 여야가 한목소리로 주장하는 선심공약을 비판하기 어렵다. 그나마 선심공약을 비판하는 언론 중에는 대체로 보수지가 많아 일부 국민들은 선심공약 비판을 보수의 입장으로 치부하는 경향마저 있다. 이렇게 보면 곳간지기의 우군이 많지 않아 보인다.

물론 사회보장은 더 확대해야 하나 그 방법은 국가 전반을 장기적인 시야로 조망하며 결정해야 한다. 그러나 대선을 앞두고는 선심공약이 관철될 가능성이 높아진다. 이를 막기 위해서는 중도를 지켜온 언론, 학자, 시민단체가 목소리를 내야 한다. 선심공약은 국가의 장기적 명운을 훼손하는 심각한 문제라는 점을 국민에게 알려야 한다. 국민들이 우리의 곳간지기가 선심공약을 이겨낼 수 있도록 든든한 지원자가 되어 주었으면 한다.

정부가 내미는 담합의 손을 뿌리쳐야[24]

공기업의 예산을 모두 합하면 중앙정부 예산보다 크며 그 역할도 전력, 수도, 화폐, 가스, 철도, 고속도로, 공항, 은행 등 다양한 서비스를 포괄한다. 공기업 개혁을 위해 정부는 많은 노력을 기울이고

---

24) 박진 (2009. 08. 24) 을 바탕으로 수정하였음.

있으나 여전히 국민적 평가는 그다지 좋지 않다. 과연 우리 공기업의 근본 문제는 무엇이며 어떻게 해결해야 할 것인가?

공기업의 문제는 세 가지 담합구조로 요약된다. 먼저 내부담합은 경영진과 노조 사이의 문제이다. 공기업 사장의 목표는 임기 중 많은 업적, 장기 재임, 장·차관이나 국회로의 진출 등일 것이다. 그런데 파업 등으로 노조와의 갈등이 보도되고 시끄러워지면 위 목표가 모두 위협받는다. 노조는 이를 이용하여 임금 인상, 복리후생을 강력하게 요구한다. 공기업 사장은 그 비용을 자신의 주머니에서 빼어 주는 것이 아니므로 요구를 들어주면서 노조의 협조를 얻고자 한다.[25] 국민은 이러한 공기업과 노조의 담합을 감시해야 한다.

내부담합보다 심각한 것은 정부와 공기업의 담합이다. 아직도 많은 공기업이 민간시장을 잠식해 수익을 창출하며 핵심 역량과 거리가 먼 분야로 다각화를 추진한다. 민간기업이라면 수익을 찾아 어떤 분야로든 진출할 수 있으나 공기업은 다르다. 민간부문을 침해할 수 있으며 우월적 지위가 있을 수 있기 때문이다. 그러나 정부는 이것을 눈감아 주고 있다. 공기업이 공적 기능을 수행토록 하기 위해서는 예산을 줘야 하는데 국가 재정이 좋지 않으니 공기업이 민간시장

---

[25] 다행히 이러한 내부담합은 설 땅이 줄고 있다. 공기업 사장이 노조의 요구에 굴복하면 당장 감사원이나 국정감사의 지적을 받고 이는 공기업 경영평가를 통해 해당 공기업의 성과급을 낮추게 된다. 앞으로 이러한 성과급 차등을 크게 할수록 담합구조를 더 쉽게 깰 수 있을 것이다. 보다 근본적인 대책은 노조와의 관계에서 원칙을 유지하는 공기업 사장에게 질책이 아니라 오히려 박수를 보내는 것이다. 최근 그러한 방향으로 공기업 평가가 이뤄지는 것은 반가운 일이다.

에서 벌어 공적 기능을 수행토록 하기 때문이다. 그 결과 공기업은 정부의 간섭을 덜 받는 수입원을 확보해서 좋고 정부는 재정을 지출하지 않아서 만족한다. 문제는 그 과정에서 민간기업이 피해를 본다는 점이다. 현재의 재정 적자 하에서 이를 당장 교정하기는 어려울 것이다. 앞으로 중기계획을 가지고 정부가 이를 바로잡아 나가야 한다. 공익성과 수익성을 명확히 구분해 줘야 공기업에 분명한 책임을 물을 수 있다. 국민은 이러한 정부와 공기업의 담합을 철저히 감시해야 한다.

그러나 가장 교정이 어려운 담합은 정부와 공기업의 담합에 국민까지 가세하는 경우이다. 이때의 피해자는 미래세대이다. 정부는 공기업이 부과하는 전기, 가스, 수도, 교통 등 각종 공공요금을 원가보다 낮게 유지하도록 요구한다. 요금을 적게 내니 국민이야 당장 좋고 선거를 앞둔 정부도 이를 즐긴다. 공기업은 정부로부터 협조받을 다른 일이 많기 때문에 울며 겨자 먹기로 이를 수용한다. 또한 정부는 정책적 필요 때문에 공기업이 각종 사업을 벌이도록 하고 있다. 공기업은 사업을 확장하면 자리도 늘고 승진도 빨라지므로 이를 마다하지 않는다. 국민도 경기가 활성화된다니 이를 반긴다.

이러한 3자 담합의 비용은 공기업의 부채로 남아 결국 다음 세대에 폭탄으로 넘어간다. 정부는 국민에게 선심을 쓰기 전에 그 장기적 비용을 고려해야 한다. 우리 공공부문의 문제를 들춰 보면 노조, 정부, 그리고 국민의 3자 담합이 똬리를 틀고 있다. 이를 해결하기 위해서는 공공부문이 내미는 달콤한 담합의 손을 뿌리쳐야 한다. 미래세대에게 부담을 떠넘기는 과도한 재정 지출, 낮은 공공요금을 즐기기만 해서는 안 된다. 그래야 공기업-노조, 정부-공기업 간 담합을 자신 있게 감시할 수 있고 우리가 미래세대의 존경을 받을 수 있다.

전문가들도 역할을 해야[26]

사드(THAAD)는 효과적인 북한 핵무기 방어수단인가? 법인세를 올리면 투자가 줄어드는가? 토론회가 열려도 각자 주장을 쏟고 헤어진다. 전문가 간 공감대 형성은 기대하기 어렵다. 정책 결정에는 이념이나 이해관계에 따라 이견이 있기 마련이다. 이를 잘 해소하고 옳은 결정을 하는 국가는 발전하고 그렇지 못한 국가는 정체한다. 우리는 어떤가.

이견 해소 수단은 논리와 이해관계 조정이다. 논리의 시작은 사실관계 확인이며, 이해관계 조정은 힘에 따른다. 어떤 사안에 대해 이념상 좌우의 입장이 1과 9라고 하자. 논리에 의해 그 차이가 3과 7로 좁혀지면 그 사이에서 이해관계에 따라 비교적 쉽게 의사를 결정할 수 있다. 그러나 우리는 논리가 1과 9를 좁히지 못하니 늘 평행선을 달린다. 결정은 미뤄진다. 결정이 돼도 힘에 의해 2 혹은 8로 편향된 결론이 난다. 이래선 발전을 기대할 수 없다.

얼마 전 동남권 신공항 입지를 놓고 대부분의 국민은 밀양과 가덕

---

26) 박진(2016. 08. 03)을 바탕으로 수정, 보완하였음.

도 간의 선택만 생각했다. 김해공항 확장은 관심을 끌지도 못했다. 논리적인 대안보다는 지역 갈등만 부각된 탓이다. 결국 외국 컨설팅 업체의 판단을 따르는 것으로 결정됐다. 국내에는 중립성을 인정받는 전문가 집단이 없다는 뜻 아닌가. 과거 한탄강 댐 규모를 정하기 위한 회의도 생각난다. 폭우 가능성이 높을수록 댐을 크게 지어야 하므로 폭우 가능성이 쟁점이 되었다. 댐 건설 찬성파인 당시 건교부 추천 학자는 폭우 가능성을 높게 본 반면, 반대파인 강원도 추천 기상학자는 가능성이 낮다고 했다.

전문가 집단의 위기이다. 전문성이 얕은 탓도 한 요인일 것이다. 더 중요한 이유는 전문가 집단이 이념이나 이해관계에 매몰되어 객관적 판단을 못하기 때문이다. 많은 전문가들이 좌우 중 하나의 편이 되어 상대 의견에는 귀를 닫고 있다. 가습기 살균제 보고서 조작 혐의로 기소된 서울대 교수는 이해관계를 좇은 극단적 사례이다. 이념과 이해관계를 초월, 사안별로 시시비비를 가리는 믿을 만한 전문가 집단은 없는 것인가.

연구기관은 많으나 모두 한계가 있다. 국책연구기관은 정부 입장에 반하는 주장을 펴기엔 한계가 있다. 이런 점에서 국책연구기관 중 하나 정도는 중립지대에 있는 것이 좋겠다. 대기업이나 정치권의 연구기관은 당연히 이해관계를 초월할 수 없다. 대학교수들 중 중립적인 인사를 찾아볼 수는 있으나 이들은 조직돼 있지 않아 한계가 있다.

그렇다면 희망은 전문가로 구성된 순수 NGO(비정부) 연구소다.

그런데 이들은 대부분 이념적 지향성이 있다. 서로 다른 진영의 주장에 귀를 잘 기울이지 않는다. 이견을 좁혀 공감대를 형성하려는 노력은 부족하다. 이를 극복하기 위해 건강한 좌우이념을 가진 NGO 연구소를 느슨하게 묶는 중립적 협의체가 필요하다. 협의체는 심도 있는 토론회를 통해 좌우의 참석자들이 공감 가능한 범위를 도출해야 한다. 협의체는 기계적인 중립성이 아니라, 무리한 주장은 배제하는 적극적인 사회자 역할을 해야 한다. 사안별로 결론까지 내주면 좋겠으나 그것은 어려울 것이다. 1과 9의 차이를 3과 7로만 좁혀도 대성공이다. 아니, 상대의 생각과 이견의 원인만 발견해도 성공이다. 간혹 언론사가 이런 토론을 주관하기도 하나 국민은 그 언론사의 색깔에 맞춰 색안경을 낀다. 우리에겐 일단 이념적 독선 없는, 중립적인 토론의 개최자가 필요하다.

이 협의체는 NGO 연구소 대표들로 구성하면 될 것이다. 각 연구소는 아무런 제약 없이 얼마든지 이념 편향적일 수 있다. 논리와 열린 귀로 참여만 하면 된다. 그러나 협의체의 집행부는 중립성을 인정받는 인사들로 구성해야 한다. 개인적 욕심이 있는 사람도 곤란하다. NGO 연구 활동을 하는 전문가들께 호소하고 싶다. "우리 모여 혼돈의 시대에 순수한 전문가 집단의 역할을 만들어 보십시다."

4. 광역통합하고 지방분권하자[27]

경쟁은 각 주체가 최선을 다하도록 만든다. 대부분의 기업과 개인은 이러한 경쟁에 노출되어 있다. 공기업이 비효율적이라고 하는데 그 근본원인은 바로 이러한 경쟁이 없기 때문이다. 경쟁 무풍지대에 머무는 대표적인 주체가 바로 '정부'이다. 마음에 들지 않는다고 정부를 바꿀 수는 없다. 다른 나라로 이민 가는 방안이 있기는 하나 시민권 제한, 고용 기회, 언어장벽 등으로 현실적으로 어렵다. 물론 투표로 집권당을 바꿀 수는 있다. 그러나 그렇다고 정부가 바뀌는 것은 아니다.

정부에 경쟁을 도입할 순 없을까? 시·도들 간에 서로 주민과 기업 모으기 경쟁을 붙이는 것이 답이다. 이를 위해선 시·도가 자율적으로 교육,[28] 주택, 사회보장 등 재정과 정책을 결정할 수 있어야 한다. 그러나 국고보조금은 용도가 칸막이 쳐 있어 자율의 여지가 없다. 지방이 재량껏 쓸 수 있는 예산 비중을 나타내는 재정자주도는 2012년의 77.2% 이후 계속 떨어져 2015년에는 68%에 그쳤다. 또 지방정부는 사소한 판단조차 중앙에 물어 해결한다. 국토부 건축과는 그 질의에 답하는 것이 주 업무다. 시킨 일만 하는 지방정부로는 희망이 없다. 지방분권이 되어야 창의가 살아 지방의 경쟁력

---

27) 박진(2016.01.07)을 바탕으로 수정, 보완하였음.
28) 지방교육청을 광역단체 소속으로 하는 등 일반행정과 교육행정을 통합하는 작업도 필요하다.

과 주민만족도가 올라간다.

그러나 정부는 지자체의 결정을 대신하고 있다. 최근의 누리과정, 청년수당 논란도 중앙이 지방정부에 총액을 지원하고 지방이 그 안에서 알아서 쓰도록 하면 문제가 해결된다. 즉, 포괄보조금을 주고 지방의 자율을 보장하면 될 것을 정부는 각종 칸막이로 나눠 준다. 사업별로 예산이 남아도 다른 용도로 쓰지 못하고 정부에 반납해야 하니 지자체는 그 사업예산을 낭비적으로 다 쓸 수밖에 없다. 그러나 각 부처가 보조금 배분 권한을 포기할 생각이 없으니 이런 낭비는 계속될 것 같다. 지방정부의 포퓰리즘이 걱정이라면 지방재정 평가를 강화하면 된다.

노동 개혁 등 국가적 개혁이 쉽지 않은데 광역마다 알아서 하면 어떨까? 미국은 주마다 최저임금, 정리해고 통보시점이 다르다. 또 지방분권은 인재를 지방으로 끌어들여 지방의 역량을 높이고 결국 수도권 집중을 완화할 것이다. 대통령 5년 단임제가 문제로 거론되는데, 단체장 임기는 최대 12년이므로 대통령 중임제 개헌 없이도 지방분권으로 문제가 해결된다. 나아가 지방분권이 돼야 북한 주민도 통일을 쉽게 수용할 수 있지 않을까. 물론 중앙정부는 광역 간 불균형 해소, 재정 파탄 광역에 책임 묻기, 광역 간 이견 조정에 힘써야 할 것이다.

지금까진 지방분권보다는 중앙집권이 유리했다. 우리는 전국적으로 최선의 입지를 골라 산업을 배치하고 인프라를 깔았다. 부족한 자본을 잘 쓰기 위해선 이런 선택과 집중이 필요했다. 그러나 선진국이 되면 삶의 질, 정치 참여 등이 중시되므로 지방정부에 힘이 실리게 된다. 주민이 원하는 것을 지방이 더 잘 알기 때문이다. 우리보다 1인당 GDP와 인구가 모두 많은 미국, 독일, 일본, 영국, 프랑스, 이탈리아는 우리보다 지방분권도 크게 앞서는데 그 분권의 격차는 더 벌어지고 있다. 특히 우리가 배워야 할 유럽의 우등생 독일은 대표적인 지방분권의 나라이다. 우리는 국토가 작긴 하지만 인구는 지방분권하기에 충분하다. 우리보다 면적이 작지만 연방제까지 하는 나라도 많다.

지방정부의 적정 규모는? 2015년 세계경제포럼(WEF)이 발표한 한국의 경쟁력은 세계 26위이다. 상위 25개국 중 14개국이 인구 1천만이 안 된다. 반면 그 14개국 중 인구 400만이 안 되는 나라는 룩셈부르크와 카타르뿐이다. 즉, 작은 규모가 경쟁에서 불리하진 않으나 너무 작아선 곤란하다는 시사점이다. 반면 우리는 서울과 경기도만 400만을 넘긴다. 광역단체의 자생력을 위해선 광역 간 통합이 필요하다. 제주도, 충청도, 전라도, 경상북도, 경상남도, 서울, 인천＋경기남도, 경기북도＋강원도 등 8개 광역으로 통합하는 방안은 어떨까. 그러면 제주도를 뺀 모든 광역단체가 480만～1,200만 명으로 경쟁력을 갖기에 딱 좋은 규모가 된다. 이처럼 지방분권이 진전되면 사회적 신뢰도 제고될 수 있다. 인구가 많아지면 내가 낸 세금이 나에게로 되돌아온다는 확신이 떨어진다. 재정수입과 지출을 각 지방자치단체가 상당한 자율을 가지고 운용할 경우 국민들은 거주 결정을 통해 어느 지자체가 우월한지 한 표를 던지게 될 것이다.

연방제는 개헌이 필요해 사실상 어렵지만 지방분권, 광역통합은 개헌 없이도 가능하다. 그러나 이 역시 무척 어렵다. 우선 시도지사와 도청 소재지가 반으로 준다. 또 지방분권이 되면 대통령, 중앙공무원, 국회의원 모두 지방에 권한을 양보해야 한다. 대통령의 강력한 의지 없인 불가능하다. 지방분권에 가장 열심이었던 노무현 전 대통령도 2006년 지방선거 패배 이후 적극성이 떨어졌었다. 차기 대통령은 2018년 2월 취임하여 몇 달 후 정치적 허니문 중 지방선거를 치르게 된다. 이는 그간 여당이 유일하게 승리한 1998년 지방선거를 연상시킨다. 지방분권의 호기이다. 2018년 지방선거에 대비, 지방분권을 확대하면서 광역통합 논의를 시작하자. 지방분권은 국가 혁신의 가장 강력한 수단이다.

참고문헌

제 1 장

곽형석(2015). 예방적 부패통제시스템 구축을 통한 국가청렴도 제고방안. 반
부패 청렴사회 구현을 위한 국제심포지엄, 국민권익위원회와 바른사회
운동연합.

김태완(2014. 09). 한국인은 폭력적인가?. 〈월간조선〉.

백승영(2005). 《니체 〈도덕의 계보〉》, 서울대학교 철학사상연구소.

손병권(2016). 샌더스-트럼프 현상(미국 양극화 현상과 한국적 함의). 안민정
책포럼 조찬토론회.

오택림(2014). 한국 뇌물법의 문제점과 개선방안. 바른사회운동연합 창립심포
지엄.

Acemoglu, D. & Robinson, J. A. (2012). *Why Nations Fail*. 최완규(역)
(2012), 《국가는 왜 실패하는가》. 시공사.

Fee Enterprise Staff(2014. 02. 12). Pittsburgh's Reinvention from Steel City
to Tech Hub. https://www.freeenterprise.com/pittsburgh-s-rein-
vention-steel-city-tech-hub/

Kannan, G. (2015). Combating corruption: The Singapore experience. 반
부패 청렴사회 구현을 위한 국제심포지엄, 국민권익위원회와 바른사회
운동연합.

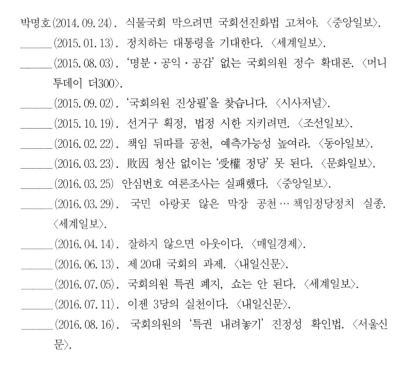

Lucas, R. (1993). Making a miracle. *Econometrica*, *61*(2), 251~272.

Nietzsche, F. W. (1887). *Zur Genealogie der Moral: Eine Streitschrift.* 홍성광(역) (2013), 《도덕의 계보학》. 연암서가.

Reddy, B. (2014). Tackling corruption and the rule of law: A Singaporean perspective. 바른사회운동연합 창립심포지엄.

Summers, L. (2016). The age of secular stagnation. Foreign Affairs, *95*, 1~9.

제 2 장

박명호(2014. 09. 24). 식물국회 막으려면 국회선진화법 고쳐야. 〈중앙일보〉.

_____(2015. 01. 13). 정치하는 대통령을 기대한다. 〈세계일보〉.

_____(2015. 08. 03). '명분·공익·공감' 없는 국회의원 정수 확대론. 〈머니투데이 더300〉.

_____(2015. 09. 02). '국회의원 진상필'을 찾습니다. 〈시사저널〉.

_____(2015. 10. 19). 선거구 획정, 법정 시한 지키려면. 〈조선일보〉.

_____(2016. 02. 22). 책임 뒤따를 공천, 예측가능성 높여라. 〈동아일보〉.

_____(2016. 03. 23). 敗因 청산 없이는 '受權 정당' 못 된다. 〈문화일보〉.

_____(2016. 03. 25) 안심번호 여론조사는 실패했다. 〈중앙일보〉.

_____(2016. 03. 29). 국민 아랑곳 않은 막장 공천 … 책임정당정치 실종. 〈세계일보〉.

_____(2016. 04. 14). 잘하지 않으면 아웃이다. 〈매일경제〉.

_____(2016. 06. 13). 제 20대 국회의 과제. 〈내일신문〉.

_____(2016. 07. 05). 국회의원 특권 폐지, 쇼는 안 된다. 〈세계일보〉.

_____(2016. 07. 11). 이젠 3당의 실천이다. 〈내일신문〉.

_____(2016. 08. 16). 국회의원의 '특권 내려놓기' 진정성 확인법. 〈서울신문〉.

Lijphart, A. (2012). *Patterns of Democracy*, 2nd ed. New Haven: Yale University Press.

제3장

국회예산정책처(2013). 국가 연구개발 투자의 성과 측정 방법 연구.

권규호·조동철(2014). 20년 전의 일본, 오늘의 한국: 인구구조 고령화와 경제역동성 저하. 《우리 경제의 역동성: 일본과의 비교를 중심으로》. 한국개발연구원.

김기완(2010). 《우리나라 서비스기업의 혁신 패턴과 결정요인 분석》. 한국개발연구원.

김기완·이주호(2013). 《국가연구개발체제 혁신방안 연구: 창조경제 구현을 위한 제언》, 한국개발연구원.

김동환(2008). 정책금융의 역할에 관한 소고. 〈금융논단〉, 17권 18호, 3~8. 한국금융연구원.

김선빈(2014). 한국 사회갈등의 진단과 통합 촉진 자원으로서의 신뢰. 《한국형 시장경제체제》, 서울대학교 출판문화원.

김원규·김진웅(2014). 한국에서 규모별 중소기업의 생산성 결정요인 분석. 〈GRI 연구논총〉, 16권 3호, 329~348.

손상호(2013). 《한국 정책금융의 평가와 분석 및 미래비전》. 한국금융연구원.

신석하(2014). 한국의 2000년대 생산성 증가세 평가: 성장회계 분석방법 비교·분석. 〈한국개발연구〉, 36권 2호, 137~174.

_____(2015). 창조경제의 성공과 경제적 지대의 제거. 〈KERI 칼럼〉, 917호, 1~3.

이인재(2009). 고용위기와 노동시장의 구조 개혁. 〈한국경제포럼〉, 2권 3호, 33~50.

이정전(2016). 새로운 모습의 소득불평등과 정의. 〈노사공포럼〉, 37호, 27~56.

이주호·김석호·김현준·문명재·박진·이시욱·이윤석·이정민·정지은·정혁·최슬기·최중희·황초이(2016). 한국인의 역량: 실증분석과 개혁과제. 〈한국경제포럼〉, 9권 1호, 25~39.

이진국(2015). 《중소기업 적합업종 지정제도의 경제적 효과에 관한 연구: 두부산업을 중심으로》. 정책연구시리즈(2015년 1월), 한국개발연구원.

장우현·양용현·우석진(2013). 《중소기업 지원정책의 개선방안에 관한 연구

（Ⅰ）》. 연구보고서(2013년 8월), 한국개발연구원.

전국경제인연합회(2014). 선진국에 없는 과도한 규제가 금융허브의 가장 큰 걸림돌. 보도자료.

_____(2016). 《2016년 규제 개혁 체감도 조사결과》, 규제 개혁 시리즈(2016 년 2월).

전성인(2015). 한국 금융의 현황과 과제. 〈한국경제포럼〉, 8권 3호, 81~91.

최현경·전현배·이윤수(2014). 《기업의 진입퇴출이 서비스산업 생산성에 미 치는 영향 분석－생계형 개인서비스산업을 중심으로》. 산업연구원.

한국개발연구원(2015). 규제 개혁시스템 및 정책 만족도 조사 결과. 보도자료.

현대경제연구원(2015a). 공공 R&D, 창조적 혁신의 주체인가? 대상인가?. 〈경제주평〉, 7호, 1~29.

_____(2015b). 계층 상승 사다리에 대한 국민인식 설문조사. 〈현안과 과제〉, 29호, 1~13.

Cho, J., Chun, H., & Lee, Y. (2014). Productivity growth in the retail trade sector: Entry exit and reallocation. EARIE Conference Paper.

The Conference Board(2013). The Conference Board Total Economy Database.

Hayashi, U. & Prescott, E. (2002). The 1990s in Japan: A lost decade. *Review of Economic Dynamics, 5*(1), 206~235.

IMF(1998). *World Economy Outlook*(October).

OECD(2012). Looking to 2060: A global vision of long-term growth. *OECD Economics Department Policy Notes. 15*, 1~13.

_____(2016). The quantification of structural reforms: A new framework. Working Party No. 1 of the Economic Policy Committee.

Syverson, C. (2011). What determines productivity. *Journal of Economic Literature, 49*(2), 326~365.

제 5 장

이재혁(1999). 동태적 구조이론의 가능성: 행위와 구조의 되먹임. 김일철 외. 《한국의 사회구조와 지역사회》. 서울대학교 출판부.

한준·김석호·하상응·신인철. (2014). 사회적 관계의 양면성과 삶의 만족. 〈한국사회학〉, 48권 5호, 1~24.

Baudrillard, J. & Levin, C. (1981). *For a Critique of the Political Economy of the Sign*. Telos Press Publishing.

Davies, J. C. (1962). Toward a theory of revolution. *American Sociological Review*, 27(1), 5~19.

Diener, E., Suh, E. M., Kim-Prieto, C., Biswas-Diener, R., & Tay, L. S. (2010). Unhappiness in South Korea: Why it is high and what might be done about it. Seoul, Korean Psychological Association 발표논문.

Eibner, C. & Evans, W. N. (2005). Relative deprivation, poor health habits, and mortality. *Journal of Human Resources*, 40(3), 591~620.

Frank, R. H. & Cook, P. J. (1995). *The Winner-take-all Society: How More and More Americans Compete for Fewer and Bigger Prizes, Encouraging Economic Waste, Income Inequality, and an Impoverished Cultural Life*. New York: Free Press.

Gisler, M. & Sornette, D. (2010). Bubbles everywhere in human affairs. Swiss Finance Institute Research Paper, 10~16.

Harris, M. (1975). *Culture, People, Nature: An Introduction to General Anthropology*. New York: Crowell.

Hirschmann, A. O. (1970). *Exit, Voice and Loyalty: Responses to Decline in Firms, Organizations, and States*. Cambridge.

Hofstede, G., Hofstede, G. J., & Minkov, M. (1991). *Cultures and Organizations: Software of the Mind*, 2. London: McGraw-Hill.

Kim, H. & Ohtake, F. (2014). *Status Race and Happiness: What Experimental Surveys Tell Us*. Policy Study 14-01, Korea Development

Institute.

Merton, R. K. (1938). Social structure and anomie. *American Sociological Review*, 3(5), 672~682.

Nye, J. (1997). *Why People Don't Trust Government*. Harvard University Press. 박준원(역)(2001), 《국민은 왜 정부를 믿지 않는가》. 굿인포메이션.

Platt, J. (1973). Social traps. *American Psychologist*, 28(8), 641.

Rothstein, B. (2005). *Social Traps and the Problem of Trust*. Cambridge University Press.

Veblen, T. (1899). *The Theory of the Leisure Class*. New York: The New American Library. 정수용(역)(1985), 《유한계급론》. 동녘.

Weber, M. (1922). 1978. *Economy and Society: An Outline of Interpretive Sociology*, 2. University of California Press.

福田 誠治(2006). 競爭やめたら學力世界——フィンランド敎育の成功. 朝日新聞出版. 나성은, 고영태(역). (2008). 《핀란드 교육의 성공: 경쟁에서 벗어나 세계 최고의 학력으로》. 북스힐.

제 6 장

구영록(1994). 대외정치의 핵심 개념으로서의 국가이익. 〈한국과 국제정치〉, 10권 1호, 1~14.

김우상(2007). 《신한국책략 2: 동아시아 국제관계》. 나남.

김근식(2011). 《대북포용정책의 진화를 위하여》. 한울아카데미.

김용직(2014). 《대한민국 정부수립과 국가체제 구축》. 대한민국역사박물관.

박명림(2011). 한국의 48년체제: 정치적 대안이 봉쇄된 보수적 패권체제의 기원과 구조. 〈의정연구〉, 17권 2호, 233~242.

박인휘(2007). 북핵 문제의 복합성, 미국의 딜레마, 그리고 동북아안보의 변화. 〈한국정치외교사논총〉, 28집 2호, 229~254.

_____(2011). 한반도 안보-안보부재의 정치학: 한미-남북 관계의 모순적 결

합. 〈한국정치학회보〉, 45집 2호, 229~250.

박태균(2006). 《우방과 제국, 한미관계의 두 신화》. 창작과비평사.

_____(2013). 《원형과 변용: 한국경제개발계획의 기원》. 서울대출판문화원.

신욱희(2010). 《순응과 저항을 넘어서: 이승만과 박정희의 대미정책》. 서울대
출판문화원.

윤영관(2011). 통일외교, 어떻게 할 것인가?. 〈외교〉, 99호.

전재성(2006). 동아시아 지역주의와 안보협력의 미래: 유럽과의 비교. 손열
외(편), 《동아시아지역주의: 지역의 인식, 구상, 전략》. 지식마당.

하영선 외(2012). 《복합세계정치론: 전략과 원리 그리고 새로운 질서》. 한울
아카데미.

Adler, E. & Barnett, M. (1998). *Security Communities*. Cambridge: Cambridge University Press.

Armstrong, C. K. (2006). *Korean Society: Civil Society, Democracy, and the State*. New York: Routledge.

Bluth, C. (2011). *Crisis on the Korean Peninsula*. New York: Potomac Books.

Booth, K. & Nicholas, J. W. (2010). *The Security Dilemma: Fear, Cooperation, and Trust in World Politics*. Houndmills: Palgrave Mcmillan.

Branzinsky, G. (2006). *Nation-Building in South Korea: Koreans, Americans, and the Making of a Democracy*. Chapel Hill: The University of North Carolina Press.

Calder, K. E. (2004). U. S. Foreign Policy in Northeast Asia. In S. Kim(Ed.), *The International Relations of Northeast Asia*. Lanham, MD: The Rowman & Littlefield Publishing Group.

Cha, V. (2009) Powerplay: Origins of the U. S. alliance system in Asia. *International Security*, 34(3), 158~196.

_____(2012). *Impossible State: North Korea, Past and Future*. New York: Ecco.

Katzenstein, P. J. (2005). *A World of Regions: Asia and Europe in the American Imperium*. Ithaca, NY: Cornell University Press.

Kim, S. (Ed.) (2004). *The International Relations of Northeast Asia.* Lanham, MD: The Rowman & Littlefield Publishing Group.

Keohane, R. & Nye, J. Jr. (2011) *Power and Interdependence,* 4th ed. New York: Pearson.

Oberdorfer, D. (2001) *The Two Korea: A Contemporary History.* New York: Basic Books.

Shambaugh, D. (2013) *China Goes Global: The Partial Power.* Oxford: Oxford University Press.

Snyder, G. H. (2002) Mearsheimer's world offensive realism and the struggle for security: A review essay. *International Security,* 27(1), 149~173.

Wendt, A. (1994). Collective identity formation and the international state. *American Political Science Review,* 88(2), 384~396.

Yahuda, M. (2011). *International Politics of Asia-Pacific.* New York: Routledge.

제 7 장

김진영 · 박진(2015). 스마트 성장을 위한 정부 역할의 재정립. 박세일 · 이주호, 강성진 편, 《국가 재창조 3대 전략》. 한반도선진화재단.

박　진(2002. 09. 26). 장관 임기 보장을 대선공약으로. 〈대한매일〉.

_____(2002. 10. 25). 대통령 후보 평가기준. 〈대한매일〉.

_____(2009. 08. 24). 공기업 · 정부 · 국민의 3자 담합. 〈한국일보〉.

_____(2009. 12. 28). 누가 대한민국을 개혁하나. 〈한국일보〉.

_____(2010. 03. 08). 개혁을 응원하자. 〈한국일보〉.

_____(2010. 08. 23). 골목대장 장관 이제는 그만. 〈한국일보〉.

_____(2012. 03. 27). 곳간지기에게 힘을 실어 주자. 〈서울신문〉.

_____(2012. 11. 12). 차기 대통령의 공공기관 인사개혁 성공하려면. 〈서울신문〉.

_____ (2014. 04. 15). 공기업 개혁 제대로 하자. 〈매일경제〉.

_____ (2015). 누가 정부혁신을 이끄는가?. 박진 외, 《대한민국 정부를 바꿔라》. 올림.

_____ (2015. 09. 08). 4대 개혁 추진 체계. 〈한국일보〉.

_____ (2016. 01. 07). 지방분권과 광역통합 필요하다. 〈한국일보〉.

_____ (2016. 02. 18). 미래를 결정하는 세 가지 선택. 〈한국일보〉.

_____ (2016. 08. 03). 비정부(NGO) 연구협의체 만들자. 〈한국일보〉.

필자 약력

(가나다순)

박명호 (朴明浩): 미국 미시간주립대 정치학 박사
전) 한국정당학회 회장
현) 동국대 정치행정학부 교수
현) 안민정책연구원 거버넌스 분과위원장

박우규 (朴佑奎): 미국 카네기멜론대 경제학 박사
전) SK 경영경제연구소 소장
현) 리인터내셔널 특허법률사무소 고문
현) 안민정책포럼 · 안민정책연구원 이사장

박인휘 (朴仁煇): 미국 노스웨스턴대 정치학 박사
전) 한미교류협회 연구위원
현) 이화여대 국제학부 교수
현) 안민정책연구원 외교통일 분과위원장

박 진 (朴 進): 미국 펜실베이니아대 경제학 박사
전) 기획예산처 정부개혁실 팀장
현) KDI 국제정책대학원 교수
현) 안민정책포럼 회장 겸 안민정책연구원장

신석하 (辛鈺夏): 미국 오하이오주립대 경제학 박사
전) KDI 연구위원
현) 숙명여대 경제학과 교수
현) 안민정책연구원 성장전략 분과위원장

조성봉 (趙成鳳): 미국 오하이오주립대 경제학 박사
　　　　　　　전) 에너지경제연구원 및 한국경제연구원 연구위원
　　　　　　　현) 숭실대 경제학과 교수
　　　　　　　현) 안민정책연구원 경제제도 분과위원장

한　준 (韓　準): 미국 스탠퍼드대 사회학 박사
　　　　　　　전) 한국사회과학자료원 원장
　　　　　　　현) 연세대 사회학과 교수
　　　　　　　현) 안민정책연구원 사회문화 분과위원장